Hans-Martin Barth

Konfessionslos glücklich

Auf dem Weg zu einem
religionstranszendenten Christsein

Gütersloher Verlagshaus

Bibliografische Information der Deutschen Nationalbibliothek
Die Deutsche Nationalbibliothek verzeichnet diese Publikation in der Deutschen
Nationalbibliografie; detaillierte bibliografische Daten sind im Internet über
https://portal.dnb.de abrufbar.

Verlagsgruppe Random House FSC® N001967
Das für dieses Buch verwendete FSC®-zertifizierte Papier
Munken Premium Cream liefert Arctic Paper Munkedals AB, Schweden.

1. Auflage
Copyright © 2013 by Gütersloher Verlagshaus, Gütersloh,
in der Verlagsgruppe Random House GmbH, München

Umschlagmotiv: © Ekely – iStock/photo.com
Satz: Satz!zeichen, Landesbergen
Druck und Einband: CPI – Ebner & Spiegel, Ulm
Printed in Germany
ISBN 978-3-579-08161-8

www.gtvh.de

Vorwort

Konfessions- und Religionslosigkeit sind mir von Hause aus nicht vertraut. Doch habe ich als Gymnasiast in Nürnberg interessiert an einzelnen Veranstaltungen des dortigen »Bundes für Geistesfreiheit« teilgenommen. Meine Habilitationsvorlesung über Feuerbach hätte mich dann fast die »venia legendi« gekostet. Während des Studiums an der Harvard Divinity School/Cambridge, Ma., in der Hoch-Phase der Gott-ist-tot-Theologie, kristallisierte sich das Thema meiner Habilitationsschrift heraus: »Atheismus und Orthodoxie«. In meiner interreligiös orientierten Dogmatik meinte ich, den »Areligiösen« wenigstens einen Epilog schuldig zu sein.

Inzwischen haben Konfessionslosigkeit, Areligiosität und Atheismus längst aufgehört, nur akademisch-theoretische Themen zu sein. Etwa ein Drittel der deutschen Bevölkerung gehört keiner Religionsgemeinschaft an. Die kulturelle Situation in Mitteleuropa hat sich radikal gewandelt.

Der vorliegende Band richtet sich nicht direkt an Konfessionslose und Areligiöse, obwohl es mich freuen würde, wenn er auch in deren Kreisen wahrgenommen würde. Er wendet sich vielmehr an Menschen innerhalb der Kirchen, die nach der Zukunft des Christentums fragen. Er möchte darauf aufmerksam machen, dass die These von einem religiösen Apriori durchaus umstritten ist, dass die Religionsgeschichte weitergeht und dass in der Tat eine religionsgeschichtliche Bifurkation, eine Gabelung in eine religiöse und eine areligiöse Weiterentwicklung, denkbar wird. Was bedeutet das für die heute existierenden institutionalisierten Kirchen? Wie können sie in dieser teils religiös, teils areligiös bestimmten Situation ihre Botschaft vermitteln? Muss man sich erst religiös sensibilisieren, bevor man Christ/Christin werden kann? Worin und warum führen Glaube und Evangelium notwendig über Religiosität wie auch über Areligiosität hinaus? Es gilt, Wege zu einem religionstranszendenten Christsein zu erkunden und zu erproben.

Zu danken habe ich für einen kritischen Blick auf den Abschnitt zur Soziologie Prof. Dr. Dirk Kaesler/Wiesbaden, für die Durchsicht der psychologischen Passagen unserem Sohn Andreas Barth/Bad

Neuenahr, sowie für manchen kritischen Einspruch und für kompetente Lektorierung meinem Studienfreund Dr. Bernhard Brons/ Nürnberg. Gerade angesichts des schwierigen Themas waren für mich unerlässlich, klärend und weiterführend viele Gespräche mit meiner Frau, die ihre Erfahrung mit Konfessionslosen in Seelsorge und Erwachsenenbildung einbrachte. Die sorgsame Betreuung der Drucklegung übernahm wieder Diedrich Steen, Programmleiter und Lektor beim Gütersloher Verlagshaus.

In dankbarer Erinnerung an viel Gutes, das ich durch die Begegnung mit der iatlienischen Waldenser-Kirche empfangen habe, widme ich dieses Buch dem langjährigen Freund und Kollegen an der Facoltà Valdese di Teologia in Rom, Prof. Dr. Sergio Rostagno.

Marburg, im März 2013   *Hans-Martin Barth*

Inhalt

7

A Areligiosität und Religionslosigkeit als Herausforderung von Theologie und Kirche

1 Worum es geht

1.1 Die Herausforderung

Die weltweite Christenheit bewegt sich auf höchst unterschiedlichen Wegen – konfessionell, spirituell, kulturell, gesellschaftspolitisch. In Asien und Afrika sind starke Trends in Richtung auf Fundamentalismus zu beobachten. In Lateinamerika scheinen charismatische Kräfte vorzuherrschen. In Nordamerika zeichnen sich Spaltungen, Verwerfungen und Neugründungen ab. In Europa dagegen schwindet kirchliche Bindung zusehends, wenn auch in unterschiedlichem Maße. In Polen hat eine kirchenkritische Haltung eben erst eingesetzt, während sie in Frankreich, ja sogar in Italien und Spanien seit langem gang und gäbe ist. Am stärksten aber ist sie, abgesehen von Tschechien, in Deutschland, und dort wieder in den von der Reformation bestimmten Gebieten ausgeprägt. Viele Tausende von Menschen verlassen Jahr für Jahr die zahlenmäßig nach und nach deutlich abnehmenden Großkirchen. Vergleichsweise wenige der ihrer Kirche entfremdeten Christinnen und Christen schließen sich Freikirchen oder nichtchristlichen Religionen an; der Großteil aber begibt sich in ein konfessionelles und religiöses Niemandsland. Millionen von Menschen im Bereich der ehemaligen DDR haben ohnehin nie zu einer Kirche gehört. Für einen erheblichen Teil der Bevölkerung sind »Konfession« und »Religion« keine Themen.

Ich möchte zu verstehen lernen, wieso etwas, das mir elementar wichtig ist, so viele Menschen völlig kalt lässt. Ich möchte ihnen nahe sein, wünschte mir, dass sie wenigstens gedanklich nachvollziehen können, was mich bewegt und warum ich Christ sein und bleiben will. Ich will sie nicht bekehren oder, wie der katholische Sprachgebrauch heißt, »evangelisieren«, obgleich ich mich freuen würde, wenn da ein Funke überspränge. Was hindert sie, einen gedanklichen Austausch mit Glaubenden zu suchen oder zu pflegen? Ist es »die Kirche«? Der Schriftsteller Martin Walser hält es für »eine eher unglückliche Entwicklung, dass Religion etwas geworden ist, was nicht mehr ohne Kirchliches gedacht wird.«[1] Man könnte sogar ergänzen: »was nicht mehr ohne Konfessionelles gedacht wird.« Ich finde, er sieht etwas Richtiges. Ich will mich im Folgenden nicht an die Verteidigung von »Kirchlichem« und »Konfessionellem« machen. Es geht nicht in erster Linie um Kirche und Konfession, sondern, sehr abgekürzt gesagt, um Menschen und Gott. Ich vermute auch, die Probleme liegen tief. Ist es die Religion selbst und damit das religiöse Gewand, in dem sich das Christentum präsentiert, was sich als hinderlich erweist? Die Religionen haben sich mit ihren Schandtaten selbst und gegenseitig in Verruf gebracht. Aber auch dies scheint mir noch als zu vordergründig gesehen. Zwar ist viel von Rückkehr der Religion die Rede. Der Esoterik-Markt blüht. Doch parallel dazu ist unvergleichlich breiter eine Mentalität im Entstehen oder bereits in das allgemeine Bewusstsein eingedrungen, die für die religiöse Sprache mit den für sie charakteristischen Bildern und Symbolen – aus welchen Gründen auch immer – nicht mehr empfänglich ist. Hier dürften übergreifende Entwicklungen im Gang sein, für die kein einzelner Mensch verantwortlich ist und denen sich als Einzelner niemand ganz entziehen kann. Christlicher Glaube aber sieht solche Bewegungen, selbst wenn sie sich gegen die Kirche richten, als ein Geschehen, hinter dem letztlich Gottes Walten vermutet werden muss.

Christliche Kirche und Theologie waren in der Regel davon ausgegangen, dass der Mensch ein religiöses Wesen ist, wenn dieser Tatbestand dann auch theologisch höchst unterschiedlich gewertet wurde. Der Blick auf die derzeitigen Ergebnisse empirisch vorgehender Humanwissenschaften zeigt ein teilweise anderes Bild. Offenbar gehört es zwar zum Menschen, dass er nicht umhin kommt, auf die Tatsache seines Daseins und seiner Endlichkeit emotional und reflektierend zu reagieren, aber diese Reaktion muss nicht religiös ausfallen. Immer mehr Menschen entdecken, dass es »auch ohne Religion geht«.

Mag sich diese Entwicklung kulturell erst in den letzten Jahrhunderten oder gar Jahrzehnten deutlicher gezeigt haben als vorher: Jedenfalls ist es für Millionen von Menschen eine reale und selbstverständliche Möglichkeit, ihr Leben ohne Religion zu bewältigen. Faktisch ist für sie damit zugleich der christliche Glaube belanglos und die Zugehörigkeit zu einer christlichen Konfession überflüssig geworden. Muss – in bestimmten Regionen der Welt – zusammen mit der Religion auch der christliche Glaube untergehen?

Areligiosität – und damit Konfessionslosigkeit – wird von zahllosen Menschen nicht als Defizit empfunden. Ich finde interessant, was Religionsgeschichte, Religionspsychologie und Religionssoziologie dazu zu sagen haben. Wenn sie zeigen können, dass Areligiosität neben Religion und Religiosität eine sozusagen gleichberechtigte Option darstellen, sollte sich das Christentum davor hüten, einseitig auf die religiöse Karte zu setzen. Es würde dann seinen Möglichkeiten und seinen Aufgaben nicht gerecht werden, wenn es sich nur an religiös sensible Menschen wendete und die »religiös Unmusikalischen« außer Acht ließe. Es müsste einen Lebensentwurf darstellen, der auch für areligiöse Menschen gedanklich nachvollziehbar und existenziell attraktiv wäre. Die Theologie könnte dabei auf bereits vorliegende Konzeptionen zurückgreifen, die den christlichen Glauben in ein neues Verhältnis zu seinen überlieferten Formen zu setzen versucht haben. Besonders Dietrich Bonhoeffer wäre hier zu nennen.

Die Konsequenzen für die Verkündigung, den Umgang mit Bräuchen, Riten und selbst den Sakramenten wären erheblich. Die Relation zwischen religiösen und areligiösen Elementen der christlichen Tradition müsste neu bestimmt und verantwortet werden. Ein erneuertes, vertieftes Selbstverständnis der Kirche würde sich abzeichnen. Kirche würde nicht Gefahr laufen, zu einer engstirnigen Sekte zu werden, sondern wäre Modell einer freien, offenen Assoziation, die mit anderen Gemeinschaften in Austausch steht und bei Bedarf hilfreich werden kann. Für die Ökumene brächte es Spannungen mit sich, weil eine derart neu sich formierende kirchliche Gemeinschaft sich nicht mehr am römischen Katholizismus oder der Orthodoxie ausrichten könnte, wie dies wenigstens Teile des Protestantismus im Zuge der Ökumenischen Bewegung in den letzten Jahrzehnten mehr und mehr getan haben. Aber es wäre ein innovativer Versuch, dem Auftrag des Evangeliums von Jesus Christus stärker zu entsprechen als bisher und den Menschen, denen es zu größerer Freiheit und Lebensfreude verhelfen möchte, entgegen zu kommen. Es würde zugleich die Gemeinden aus ihrer Selbstbezogenheit herausführen. Die in ihnen Mitarbeitenden würde es von dem Druck befreien, sich ständig um neue Mitglieder für eine möglicherweise sterbende Organisation bemühen zu sollen. Es ginge darum, die Freude christlicher Existenz nicht einseitig in traditionellen religiösen Formen zu verankern, sondern sie von unnötigem und unverständlich gewordenem Ballast zu befreien. Es gälte, eine kirchliche Gemeinschaft zu leben, die ihre konfessionellen Grenzen annimmt und sie zugleich zu relativieren und zu überschreiten bereit ist. Damit entstünde eine Kirche, die sich solidarisch wüsste mit jenen anderen Menschen »guten Willens«, die aufgrund ihres Lebenswegs oder auch ungeklärter Umstände für Religion und ein in religiöse Formen verpacktes Christentum kein Verständnis haben.

Der hier vorgeschlagene Weg enthält vielerlei Stolpersteine. Zunächst bedarf es einer Klärung der Terminologie; denn wenige Begriffe sind hinsichtlich ihrer Definition so sehr umstritten wie »Religion« und »Religiosität«, womit zugleich das Problem einer sachgerechten Definition von »Areligiosität« und »Religionslosigkeit« gegeben ist. Das Verhältnis von Religions- und Konfessionslosigkeit wird zu bedenken sein. Sodann gilt es, ein Bild der Lage zu gewinnen, auf die sich die vorliegende Untersuchung beziehen soll. Es wird vornehmlich um die deutsche Situation gehen, die unübersichtlich genug ist. Möglicherweise lassen sich anhand von Texten und Verhaltensbeispielen Konturen des Selbstverständnisses areligiöser konfessionsloser Menschen skizzieren. Die bisher weitgehend akzeptierten, mit einem »religiösen Apriori« arbeitenden Theorien zu kennen, ist hilfreich als Hintergrund für das Verständnis der neueren, aus den empirisch orientierten Humanwissenschaften kommenden Fragestellungen. Diese wiederum sind in der Perspektive der jeweiligen Disziplinen darzustellen. Medizinische Anthropologie, Religionsgeschichte, Religionspsychologie und Religionssoziologie können ihre jeweils eigenen Erkenntnisse einbringen.

In einem zweiten Schritt ist zu fragen, wie die christliche Theologie auf die zutage getretenen Ergebnisse reagieren soll. Dietrich Bonhoeffer dürfte als Paradigma weiterhelfen; aber auch an Vorschläge aus der Zeit der Gott-ist-tot-Theologie ist zu erinnern. Kann man konfessioslos/religionslos Christ sein? Lässt sich im Sinn des christlichen Glaubens die Fixierung auf Konfession und Religion auflösen oder wenigstens reduzieren? Wie könnte nichtreligiöse christliche Verkündigung aussehen? Was bedeutet christliches Bekenntnis in dem veränderten Kontext? Mit welchen Argumenten kann die christliche Gemeinde ihre Praxis der Abendmahlszulassung öffnen und unter welchen Umständen kann sie auf die Taufe von Menschen, die zu ihr gehören wollen, verzichten? Inwiefern muss die Mitgliedschaftsfrage – gerade in einem Land, in dem es eine Kirchensteuer gibt – neu geregelt werden?

Werden diese Fragen nicht einfach konservativ beantwortet, so ergibt sich ein verändertes Selbstverständnis der Kirche: Kirche, gastfreundlich, lernbereit, wenig besorgt um ihren Fortbestand, Kirche im Bewusstsein dessen, dass Gottes Walten sich nicht nur auf sie selbst bezieht, sondern ebenso auf Andersgläubige, Ungläubige und militante Atheisten, auf in Gang befindliche und künftige kulturelle Entwicklungen der Menschheit.

1.2 Der Forschungsstand

Bei den Kirchenmitgliedschaftsuntersuchungen der Evangelischen Kirche in Deutschland stand naturgemäß das Profil der Mitglieder der Kirche im Mittelpunkt.[2] Doch bereits im Rahmen der Umfrage »Was die Menschen wirklich glauben« wurde eine »Glaubenstypologie« entworfen, die zwischen »Gottgläubigen«, »Transzendenzgläubigen«, »Unentschiedenen« und »Atheisten« unterscheidet.[3] Sie nimmt »Menschen ohne Religionszugehörigkeit« in den Blick.[4] Um das Thema Konfessionslosigkeit haben sich im Nachgang zur Wende 1989/90 vor allem Soziologen gekümmert. Hier sind besonders die Untersuchungen von Gert Pickel, Detlef Pollack und Monika Wohlrab-Sahr zu nennen.[5] Hinzu kommen in dieser Phase Arbeiten, die nach der mit der neuen Situation gegebenen religionspädagogischen[6] und missionarischen[7] Herausforderung für die Kirchen fragen. Inzwischen findet das Thema Kirchenaustritt verstärkt Beachtung.[8] Zugleich wird das Problem der Kirchenmitgliedschaft theologisch[9] und juristisch[10] neu zum Thema. Hier stellt sich vor allem die Frage nach der Bedeutung der Taufe.[11] Vom Institut zur Erforschung von Evangelisation und Gemeinde-Entwicklung der Universität Greifswald sind weitere Impulse zu erwarten. Auf katholischer Seite ist insbesondere das schon 2004 vom Päpstlichen Rat für Kultur erarbeitete Votum zur »Herausforderung religiöser Indifferenz« zu nennen. Es hat den Titel:»›Wo ist dein Gott?‹ Der christliche Glaube vor der Herausforderung religiöser Indifferenz«.[12] Zur Vorbereitung der römischen Bischofssynode 2012 wurde eine weltweite Umfrage zum Problem einer neuen »Evangelisierung« durchgeführt.[13] Die Kirche, heißt es dort, müsse sich »heute mit sozialen und kulturellen Veränderungen auseinandersetzen, welche die Wahrnehmung, die der Mensch von sich selbst und von der Welt hat, zutiefst verändern (…).« Besonders gedacht ist dabei an Säkularisierung, Entchristlichung und Probleme der Globalisierung.[14]

Wie steht es um die wissenschaftliche Beschäftigung mit dem Phänomen Areligiosität/Religionslosigkeit? Während es zur Religiosität unter psychologischer, soziologischer und theologischer Perspektive eine Menge Literatur gibt, bleibt die Areligiosität in der Regel weitgehend unbeachtet. Religiosität ist im Zusammenhang der Hirnforschung zu einem spannenden Thema geworden; es wird zu prüfen sein, welche Auswirkungen dies für die Wahrnehmung von Areligiosität haben könnte. Ursprünglich gehörte sie als einer von vielen Diskussionspunkten zur Säkularisationsdebatte. Inzwischen ist der Säkularisationsbegriff obsolet geworden, da sich die Säkularisation, soziologisch gesehen, eher als ein Transformationsprozess von Religionen und Religiösem erwies. Seither hat Areligiosität auch dort kaum mehr ein Zuhause. Bei der Erstellung von Statistiken und entsprechenden Typologien wird von »Areligiösen«[15], von »hedonistischen Alltagspragmatikern«[16] oder einem »nicht-religiösen Typ«[17] gesprochen, ohne dass deren weltanschauliches Profil näher geklärt wäre. Bei kirchensoziologisch motivierten Erhebungen gibt oft schlicht das Partizipations- bzw. Nichtpartizipationsverhalten an kirchlichen Vollzügen den Maßstab ab. Dies mag einen seiner Gründe darin haben, dass es angesichts der heutigen Religionsdebatte, die den Religionsbegriff so weit wie möglich fasst, nicht einfach ist,»Areligiosität« zu definieren. So gibt es im Grunde nur die Möglichkeit, von den Arbeiten zur Religiosität auszugehen und von hier aus die Problematik des »Areligiösen« ins Spiel zu bringen.[18]

Als Einführung in die Problematik ist in mancher Hinsicht die Dokumentation des Regensburger »Symposiums Religiosität« hilfreich.[19] Einschlägig sind auch wissenschaftliche Zeitschriften wie das Archiv für Religionspsychologie (ARPs) oder das Journal for the Scientific Study of Religion. Der Materialdienst der Evangelischen Zentralstelle für Weltanschauungsfragen bringt immer wieder Hinweise auf Aktivitäten und Publikationen, die der deutschsprachigen Szene von Atheismus und Areligiosität zuzuordnen sind. Gelegentlich werden entsprechende Diskussionen im Internet geführt; so hat der Hirnforscher Michael Persinger den E-Mail-Verkehr mit seinem Kontrahenten Pehr Granqvist ins Internet gestellt.[20] Im Internet kann man sich auch einem Religionstest unterziehen, um sich über die eigene Religiosität und Religionszugehörigkeit klar zu werden.[21] In der Amerikanischen Psychologischen Gesellschaft (APA) gibt es eine eigene Abteilung für Religionspsychologie, die sich am Rande mit Areligiosität beschäftigt. Die John Templeton Foundation fördert entsprechende Projekte. Natürlich sind auch Einzelinitiativen von Belang wie die Untersuchungen zur Meditation des Hirnforschers am Max Planck-Institut in Frankfurt am Main, Wolf Singer, oder das Shambala Mountain Center in Colorado, an dem längerfristige Untersuchungen wissenschaftlich begleitet werden. Einen guten Überblick über die aktuelle Forschungslage (2005) gibt der Beitrag von K. Helmut Reich zum Grazer Symposium 2005.[22] Insgesamt ist hier viel im Fluss. Das mediale Interesse dient der Forschung allerdings nicht; denn Wendungen wie »Wohnt Gott im Schläfenlappen?« oder »Steckt Gott in den Genen?«[23] sind nicht gerade fruchtbare Fragestellungen. Relativ gut dokumentiert ist die »angelsächsische Mystikdebatte«, in der materialistisch-anthropozentrische und religiös-metaphysische Optionen aufeinander trafen.[24] Für Deutschland sei auf das Institut für Religionsphilosophische Forschung in Frankfurt (IRF) und das Bender Insitute for Neuroimaging (B.I.O.N.) der Universität Gießen verwiesen. An der Universität Erfurt hat sich – vielleicht auch aufgrund von Erfahrungen in der unmittelbaren ostdeutschen Umwelt – der katholische Theologe und Philosoph Eberhard Tiefensee[25] explizit mit dem Phänomen befasst.[26] Im Übrigen ist natürlich die reichhaltige areligiös-atheistische Primärliteratur heranzuziehen. Es fällt auf, dass das Phänomen der Areligiosität relativ frühzeitig im Vatikan Beachtung fand.[27] Auf evangelischer Seite gibt es allerlei Reaktionen auf den sog. »neuen Atheismus«, der aber die Fragestellung der vorliegenden Untersuchung nur indirekt berührt. Die in vielen einschlägigen Veröffentlichungen spürbare Besorgtheit angesichts einer in Mitteleuropa um sich greifenden Konfessionslosigkeit ist nachvollziehbar. Sie dient aber nicht einem wirklichen Verstehen von Menschen, die sich einer christlichen Konfession nicht anschließen wollen oder können, ob sie sich nun als dem Christentum innerlich nahe, entfremdet oder als gänzlich religionslos begreifen. Von Interesse sind manche Stellungnahmen in den EKD-Texten, hilfreich oft die einschlägigen Artikel in dem bereits genannten Materialdienst der Evangelischen Zentralstelle für Weltanschauungsfragen und die von Michael Herbst, Jörg Ohlemacher und Johannes Zimmermann herausgegebenen Beiträge zu Evangelisation und Gemeinde-Entwicklung.[28]

Sowohl die Klärung der anthropologischen Bedeutung von Religion/Religionslosigkeit und Religiosität/Areligiosität als auch die Frage, welche Konsequenzen die Kirchen und die in ihr Mitarbeitenden aus dem Befund zu ziehen haben, erweist sich in der Tat als eine interdisziplinäre und speziell ökumenisch-theologische Aufgabe.

Wer sich nicht durch die mühsame Definitionsproblematik hindurcharbeiten will, möge sich an den auf S. 27, 29, 32 gemachten Definitionsvorschlägen orientieren und die Lektüre dann mit S. 34 fortsetzen.

2 Terminologische Probleme

Das erste hier zu bewältigende Problem besteht in der Klärung der zu verwendenden Terminologie. Vor dem Eintritt in Analyse und Auseinandersetzung bedarf es einer Verständigung darüber, was unter Konfession/Konfessionslosigkeit/Konfessionsfreiheit bzw. Religion/Religiosität/Areligiosität/Religionslosigkeit verstanden werden soll. Während sich Konfession und Konfessionslosigkeit/-freiheit sowohl soziologisch als auch theologisch relativ klar bestimmen lassen, ist das bei Religion/Religiosität bzw. Fehlanzeige in Sachen Religion/Areligiosität nicht der Fall.

2.1 Konfession/Konfessionslosigkeit/Konfessionsfreiheit

»Konfession« ist ein neuzeitlicher Begriff; im heutigen Sinn wird er erst seit dem 19. Jahrhundert verwendet. Vorher redete man von Religionen oder Religionsparteien bzw. Religionsverwandten. Er soll eine konfessionelle Gruppierung hinsichtlich ihres Bekenntnisprofils charakterisieren, hat also mit der Entstehung des (lutherischen) Konfessionalismus zu tun.[1] Der Begriff »konfessionslos« taucht wohl erst in der 2. Hälfte des 20. Jahrhunderts auf, »konfessionsfrei« erst an dessen Ende. In der Zeit des Nationalsozialismus wurden Konfessionslose unter dem Begriff »gottgläubig« geführt. Dass jemand, auch wenn er nicht zu einer Kirche oder Konfession gehört, in irgendeiner Weise an Gott »glaubt«, war dabei nicht unbedingt vorausgesetzt. Auch die Bezeichnung »o. B.« (»ohne Bekenntnis«) war in Gebrauch. Einzelne Spielarten des Atheismus oder Agnostizismus im Sinne einer »Konfessionsangabe« zu benennen, bestand kein Bedürfnis.

(a) »Konfession«
»Konfession« bezeichnet im Zusammenhang unseres Themas eine institutionell als Konfession anerkannte, sich auf ein bestimmtes Bekenntnis oder doch eine bestimmte Bekenntnistradition beziehende christliche Gemeinschaft. Das soziologische Moment tritt dabei ins-

besondere in der Entwicklung der letzten hundert Jahre in den Vordergrund. In der angelsächsisch-amerikanischen Welt entspricht ihm die »denomination« oder auch »church«, die letztlich sogar ohne ein Bekenntnis auskommen kann. »Konfessionslos« heißt dort »of no church affiliation«. Eine prinzipielle Schwierigkeit beim Umgang mit dem in Deutschland üblichen Gebrauch des Begriffs »Konfession« besteht darin, dass er einerseits eine soziale Zugehörigkeit, andererseits eine existenzielle Ausrichtung bezeichnet und dass es daher unterschiedliche Verhältnisbestimmungen zwischen beidem gibt.

(b) »Konfessionslosigkeit«
Der Begriff »Konfessionslosigkeit« meint zunächst nicht das Fehlen oder die Ablehnung eines christlichen oder sonstigen religiösen Bekenntnisses. Er dient als eine soziologische Bezeichnung, die eine Zugehörigkeit bzw. Nichtzugehörigkeit beschreibt. Er bezieht sich auf Menschen, die nicht zu einer (christlichen) Konfession, nicht »zur Kirche« gehören. In einem abgeleiteten Sinn kann er auch Menschen bezeichnen, die ohne ein religiöses Bekenntnis oder gänzlich ohne Religion leben. Er ist als eine Fremdzuschreibung aus der Sicht vor allem evangelischer Konfessionen entstanden. Mit dem Begriff »Konfessionslosigkeit« und seinen Äquivalenten kann sich ein theologisches Urteil verbinden: Er markiert einen Standort außerhalb der Kirche Jesu Christi – ggf. mit entsprechenden Weiterungen: »extra ecclesiam nulla salus« – außerhalb der Kirche kein Heil. Die katholische Kirche versteht sich nicht als eine Konfession. Sie muss daher die ihr Entfremdeten auch anders benennen. Sofern nicht von »Glaubensabfall« die Rede ist, spricht man von Indifferenz, von Nichtglaubenden oder, wie es Benedikt XVI. bei der Ankündigung der Bischofssynode 2012 ausgedrückt hat, von Menschen, die das Evangelium »wenig kennen, oder die sich geradewegs von der Kirche entfernt haben.«[2]

(c) »Konfessionsfreiheit«
Der Begriff »konfessionsfrei« ist eine Selbstbezeichnung, wie sie vor allem von Vertretern des Humanistischen Verbands Deutschlands (HVD) ins Spiel gebracht wird, und hebt darauf ab, dass »konfessi-

onsfreie« Menschen eine Konfession (oder Religion) als Bindung verstehen, ein religiöses Bekenntnis als Zumutung sehen und ihre eigene Konfessionsfreiheit als positiv und nicht etwa als ein Manko betrachten. Hier geht es nicht nur um die Frage der Zugehörigkeit, sondern zugleich um eine inhaltlich mehr oder weniger bewusste, womöglich explizit begründete Haltung. Die Übergänge zu Religionslosigkeit und Atheismus sind fließend, wie etwa aus der Selbstbezeichnung des Internationalen Bundes der Konfessionslosen und Atheisten (IBKA) ersichtlich ist.

2.2 Religion/Religionslosigkeit

Mit den Begriffen Religionslosigkeit /Areligiosität verbinden sich zwar unmittelbar bestimmte Assoziationen, jedenfalls bei religiös engagierten Menschen, die die betreffenden Phänomene wahrzunehmen meinen und in der Regel beklagen. Doch es ist schwierig, hier eine klare Definition zu gewinnen, da es ja um formal negative Bestimmungen geht, die von den Positionen leben, von denen sie sich abgrenzen. Was unter Religionslosigkeit verstanden werden soll, ist nicht zu klären ohne eine präzise Vorstellung von Religion. Doch gibt es bekanntlich eine unübersehbare Vielzahl von religionswissenschaftlichen und religionsphilosophischen Vorschlägen, wie Religion zu definieren sei.[3] Selbst die Frage, wozu die Definition von Religion dienen soll, ist umstritten: Soll ein bestimmtes Konzept von Religion festgeschrieben, ein Set von Merkmalen zusammengestellt oder nur die Funktion von Religion aufgezeigt werden? In der Tat impliziert jede Definition von Religion »letztlich eine Theorie über Religion«.[4] Die Vielzahl von Definitions- und Deskriptions-Angeboten könnte mit unterschiedlichen Voreinstellungen und bestimmten erkenntnisleitenden Interessen der Definierenden zusammenhängen.[5] Es gilt also zu fragen, wer mit welchen Absichten »definiert«. Hinzu kommt, dass von Religiosität/Areligiosität immer innerhalb eines bestimmten Kontextes und mit spezifischen Bezugspunkten gesprochen wird. Sie bezieht sich auf eine Religion oder – angesichts des Zurücktretens profilierter Religionen – auf eine bestimmte kulturelle Situation. Zudem sind es einzelne, unterschiedlich konditionierte Menschen, die sich mit Religiosität oder Areligiosität befassen. Reden sie von sich selbst oder von anderen? Der Begriff Areligiosität dürfte weitgehend der Fremdzuschreibung[6] zuzuordnen sein, da der areligiöse Mensch in der Regel gar nicht danach fragt, ob er wohl religiös oder areligiös ist. Gerade Fremdzuschreibungen aber sind extrem problematisch. Im Folgenden sollen Religion und Religionslosigkeit, Religiosität und Areligiosität als Phänomene erfasst und theologisch reflektiert werden.

2.2.1 »Religion«

Schon William James, einer der Väter psychologisch orientierter Religionsphänomenologie, verstand den Begriff »Religion« als unklare »Sammelbezeichnung«. Roderick Ninian Smart, Verfasser einer »Weltgeschichte des Denkens«, meint zwischen den Religionen nur »Familienähnlichkeiten« feststellen zu können. Wilfred Cantwell Smith, bekannter kanadischer Religionswissenschaftler und Theologe, schlug sogar vor, man solle auf den Begriff »Religion« künftig verzichten und lieber von »Glauben« oder von »kumulativen Traditionen« sprechen.[7] Während die lexemisch orientierte Forschung einen klar bestimmbaren Begriff von Religion nicht ausfindig machen konnte[8], wird neuerdings nach wenigstens partiellen terminologischen Überlappungen gefragt. Sie können erkennbar werden durch Analyse der Begriffe, unter denen Religionen einander benennen. So konnte das arabische Wort »din« (»Gottes-Dienst«) im islamischen Raum auch auf das Judentum und später auf das Christentum angewandt werden. Der Begriff »dharma/dhamma« (»Gesetz«, »Ordnung«, »Halt«), der in hinduistischen und buddhistischen Traditionen (sowie in Jainismus und sogar Sikhismus) zuhause ist, zeigt eine gewisse Verwandtschaft zu »Gesetz« in den monotheistischen Religionen. Jens Schlieter spielt mit dem Gedanken, dass der Vorstellungskomplex »Gesetz« den gemeinsamen Nenner ergeben haben könnte, wenn die Selbstbezeichnungen vor allem asiatischer Religionen früher in die abendländische Diskussion des Religionsbegriffs eingedrungen wären.[9] Träfe dieser Gedanke zu, würde er sich mit der Auffassung Luthers berühren, für den Religionen – repräsentiert durch Islam, Judentum und spätmittelalterliche Frömmigkeit – als Gesetz galten, das erfüllt werden musste, aber nicht zu erfüllen war. Damit wäre zugleich auf die religionsgeschichtlich besondere Stellung des Protestantismus verwiesen, der sich unter der Perspektive »Gesetz« nicht zureichend erfassen lässt. Doch auch nichtchristliche Religionen werden sich unter diesem Gesichtspunkt kaum zureichend wahrgenommen finden. Man wird also auf einen allgemein akzeptierten Begriff von »Religion« verzichten müssen, zumal sich der Religionsbegriff im Lauf der Geschichte gewandelt hat und in jeweiligen kulturellen Kontexten vermutlich weiter wandeln wird. Das heißt freilich nicht, dass damit eine jeweilige kontextbezogen operationalisierbare Deskription ausgeschlossen wäre. Von ihr ausgehend müsste dann auch »Religionslosigkeit« beschreibbar werden.

Definitionsvorschlag:
Im Sinn einer Arbeitsdefinition soll Religion im Folgenden wahrgenommen werden als ein über die Immanenz hinausweisend und nicht von jeweiligen Erkenntnisbedingungen abhängig gedachter Kosmos von als letztgültig angenommenen verhaltensorientierenden Vorstellungen, der durch individuelle und kommunikative Praxis eine psychologisch und soziologisch erfassbare Gestalt gewinnt. Dabei ist die Annahme außerweltlicher, »übermenschlicher« Akteure zwar oft gegeben, aber keineswegs notwendige Voraussetzung.[10] Analog verstandene Religionslosigkeit besteht im Fehlen der von Religion angebotenen Vorstellungen und einer entsprechenden Praxis.

2.2.2 »Religiosität«

Wie verhalten sich Religion und Religiosität zu einander? Was ist überhaupt »Religiosität«? Wie wäre, von Religion und Religiosität ausgehend, Religionslosigkeit/Areligiosität zu bestimmen? Bezieht sich Religiosität nur auf klassische, durch spezifische Lehren und entsprechende Praxis charakterisierte Religionen oder gibt es Religiosität sozusagen auch ohne Religion? Sollte sich im Lauf der Religionsgeschichte die Möglichkeit einer von konkreter Religion abgelösten Religiosität gebildet haben, so wäre diese wohl nicht

27

gleichzusetzen mit Spiritualität, denn Spiritualität kann sich als ein von Religiosität und Areligiosität unabhängiges Phänomen verstehen.[11] Ist alles sinnstiftende Denken und Handeln als religiös zu bezeichnen, selbst wenn es nur zeitlich oder räumlich begrenzte Funktionen erfüllt? Dies dürfte zu verneinen sein. Damit legt sich die Frage nahe, ob und inwieweit es Sinnfindung und sinnstiftendes Engagement auch ohne Religion und Religiosität geben kann oder gar muss.

Der Begriff »Religiosität« ist ein Kind der Aufklärung, die Rede von Areligiosität nimmt sozusagen einen Enkel-Status ein. Der griechische Begriff »eusébeia«, zu übersetzen mit »ehrfurchtsvolle Haltung«, dürfte nicht als von konkreter Religionsausübung völlig unabhängiger Begriff verstanden worden sein. Wohl gab es im lateinischen Sprachraum vereinzelt den Begriff »religiositas«, aber er wurde das gesamte Mittelalter über kaum benutzt. Als »religiosus« bezeichnete man den Angehörigen eines Ordens (wie das noch heute im Kirchenlatein und im Italienischen der Fall ist). »Religiosität« als »devotio« oder »pietas« war ja immer konkret auf den christlichen Glauben bezogen. Erst als man den Blick auf nichtchristliche Religionen, ihre Vielfalt und Unterschiedlichkeit richtete, erwachte das Interesse, nach einer allgemeinen »Religiosität« zu fragen. Nur in dem von der Aufklärung erfassten Kulturkreis gibt es daher den Begriff »Religiosität« (»religiosité«, »religiousness«, wobei man im Englischen lieber von »religious belief« spricht). Im Islam oder in den asiatischen Religionen sucht man umsonst nach einem Begriff von »Religiosität«, der sich schließlich sogar als anthropologische Qualifikation verstehen ließe. Ganz undenkbar ist es, dort von Areligiosität zu sprechen. Im Islam wäre Areligiosität in eins zu setzen mit Gottlosigkeit, ohne dass weitere Differenzierungsmöglichkeiten gegeben wären. Wenn ein japanischer Autor fragt: »Warum sind Japaner areligiös?«, so hat er, wenn er sich nicht dem westlichen Sprachgebrauch anschließt, eine völlig andere Vorstellung von »Areligiosität«. Er meint die Ablehnung einer bestimmten Religion (»Stifterreligion«) und votiert stattdessen für die dem Shinto entsprechende natürliche Religion (»Naturreligion«).[12]

Die Klärung des Begriffs »Religiosität« stellt somit, wie Martin Petzoldt feststellt, eine semantische, eine semiotische und eine pragmatische Herausforderung dar: Semantisch lässt er sich zwar festlegen als ein Begriff, der »auf die individuelle Symbol- und Ritualpraxis im individuellen Vollzug des Transzendierens« abhebt. In seiner semiotischen Funktion aber setzt er »eine Suchbewegung frei, die immer neu Sensibilität weckt für das Erfassen der und Wahrnehmen von Religion und Religiosität«. Pragmatisch gesehen stellt er die Frage nach Echtheit und Authentizität des mit ihm Gemeinten.[13] Wenn letztlich offen bleiben muss, wie Religiosität näherhin zu bestimmen ist, gilt dies natürlich auch von »Areligiosität«; ja, es ist dann nicht aufgrund von Definitionsversuchen zu entscheiden, ob es Areligiosität tatsächlich gibt oder nicht.

Definitionsvorschlag:
Im Folgenden wird unter Religiosität eine psychologisch fassbare Sensibilität für Traditionen oder Praktiken verstanden, die phänomenologisch dem Bereich Religion zuzuordnen sind. Einen Grenzbereich stellt die Esoterik dar. Sie kann sich mit religiösen Erwartungen und Ritualen verbinden, will sich aber gerade nicht als Religion verstehen, doch auch »die von den Wissenschaften erkannten Grenzen nicht wahrhaben (...).«[14] Abzugrenzen von Religiosität ist »Spiritualität«: Ursprünglich im christlichen Sprachgebrauch zuhause, wurde der Begriff Spiritualität insbesondere etwa seit der Jahrtausendwende zur Bezeichnung einer inneren Verfasstheit, die kulturell gegebene Möglichkeiten zur Erhöhung des Lebensgefühls und der Lebenszufriedenheit zu nutzen weiß, ohne auf vorhandene oder gar verpflichtende Angebote von Religion zurückzugreifen.

2.2.3 Deskriptionsversuche von Areligiosität/Religionslosigkeit

Will man das Phänomen »Areligiosität« erfassen, so sind Religiosität und Areligiosität voneinander abzugrenzen und gegeneinander zu profilieren. Da sich der Begriff »Areligiostät« als Antonym auf das bezieht, was er als nicht vorhanden bezeichnet, wird der Ausgangspunkt für eine Klärung der Versuch sein, eben dieses zu beschreiben, nämlich Religion und Religiosität. Dazu liegen trotz der genannten Definitionsprobleme verschiedene Vorschläge vor. Schon

1919 hat der amerikanische Soziologe Charles Y. Glock[15] von verschiedenen »Dimensionen« der Religion und damit der Religiosität gesprochen. R. Ninian Smart greift diesen Ansatz auf, ergänzt ihn und fasst zusammen: Religion ist »ein aus sechs Dimensionen bestehender Organismus, der typischerweise aus Glaubenslehren, Mythen, ethischen Lehren, Ritualen und sozialen Institutionen besteht und der durch religiöse Erfahrungen verschiedenster Art belebt wird.« Vorausgesetzt ist dabei, dass es sich bei »religiöser« Erfahrung um »Erfahrung einer unsichtbaren Welt« handelt, die aber im Rahmen schon bestehender Anschauungen gemacht bzw. interpretiert wird. Dabei muss es keineswegs im Sinn theistischer oder polytheistischer Vorstellungen um ein »Verhalten zu überirdischen Akteuren«[16] gehen.

(a) Charles Y. Glock: Fehlende religiöse Realisationsstufen
Die auf Charles Y. Glock zurückgehende Klassifizierung ist modifiziert[17], aber nicht grundsätzlich aufgegeben worden. Von ihr ausgehend scheint es möglich, das Verhältnis von Religiosität/Areligiosität nicht als klare Alternative, sondern in mehreren Realisationsstufen zu sehen: Religiosität im vollen Sinn wäre dann gegeben, wenn alle der genannten Dimensionen in ihr erkennbar werden; dem entspräche bei Areligiosität im Vollsinn das Fehlen sämtlicher dieser Dimensionen. Daneben wäre eine Areligiosität denkbar, die zwar metaphysische Vorstellungen und ethische Orientierung nicht ablehnt, aber keine »religiöse Erfahrung« kennt. Schließlich kann Areligiosität nach diesem Modell sowohl ohne religiöse Erfahrung auskommen als auch auf eine spezifische Weltsicht und auf ethische Konzepte verzichten, sich aber spirituell artikulieren. Konfessionslosigkeit könnte sich inhaltlich mit fast allen dieser Formen von Areligiosität decken, aber auch auf die Ablehnung von individuellem oder gemeinschaftlichem religiösem Verhalten beschränken. In Aufnahme der von Ulrich Hemel vorgeschlagenen Typologie von Religiosität[18] könnte man im Umkehrschluss formulieren: Areligiosität besteht darin, dass ein Mensch sowohl in seiner Sensibilität als auch in seinem Denken, in seiner Kommunikation und in seinem ganzen Ausdrucksverhalten ohne Religion auskommt. Dies würde zugleich das Framing, den »nicht mehr hinterfragten Rahmen« ausmachen, »den

ein Mensch in Form von Hintergrundannahmen über die Beschaffenheit der Wirklichkeit verwendet.«[19]

(b) Mircea Eliade: Individuell unterschiedliche Erfahrungen
Eine explizite Beschreibung von Areligiosität findet sich bei einem Autor, bei dem man sie am allerwenigsten erwarten würde: Mircea Eliade. Er, der so einfühlsam davon reden kann, wie das Heilige sich zeigt, weiß zugleich, dass nicht jeder Mensch diese Erfahrung macht. Der areligiöse Mensch, den Eliade ausdrücklich als solchen bezeichnet, »lehnt die Transzendenz ab, er akzeptiert die Relativität der ›Realität‹, ja, er kann sogar am Sinn der Existenz zweifeln.« Es sei nicht auszuschließen, dass es solche Menschen schon in der Vergangenheit, vielleicht »schon auf archaischen Kulturstufen« gegeben hat. »Doch erst in den modernen westlichen Gesellschaften hat der areligiöse Mensch sich voll entfaltet. Der moderne areligiöse Mensch nimmt eine neue existentielle Situation auf sich: er betrachtet sich nur als Subjekt und Agens der Geschichte, und er verweigert sich dem Transzendenten.«[20]

(c) Phänomenologische Beobachtungen
Wenn Areligiosität thematisiert wird, kann es z.B. um kulturkritische Beobachtungen zur religiösen Situation Mitteleuropas oder um allgemeine wissenschaftstheoretische Erkenntnisse gehen, die dann auf der Ebene akademischer Diskussion weiterverfolgt werden sollen. Theologen werden sich dabei für Atheismus, Agnostizismus, Materialismus oder Nihilismus interessieren, ihre ihnen seit langem vertrauten Gegner. Areligiosität mag zwar von entsprechenden Haltungen gespeist und mitbestimmt sein, kann aber auch ganz für sich stehen, als eine Leerstelle, ein sozusagen religiös unbeschriebenes Blatt. Sie wird in diesem Umfeld über mehrere Spielarten verfügen, sich agnostisch, spirituell abstinent oder aggressiv äußern, wobei es sicher Mischformen und Überschneidungen gibt und andererseits die Abstinenz so weit gehen kann, dass es gar nicht zu einer Artikulation kommt. Richard Rorty, der sich selbst als »religiös unmusikalisch« bezeichnet, findet, man könne »in religiösen Dingen stocktaub sein, so, wie einem jeglicher Sinn für den Zauber der Musik abgehen kann.«[21] Karl Rahner spricht von Menschen, die nicht nur Gott ver-

gessen haben, sondern auch vergessen haben, dass sie ihn vergessen haben.[22] In diesem Sinn gilt es theologisch, jene Menschen wahr- und ernst zu nehmen, die auch Atheismus oder Nihilismus vergessen haben oder jedenfalls sich nicht dafür interessieren, worum es sich dabei handeln könnte. Gut formuliert das vatikanische Instrumentum laboris 2012: »Wir sind Zeugen, wie die Frage nach Gott praktisch aus den Fragen ausgeschlossen wird, die der Mensch sich stellt.«[23]

Definitionsvorschlag:
Unter Areligiosität verstehe ich im Folgenden das faktische Desinteresse an Religion, unter Religionslosigkeit die Nichtzugehörigkeit zu einer Religion und das Fehlen einer eigenen religiösen Option. Areligiosität und Religionslosigkeit sind nicht klar voneinander zu unterscheiden. »Indifferentismus« meint eine der Religion und dem Religiösen gegenüber unentschiedene oder gleichgültige Haltung, die sich aber meist mit Religionslosigkeit und Areligiosität verbindet.

Der Begriff »Konfessionslosigkeit«, der bei der Analyse der religiösen Situation in den Gebieten etwa der ehemaligen DDR verwendet wurde[24], bleibt weit hinter dem Gemeinten zurück, da er sich auf Zugehörigkeit und zunächst nicht auf eine bestimmte Haltung oder Einstellung bezieht. Die neutral erscheinende Bezeichnung »Indifferente« oder »Nichtglaubende«, wie sie der Päpstliche Rat für die Kultur verwendet hat, erfasst das zu untersuchende Phänomen nicht in zureichender Schärfe.[25]

2.2.4 Die Unterscheidbarkeit von Religiosität und Areligiosität

Unter der genannten Fragestellung wird es nicht hilfreich sein, die Definition von Religiosität so weit zu fassen, dass Merkmale von Areligiosität sozusagen noch als eine ihrer Formen verstanden werden können. Es dürfte nicht zur Klärung beitragen, alles wie auch immer geartete »Transzendieren« als religiös zu vereinnahmen, wenngleich sich Strukturparallelen zwischen klassischer Religiosität und z. B. »Fußball-Religion« zeigen mögen. Areligiöse, speziell atheistische politische Systeme können sich allerdings religiös besetzter Aus-

drucksformen bedienen. Zweifellos gibt es sogar im Blick auf persönliche, politische oder kulturelle Ziele ein ideologisch bestimmtes »ul-
timatives« Bezogensein, das aber trotzdem nicht mit einem religiösen
Transzendenzbezug in eins gesetzt werden muss. Diese Unterscheidung ist wichtig, wenn eine Grenze zum Nichtreligiösen sichtbar
bleiben soll. Gewiss kann man von einem »Weltdeutungszwang«[26]
sprechen. Doch diese Weltdeutung kann religiös oder nichtreligiös
ausfallen und darf nicht als solche schon als religiös qualifiziert und
damit theologisch usurpiert werden. Unzureichend und nicht hilfreich erscheint es auch, wenn Christian Danz Religion als »eine Form
der lebensweltlichen Thematisierung der Faktizität menschlichen
Lebens« versteht. Das Leben sei nämlich »so beschaffen, dass es un-
ausweichlich mit Differenzen konfrontiert ist«, und zwar nicht nur
mit der »Differenz von Leben und Tod (…).«[27] Mithilfe dieser prinzipiell richtigen Feststellung ist eine Unterscheidung zwischen religiöser und areligiöser »Thematisierung der Faktizität menschlichen
Lebens« gerade nicht zu gewinnen. Andreas Feldtkeller erfasst Religionen und Weltanschauungen als »Systeme zwischenmenschlicher
Verständigung über Wirklichkeit«. Für ihn »ergänzt« Religion »die
Möglichkeiten zur Erfahrung und Deutung von Ganzheit über das
hinaus, was durch die synthetischen Operationen des menschlichen
Gehirns ohnehin schon vorhanden ist.« Dies geschehe primär nicht
durch »Gedankengebäude«, sondern durch »rites de passage«, die
»das Leben in seinen natürlichen Grenzen von natürlichen Jahrzehnten als ein in sich abgerundetes Ganzes erfahren« lassen.[28] Damit wird
eine vage Möglichkeit erkennbar, zwischen Religion und anderen
Deutungssystemen zu unterscheiden. Allerdings sind inzwischen neben religiösen auch areligiöse »rites de passage« gefunden und erprobt, wie beispielsweise die Praxis der Jugendweihe ausweist. Wie
aber lassen sie sich gegeneinander profilieren? Eberhard Tiefensee
empfiehlt als »Faustregel«: Man soll nicht von »Religion« sprechen,
wenn es erstens dem Selbstverständnis der betreffenden Personen-
gruppe deutlich widerspricht und wenn zweitens der (religiöse)
Transzendenzbezug nicht explizit und von außen erkennbar thematisiert wird.[29]

Deskription statt Definition:
Bei Religiosität wie bei Areligiosität handelt es sich um Phänomene, die sich als vielgestaltig und in hohem Maße flexibel darstellen. Darum gilt es wohl weniger, nach einer semantisch eindeutigen, semiotisch verantworteten und pragmatisch-performativ arbeitenden Definition zu suchen. Als hilfreich würde sich vielmehr eine empirisch gewonnene und ständig neu zu überprüfende Deskription erweisen, die sich durchaus zu bisher zur Geltung gebrachten Definitionsvorschlägen in Beziehung setzen lassen sollte.

2.3 Transzendieren als anthropologische Voraussetzung von Religiosität und Areligiosität?

Religiöse Menschen haben Schwierigkeiten, areligiöse Menschen zu verstehen – und umgekehrt. Wie kann beidseitig ein besseres Verstehen der eigenen wie der fremden Position gewonnen werden? Wohl jeder kennt Menschen, die mit Religion/Religiosität nichts anzufangen wissen, und andere, die, einer Religion, speziell dem Christentum verpflichtet, mit »areligiösen« Partnern und Partnerinnen nicht recht ins Gespräch kommen. Worin besteht die gemeinsame anthropologische Basis, von der her sie für einander Verständnis gewinnen können? Schließlich werden Christen auch für sich selbst Klarheit darüber finden wollen, wie die Beziehung zwischen dem von ihnen als authentisch verstandenen Glauben und Religiosität/ Areligiosität zu beschreiben ist.

2.3.1 Anthropologie des Transzendierens ohne religiöse Implikationen

Da sich Religion und dem entsprechend Religiosität, wie oben beschrieben, kaum eindeutig definieren lässt, legt sich die Frage nahe, worin dies seinen Grund haben könnte. Geht man von einer Anthropologie des Transzendierens aus, so wäre ja denkbar, dass der Begriff des Transzendierens zugleich religiöse wie areligiöse Implikationen haben kann. Ein Mensch mag keine religiöse Erfahrung kennen, aber seine Existenz »mit Bezug auf Transzendenz«[30] vollziehen. Die

Orientierung am Transzendenzbegriff reicht allerdings zur Differen-
zierung von Religiosität und Areligiosität nicht aus. Der Begriff des
Transzendierens hat sich weitgehend von Religion und Religiosität
getrennt. Ernst Bloch redet von einem »Transzendieren – auch ohne
Transzendenz«, wie es sich im »Exodus aus dem Statischen«, in der
»Revolte« oder bereits im Hungern zeigt, das nach »mehr« schmeckt.[31]
Es gibt, so Ernst Tugendhat, ein Transzendieren, das nicht auf eine
Transzendenz als eine »Art von Seiendem« ausgerichtet ist, sondern
ein »Übersichhinausgehen innerhalb des Seins des Menschen« ist.[32]
Mystik, die »sich aus dem Menschsein selbst ergibt«, verstehe sich
als nicht auf Offenbarung oder Tradition angewiesen. Was im »Zu-
rücktreten von sich« angestrebt wird, lasse sich als »ein Modus des
Ichseins, des Sichzusichverhaltens« begreifen.[33]

Dem gegenüber ist zu bedenken: Natürlich impliziert auch ein
religiöses Transzendieren ein »Sichzusichselbstverhalten«. Wodurch
aber unterscheidet es sich von dem, was Ernst Tugendhat im Blick
hat? Transzendieren heißt denken, dass »es anders sein könnte«, ja
vielleicht sollte. Jedes Planen und Arbeiten des Menschen geht von
der Möglichkeit aus, dass nicht alles so bleiben muss, wie es ist. Es
kann, aber es muss sich nicht auf eine angenommene Immanenz
beschränken. Transzendieren, auf das sich Religion bezieht, wird sich
nicht als bloßes »Sichzusichselbstverhalten« verstehen. Es kann mindestens intendieren, mehr zu sein als »radikale Immanenz«. Wenn
es sich darin auch nicht als theoretisch überzeugend auszuweisen
vermag, so wird es doch bestimmte Funktionen erfüllen können: Es
erlaubt unter gewissen Bedingungen die Ausbildung einer Metaphysik, die dem Menschen Orientierung und Halt zu bieten verspricht.
Religiöse Projektionen, wenngleich kulturell kontextabhängig, sind
dabei nicht auszuschließen. Religion lässt sich, rein immanent gesehen, als funktionalisiertes Transzendieren beschreiben: Sie dient bestimmten Zwecken und hilft dabei, mit Hermann Lübbe zu sprechen,
Kontingenz zu bewältigen. Die Auseinandersetzung mit Not und Tod
dürfte dabei eine wichtige Rolle spielen. Das Gebet wird zum Inbegriff religiösen Transzendierens. Hier vergisst der Mensch, wie Feuerbach zu beobachten meint, dass »eine Schranke seiner Wünsche
existiert, und ist selig in diesem Vergessen.«[34] Die Projektionen können sich materialisieren – zu inneren und äußeren Bildern, zu Kon-

zepten und dogmatischen Systemen. Die Kunst der Kontingenzbewältigung mithilfe eines funktionalisierten Transzendierens bedarf der Aneignung, die über Kommunikation und Ritualisierung möglich wird. Religion wird bestimmbar als funktionalisiertes, materialisiertes und kommunikativ ritualisiertes Transzendieren einer angenommenen Immanenz. Religionslosigkeit kennt ein solches über die Immanenz hypothetisch hinausführendes Transzendieren nicht. Sie bedient sich der Funktionen religiösen Transzendierens nicht, verzichtet auf die ihr als illusionär erscheinenden Materialisierungen solchen Transzendierens und fühlt sich daher ggf. über dessen kommunikativ ritualisierende Einbindung erhaben. Religiosität dagegen meint im weitesten Sinn die Offenheit gegenüber den ihr hilfreich vorkommenden Funktionen sowie gegenüber der Formen- und Kommunikationswelt von Religion, in einem engeren Sinn die als notwendig empfundene praktizierte Partizipation an solchem Transzendieren. Areligiosität wiederum ist charakterisiert durch das Fehlen von alldem. Ihr genügt ein immanentes Transzendieren. Religion und Religionslosigkeit, Religiosität und Areligiosität liegen, so gesehen, auf derselben Ebene – als mögliche Reaktionen des Menschen auf die Gegebenheit und die Endlichkeit seines Daseins.

2.3.2 Die Herausforderung an die christliche Theologie

An die christliche Theologie ergeht damit die Frage: Wird sie versucht sein, den christlichen Glauben innerhalb dieses Spektrums zu verorten, oder wird sie sich darzulegen veranlasst sehen, dass und inwiefern er in ihm nicht aufgeht? Kann oder muss christlicher Glaube sich als von Religion und Religionslosigkeit unabhängig, als religionsdistanziert und religionskritisch, formal als »religionstranszendent« verstehen?

Von hier aus ist der Blick noch einmal auf das Phänomen der Konfessionslosigkeit/Konfessionsfreiheit zu richten. Sie wird, sofern sie nicht zu einem neuen religiösen oder esoterischen »Bekenntnis« führt, sich in der Regel eher mit Areligiosität/Religionslosigkeit oder einer der Spielarten von Atheismus verbinden. Wenn Religion und Religionslosigkeit anthropologisch auf derselben Eben liegen, führt dies zugleich zu der Frage, ob christlicher Glaube sich nicht selbstverständlich als konfessionstranszendent verstehen muss und insofern in gewisser Weise konfessionslos/konfessionsfrei gelebt werden kann.

3 Die Situation

3.1 Unklare Gemengelage

Seit über einem Jahrzehnt ist in den Medien, aber auch in theologischer Literatur von einer »Wiederkehr der Religion« die Rede. Spätestens seit dem 11. September 2001 hat Religion als politische Kraft an öffentlichem Interesse gewonnen. Der Nahost-Konflikt wird zunehmend entsäkularisiert. Der amerikanische Soziologe Peter L. Berger publizierte schon 1999 ein Buch mit dem Titel »Desecularization of the World«.[1] Selbst Jürgen Habermas sprach von einem »postsäkularen Zeitalter«.[2] Im Rahmen von Exotik und Esoterik machen sich neue religiöse Bewegungen bemerkbar, oft therapeutisch orientiert. Ein Trend zum Buddhismus ist beobachtbar, er verdankt sich möglicherweise dem »Tod« des theistischen Gottes.[3] Allerdings meint man, für Europa eine Ausnahme konstatieren zu müssen. Überall scheint die Religion im Vormarsch zu sein, nur in Europa nicht – und insbesondere nicht in traditionell protestantisch geprägten Gebieten.

3.1.1 Paradigma Deutschland

In Deutschland verlieren die beiden Großkirchen zur Zeit zusammen pro Jahr etwa 250 000 Mitglieder. Auch die verbleibenden Mitglieder nehmen ihre Kirchen nur in einer verschwindenden Zahl in Anspruch. Die religiöse Situation in der ehemaligen DDR wird von den Kirchen als Super-GAU empfunden. Aber auch im Blick auf den Westen spricht man von einem »lautlosen Abschied von den Kirchen«.[4] Die Statistiken des Religionsmonitors[5] sind schwer zu interpretieren. Globale statistische Untersuchungen differieren nicht unerheblich. Doch ist deutlich: Viele Millionen, Hunderte von Millionen Menschen in aller Welt verstehen sich nicht als religiös, leben ohne Religion, ohne religiöse Bedürfnisse. Der seit einiger Zeit gängigen Rede von einer »Rückkehr der Religion« ist daher mit Skepsis zu begegnen. Es könnte sich jedenfalls in Mitteleuropa eher um ein nur mediales Interesse an Religion handeln. Religion wird, ohne dass man sie praktizieren muss, zu einem interessanten Thema psychologischer, soziologischer und religionswissenschaftlicher Forschung, oder schlicht der Unterhaltung. Allerdings scheint auch dies nur für einen begrenzten Teil der Gesellschaft zu gelten. In der Flut von Zeitschriften, der man sich etwa in einem Bahnhofskiosk ausgesetzt sieht, spielt Religion so gut wie keine Rolle. Nur einzelne Magazine nehmen sich gelegentlich – etwa an Weihnachten – des Themas an, meistens distanziert und kritisch.

3.1.2 Internationale Stimmen

Inzwischen melden sich auch zahlreiche Sprecher der neuen areligiösen Situation zu Wort, die jedoch möglicherweise weniger repräsentativ sind, als sie selbst vermuten. Die Wortführer kommen meist aus dem französischen und angelsächsischen Sprachraum. Michel Onfray gibt seiner »Athéologie« in der deutschen Übersetzung den Titel: »Wir brauchen keinen Gott. Warum man jetzt Atheist sein muß«.[6] André Comte-Sponville fragt: »Woran glaubt ein Atheist?« und möchte dabei eine »Spiritualität ohne Gott« entwerfen.[7] George Minois legt eine evolutions- und religionsgeschichtlich orientierte »Geschichte des Atheismus« vor, in der er behauptet, er verfolge »keine apologetische Absicht, weder für noch gegen den Atheismus, für oder gegen den Glauben«[8]. Christopher Hitchens stellt fest, dass »der Herr« kein »Hirte« ist und »wie die Religion die Welt vergiftet«[9]. Richard Dawkins schließlich hat mit seinem »Gotteswahn« in vielen Sprachen höchste Auflagen erreicht.[10] Es sind weitgehend Elemente der klassischen Religionskritik, die hier wiederholt oder mit naturwissenschaftlichen Argumenten aus der jüngeren Diskussion angereichert werden. Die Giordano Bruno Stiftung (GBS) hat sich in diesem Zusammenhang einen Namen gemacht. In Deutschland melden sich Autoren unterschiedlicher Fachrichtungen zu Wort, unter ihnen etwa auch der ehemalige Hauptpastor an Hamburg St. Jacobi, Paul Schulz.[11] Wichtiger als Einzelstimmen sind Beobachtungen, die der einem religionskritischen Ansatz verpflichtete Philosoph Herbert Schnädelbach zusammenfasst in dem Satz: »Die profane Moderne ist unser Schicksal.«[12] Er nennt die Aufklärung unseren »gesamtkulturellen Hintergrund«[13].

3.1.3 Konfessionsfreiheit

Das Problem der Konfessionslosigkeit ist abgelöst und überholt durch das der Religionslosigkeit. Konfessionslosigkeit ist eine Frage, die sich in den Kirchen bzw. Konfessionen stellt. Konfessionslose Menschen nennen sich, falls sie sich überhaupt eine Selbstbezeichnung geben, lieber »konfessionsfrei«. Nach der Hochrechnung der Forschungsgruppe Weltanschauungen in Deutschland belief sich die Zahl der Konfessionsfreien im Jahr 2010 auf 34,8 % der Bevölkerung.[14] Auch Konfessionsfreie können sich zu weltanschaulichen Gruppen zusammenschließen, die man jedoch nicht als »Konfessionen« bezeichnen würde. Beispiele sind etwa der Bund für Geistesfreiheit oder der Humanistische Verband. Es werden konfessionsfreie Riten wie Jugendweihen, Hochzeits- oder Trauerfeiern angeboten und soziale Aktivitäten in Angriff genommen. Nichtchristliche Religionen oder einzelne ihrer Gemeinschaften werden bislang weder als »Konfessionen« noch als »konfessionsfrei« bezeichnet. Konfessionsfreiheit gibt es mit und ohne Religion. Unter dem Begriff »konfessionsfrei« können sich unterschiedliche Optionen wiederfinden:

– Religion und Religiosität werden akzeptiert oder sogar praktiziert, aber natürlich außerhalb von konfessioneller Zugehörigkeit.
– Atheisten lehnen Religion, insbesondere in deren theistischer Ausprägung, radikal ab, was natürlich konsequenterweise Konfessions- und Religionszugehörigkeit ausschließt.
– Religion und Religiosität stehen außerhalb des eigenen Lebens- und Bewusstseinshorizonts, vermögen keinerlei Interesse zu wecken, sind schlicht »kein Thema« (mehr). Hier würde man von Areligiosität oder von Religionslosigkeit sprechen.

Konfessionsfreiheit und Areligiosität/Religionslosigkeit haben somit gemeinsame Schnittmengen. Konfessionsfreie Menschen können sich durchaus für areligiös/religionslos oder für religiös halten. Sogar Atheisten können, wie wir sehen werden, Religiosität oder (wohl lieber) Spiritualität für sich in Anspruch nehmen.

3.2 Soziologisch orientierte Wahrnehmungen

Konfessionsfreie Menschen, ob religiös oder areligiös, haben in der Regel nicht das Bedürfnis, sich über ihr Selbstverständnis oder gar ihre Haltung zu Religion und Religiosität zu äußern. Deswegen muss man hier auf indirekte Zeugnisse zurückgreifen. In der Zeit nach der Wiedervereinigung Deutschlands erschienen zahlreiche, vornehmlich soziologische Studien, die versuchten, die religiöse Lage in der ehemaligen DDR und in den ersten Jahren nach der Wende zu untersuchen. Hinzu kommen Umfragen seitens der Kirchen und statistische Erhebungen. Ebenso gibt es aber auch einzelne Selbstzeugnisse von Autoren, die sich als Atheisten begreifen und dabei manche Angaben machen, die auch für religionslose Menschen zutreffen dürften.

Die Tatsache, dass die evangelische Kirche im Lauf der vierzig Jahre des Bestehens der DDR etwas mehr als zwei Drittel ihrer Mitglieder verloren hat und dass die Kirchenaustritte nach der Wende sogar noch zunahmen, lässt Ostdeutschland als Sonderfall erscheinen – im Weltmaßstab, aber auch im Vergleich zu anderen der früheren Ostblock-Länder.[15] Die soziologischen Studien der Nach-Wende-Jahre haben in dieser Hinsicht zu relativ klaren Ergebnissen geführt.

3.2.1 Analysen von »Konfessionslosigkeit«

Der erste Untersuchungsgang kreiste um den Begriff »Konfessionslosigkeit«. Konfessionslosigkeit, so meinte man feststellen zu können, beruht in den betreffenden Gebieten nicht auf einer bewussten Entscheidung (wie im Westen meistens), sondern ist Folge dessen, was die (DDR-)Gesellschaft vorgegeben hatte. Nach Gert Pickel hat sich »in Ostdeutschland die Norm der Konfessionslosigkeit etabliert.«[16] Eberhard Tiefensee spricht sogar von »einer Art ›Volksatheismus‹«[17]. Monika Wohlrab-Sahr weist auf die »soziale Vererbung« von Religionslosigkeit hin.[18] Manche Konfessionslose bilden in eigenen Vereinen und Institutionen spezifische Traditionen, so dass Konfessions- bzw. Religionslosigkeit in gewisser Hinsicht zu einem Identitätsmerkmal ostdeutscher Menschen werden konnte. Religion geriet damit unter den prinzipiellen Verdacht, gewachsene Identität zu bedrohen oder gar zu zerstören.

Diese Entwicklung war gewiss in hohem Maße durch die repressiven Maßnahmen der DDR-Regierung gegen die Kirchen bedingt: Sie wurde dadurch unterstützt, dass parallel zur Repression kirchenanaloge Strukturen aufgebaut werden konnten; in anderen Ostblockländern war dies nicht in gleicher Weise der Fall. Zudem war die NS-Diktatur mit ihrer ebenfalls antireligiösen oder jedenfalls antichristlichen Haltung nicht wirkungslos geblieben. Aber man muss vermutlich weiter ausgreifen: Manche Autoren führen als Gründe für die Entwicklung in Ostdeutschland sogar die Zwangschristianisierung der Slaven, das System der Gutsherrschaft und das »Bauernlegen«, die Entfremdung der Arbeiterschaft und die Verunsicherung der Bevölkerung nach 1918 an. Auch die allgemeine Institutionsverdrossenheit wird natürlich eine Rolle spielen. Monika Wohlrab-Sahr bringt den Sachverhalt auf die Formel »forcierte Säkularisation«: Zwar sei die Religionslosigkeit durch Zwangsmaßnahmen des DDR-Regimes verstärkt worden; doch hätten vorausgegangene Entwicklungen wie die Entkirchlichung weiter Gebiete bereits im 19. Jahrhundert dazu beigetragen, dass diese Maßnahmen aufgenommen und angeeignet wurden, so dass sie sich auf forcierte Weise auswirken konnten. Vermutlich habe auch die Konstellation von kirchenfernem Protestantismus, Urbanisierung und einem allgemeinen Säkularisierungsschub den für die Religion negativen Trend begünstigt.[19]

Besonders spannend ist die Frage, inwieweit die Kirche selbst an dieser negativen Entwicklung beteiligt gewesen sein könnte. Natürlich verweist man auf die Reformation und auf die im Vergleich zum Katholizismus geringere Kirchenbindung von Protestanten wie auch auf Tendenzen kirchlicher »Selbstsäkularisierung«: Die Not der forcierten Entkirchlichung wurde als Tugend interpretiert – Entsakralisierung ließ sich unter der Perspektive des Ansatzes von Karl Barth oder auch von Friedrich Gogarten her als theologisch legitim verstehen. Ehrhart Neubert resümiert, das »Kirchensterben« sei »nicht einmal betrauert« worden. Das geforderte »Bekenntnis« habe die Mitglieder möglicherweise überfordert; an die Stelle der »Schlüsselfigur der evangelischen Theologie«, nämlich der Rechtfertigungsbotschaft, seien sozialethische Appelle getreten.[20]

3.2.2 Analysen von Areligiosität und Religionslosigkeit

Wichtiger als die Analyse der Faktoren ist in unserem Zusammenhang aber die Frage, ob die Konfessionslosigkeit weiter Teile der Bevölkerung zugleich als Religionslosigkeit bzw. Areligiosität verstanden werden kann oder muss. Viele Beobachter gehen jedenfalls davon aus, dass konfessionslose Menschen in Ostdeutschland nicht nur gut ohne kirchlich-konfessionelle Bindung auskommen, sondern überhaupt keinerlei religiöse Bedürfnisse zeigen und auf Religion hin nicht ansprechbar sind. Sabine Schröder meint ohne Umschweife feststellen zu können: »Konfessionslose Ostdeutsche sind in der Mehrheit areligiös«.[21] Die Auswertung des Religionsmonitors 2008 ergab, dass etwa ein Drittel der deutschen Bevölkerung konfessionslos und dass davon wiederum zwei Drittel areligiös sind. Trotz des großen Überschneidungsbereichs ist offenbar eine Differenzierung möglich. Zwei Drittel der Ostdeutschen haben nie zu einer Kirche gehört.[22] Insbesondere Eberhard Tiefensee vertritt die Meinung, Ostdeutsche stellten oft nicht einmal die Frage nach einem umfassenden Lebenshorizont. Tun sie es doch, so verweisen sie auf einen vagen Humanismus, denn Humanisten »fragen und forschen nach den Geheimnissen der Welt und des Universums. Sie gehen davon aus, dass weder in der Natur noch in der Ferne des Kosmos eine göttliche Kraft das menschliche Sein bestimmt.«[23] Insofern sei hier nicht einmal die Offenheit eines skeptischen Agnostizismus zu finden. Areligiöse Menschen dieser Prägung stehen in Distanz zu allem Religiösen; sie sind nicht anfällig für Sekten oder die Angebote nichtchristlicher Religionen; Tiefensee stellt trocken fest: »Ostdeutsche fahren auch nicht zum Dalai Lama.«[24] Signifikant sind die Unterschiede von Todesnähe-Erfahrungen von West- und Ostdeutschen. Zwar gibt es auch in Ostdeutschland als religiös zu interpretierende Wahrnehmungen, doch im Vergleich zum Westen weit weniger ausgeprägt und wesentlich seltener.[25] Umstritten ist die Frage, ob die Jugendweihe als (pseudo-)religiöser oder als areligiöser Akt verstanden werden soll. Denn einerseits kann auch eine traditionelle Konfirmation unter den entsprechenden Bedingungen als areligiöser, säkularer Vorgang gedeutet werden; andererseits fungiert die Jugendweihe als (pseudo-)religiöses Ersatz- und Konkurrenzphänomen zu Konfirmation bzw. Firmung.[26] Abschließend wird man sagen müssen, dass die Übergänge zwischen Konfessions- und Religionslosigkeit fließend sind, dass aber auch ein deutliches Gefälle von der Konfessionslosigkeit zur Religionslosigkeit besteht. Detlef Pollack beschreibt den areligiösen Menschen als Pragmatiker[27], der weder religiöse Fragen stellt noch für religiöse Probleme ansprechbar ist. Insofern bleibe er auch dem Atheismus gegenüber desinteressiert. Offen muss vorerst bleiben, ob es sich bei alledem um eine durch geschichtliche Umstände bedingte spezifische, auf Mitteleuropa begrenzte Situation handelt oder ob sich damit eine Entwicklung abzeichnet, die sich langfristig weit darüber hinaus auch in anderen Teilen der Welt einstellen wird.

3.3 Konturen areligiöser Weltsicht

Religionslose Menschen haben kein Interesse an Selbstauskünften über ihre Weltsicht oder gar an entsprechenden Bekenntnissen. Auf einschlägige Umfragen reagieren viele von ihnen weder positiv noch negativ, sondern überhaupt nicht. Trotzdem lassen sich über den Religionsmonitor oder auch Erhebungen seitens der Kirchen gewisse Rückschlüsse ziehen.

3.3.1 Soziologische Erhebungen

Bedenkenswert ist zunächst, in welchen Hinsichten sich zwischen religiösen und areligiösen Menschen kaum Unterschiede zeigen: Zentral wichtig ist beiden der Lebenspartner bzw. die -partnerin. Auffällig ist zudem, dass es hinsichtlich der »Lebenszufriedenheit« offenbar nur geringe Abweichungen (zugunsten der Christen) zu geben scheint.[28] Der französische Philosoph André Comte-Sponville, der sich als »bekennenden Atheisten« bezeichnet, fragt unbefangen: »Was ändert sich, wenn man den Glauben verliert?« Er antwortet: Von ein paar Detailfragen abgesehen wenig, im Blick sowohl auf das

Wissen als auch auf die Moral.[29] Umfragen in Deutschland geben sogar moralische Einstellungen von areligiösen Menschen zu erkennen, die stärker auf die Eigenverantwortung des Menschen für sich und sein Leben abheben, als dies etwa bei Christen der Fall ist: Die Erhaltung der Bewohnbarkeit der Erde sei vom Menschen abhängig, wie denn auch Krankheit und Gesundheit mit der Lebensweise des Einzelnen zu tun hätten. Er sei für sich selbst verantwortlich; er sollte die Möglichkeit haben, aktive ärztliche Sterbehilfe in Anspruch zu nehmen, wie er denn auch das Recht habe, sich das Leben zu nehmen.[30]

Speziell für die Menschen in der ehemaligen DDR beobachten Soziologen, dass Gemeinschaft, Arbeit und Ehrlichkeit einen hohen Stellenwert einnehmen, was mit einer idealisierenden Nostalgie zusammenhängen könne.[31] Mit Sicherheit helfe »Arbeit als Sinnstiftung in prekären Situationen«, was sich besonders daran zeige, wie sehr der Verlust des Arbeitsplatzes als deprimierend erlebt wird.[32] Christel Gärtner und Kornelia Sammet haben anhand eines Dokumentarfilms untersucht, wie sich »Krisenbewältigung unter der Bedingung der Religionslosigkeit« vollzieht. Der Film schildert, ausgehend von der »Wende«, wie eine Familie sich daran macht, den Traum vom eigenen Leben und der Selbstständigkeit zu realisieren – und zu scheitern droht. In der Krise komme es nicht zu einem Rückgriff »auf religiöse Lösungsmuster oder eine religiöse Gemeinschaft.« Resümee: »Ein anthropologisches Bedürfnis nach Religion (etwa: Not lehrt beten) kann ausgeschlossen werden.« Die Wahrnehmung der Verantwortung gegenüber der Familie und eine nicht näher zu spezifizierende Hoffnung auf ein Durchkommen führten zu der Lösung, die dem Film denn auch den Titel gegeben hat: »Wir machen weiter.«[33] Monika Wohlrab-Sahr macht darauf aufmerksam, dass man im Grunde nicht isoliert nach Religion oder Religionslosigkeit fragen könne, da es immer um einen Gesamthabitus gehe, indem sich Weltsicht, Lebensumstände und Lebensstil zu einem Setting verbinden. Für areligiöse Menschen konstatiert sie eine stärkere »Individualisierung, Freizeitorientierung« und eine gewisse politische »Indifferenz«.[34] Einer etwaigen Offenheit für religiöse Themen stehe die klare Abwehr religiöser Beeinflussung gegenüber. Solche »Resistenz« könne sich darin äußern, dass religiöse Symbole – etwa Kirchengebäude – gar nicht mehr als solche wahrgenommen werden.[35] Hinsichtlich der Entstehung der Welt spielt immer wieder der »Urknall« eine selbstverständliche Rolle, womit gegen die Religion »Wissenschaftlichkeit« und »Fortschritt« zur Geltung gebracht werden sollen. Die Plausibilität von Religionslosigkeit »beruht auf ihrem Anschluss an die Bestände der Aufklärung«.[36] Im Blick auf eine mögliche Reaktion der Kirchen heißt das, dass auch dieses Arbeitsfeld neu Beachtung finden muss.

3.3.2 Konfessionsfreie religionslose Selbstbekenntnisse

Als areligiös erscheinende Menschen denken nicht über ihre Haltung zur Religion nach und äußern sich folglich auch nicht ohne Weiteres darüber. Doch lassen sich an atheistischen Selbstbekenntnissen Züge wahrnehmen, die wohl auch für Areligiöse gelten. Weniger interessant sind in diesem Zusammenhang plumpe antikirchliche Polemiken oder auch Versuche der Beweisführung, dass es »mit großer Wahrscheinlichkeit keinen Gott« gibt. Die einschlägige Aufschrift auf Bussen, die von der Humanistischen Union auf den Weg geschickt wurden, hat denn auch kaum eine erkennbare Wirkung ausgelöst. Areligiöse Menschen sind in der Regel weder für Kirchen noch für Atheisten ansprechbar. Wie erfährt man etwas über sie?

(a) Die Satzung des »Humanistischen Verbands«
In Deutschland bemüht sich der »Humanistische Verband«, die Konfessionsfreien, Areligiösen und Atheisten zu sammeln und zugleich ihr Sprachrohr zu sein. Obwohl er nicht ohne Weiteres als ihre Vertretung gelten kann, da er trotz einer vergleichsweise geringen Mitgliederzahl diesen Auftrag sich selbst gegeben hat, dürfte seine Satzung etwas über deren Selbstverständnis aussagen. In ihr wird von Menschen gesprochen, »die einen modernen Humanismus vertreten und leben. Ihre Weltsicht ist rational und allein an der Würde des Menschen orientiert. Sie verbindet eine ethische säkulare Lebensauffassung. Wurzeln ihres Humanismus reichen bis in die Antike.« Der Humanistische Verband Berlin Brandenburg »steht in den freigeistigen Traditionen der Renaissance, der Aufklärung sowie

der atheistischen, freireligiösen, freidenkerischen und humanistischen Bewegungen des 19. und 20. Jahrhunderts. Das Handeln der Mitglieder ist von der Ansicht geleitet, dass die Menschen das Recht und die Verantwortung haben, ihr Leben selbst zu bestimmen. Gemeinsame Grundlage ist das ›Humanistische Selbstverständnis‹ in seiner aktuellen Fassung.«[37] Das mehrfach überarbeitete »Humanistische Selbstverständnis« formuliert: »Ein moderner praktischer Humanismus verbindet die Forderung nach Glück und Zufriedenheit aller Individuen mit der Einsicht in die allen Menschen gemeinsame Verantwortung. Einfühlsames Verständnis und solidarische Hilfe entstehen auch aus der individuellen Fähigkeit, sich selbst zu verstehen und ein auch emotional positives Verhältnis zu sich selbst zu finden, ohne sich dadurch einem produktiven Umgang mit anderen in ihrer menschlichen Vielfalt zu verschließen. (…) Menschenwürde ist für Humanistinnen und Humanisten im Anspruch auf Achtung begründet, den jedes menschliche Wesen hat. Die Anerkennung der Würde anderer wie der eigenen Würde ist eine Grundbedingung menschlicher Kultur. (…)«[38] Die Wurzeln dieses Humanismus werden angesprochen: »Er knüpft an die Traditionen der Aufklärung und der Emanzipationsbewegungen der europäischen Neuzeit an.«[39] Wie sehr er auch an Traditionen des Christentums anknüpft, ist ihm möglicherweise selbst nicht bewusst; eine Begründung für die hier vielfach beschworene Menschenwürde sucht man vergebens.

(b) Interviews
Interessanter sind möglicherweise areligiöse Selbstbekenntnisse, die in Interviews auftauchen. Der Schriftsteller Thomas Brussig antwortet auf die Frage »An welchen Gott glauben Sie?«:
»An keinen. Natürlich unterlasse ich es, anderen den Glauben auszureden. Ich bin auch nicht gern das Objekt von Bekehrungsversuchen. Religion ist für mich wie eine Fremdsprache, die ich nicht beherrsche. Damit, dass die Liebe eine Gabe Gottes ist, kann ich noch etwas anfangen, denn die Liebe hält diesen Planeten ja tatsächlich am Laufen, und die Wissenschaft, die zum Urknall wie zur Entstehung des Lebens einiges zu sagen weiß, kann ja doch Sinn und Ursprung der Liebe nicht erklären.«[40] Hier herrscht eine vage Skep-

sis, die immerhin die Erinnerung an eine mögliche Verbindung von Liebe und »Gott« zulässt.

Im Folgenden ein Ausschnitt aus einem Interview zum Kirchgang: »Ja, ich geh auch ab und zu hin. Aber ich mag die Messen nicht. Ich gehe lieber hin, wenn keiner da ist. Für mich. Ich mag es, wenn die Kirche leer ist.

Frage: Wieso?

Ich habe da keinen Bezug zu. Ich finde die Messe an sich nicht so toll.

Frage: Wegen der Texte oder Liturgie?

Ich finde, das ist so übertrieben. Alle müssen gut sein, alles ist so und so. (… Beten …) Ich muss dazu keine Kirche haben.

Frage: Und das alleine in der Kirche sein, was bringt Ihnen das? Ruhe und dieses Friedliche. Die Atmosphäre. (…) Wenn keine anderen Einflüsse von außen sind, dann ist das viel schöner.«[41]

Auch hier scheint eine gewisse Rest-Religiosität spürbar zu sein. Aber sie bietet keinen Anknüpfungspunkt für Religion.

Alice Schwarzer hat Margarete Mitscherlich interviewt: »»Und was ist dein Trost, Margarete?‹ Ich weiß es nicht. Vielleicht muss ich ohne Trost leben und sterben. Wir Menschen sind Teil der Natur und damit auch Teil von ›Stirb und werde‹. Aber ob ich mich im Erkennen solcher Zusammenhänge geborgen fühle? Bisher ist es mir nicht gelungen – oder vielleicht doch?«[42]

Der Gedanke an den Tod muss nicht ausgeklammert werden, wenn ihn wohl auch nicht jeder Areligiöse so scheinbar überlegen angeht, wie William Hamilton, ein Freund Richard Dawkins, der auf dem Waldboden des Amazonas-Dschungels aufgebahrt werden und den Käfern zur Nahrung dienen will. Er schwärmt: »Später dann werde ich in ihren Kindern, die von hornigen Eltern mit faustgroßen Stücken meines Fleischs genährt wurden, entkommen. Ich will es nicht mit Würmern oder schäbigen Fliegen zu tun haben. Neu zusammengesetzt und in vielfältiger Gestalt werde ich schließlich aus dem Boden herausschwirren wie die Bienen aus ihrem Nest. Ja, ich werde lauter summen als die Bienen – beinahe wie ein Schwarm von Motorrädern. Unter dem Sternenzelt werde ich Käfer um Käfer in die brasilianische Wildnis hineingeboren werden.«[43] Auch das areligiöse Verhalten angesichts religiöser Zeugnisse kann als ein indirektes Selbstbekenntnis interpretiert werden. Die Schriftstellerin Sigrid Damm beschreibt ihren Rom-Aufenthalt. Sie sieht sich dies oder jenes an, fragt sich aber nie, ob an Religion oder Christentum etwas Wahres dran sein könnte. Sie ist fasziniert von Caravaggio, ohne darüber nachzudenken, was die »Berufung des Matthäus« oder die »Bekehrung des Paulus« bedeutet haben oder für sie selbst bedeuten könnte. Sogar der Weihnachtsbaum kommt vor, aber ohne jede Bedeutung. Nur an der Scala Santa schreckt die Autorin zurück; hier passiere wohl etwas Intimes. Der existenziell klingende Titel »Wohin mit mir« wird für sie zu einer rein geographischen Angelegenheit: Rom oder doch Roknäs im hohen Norden.[44]

An einem Kiosk in Berlin fand ich einen Ständer mit Spruchkarten folgenden teils witzig gemeinten Inhalts: »Man lebt nur einmal, aber wenn man es richtig anstellt, ist einmal genug.« »Wir versprechen nichts, aber das halten wir auch.« »Ich habe keine Lösung, aber ich bewundere das Problem.« »Enjoy your life, it might be your last.« »Wenn ich wollen würde, würde ich wollen.« »Ich will keine Sehenswürdigkeiten, ich will shoppen.« »Her mit dem schönen Leben!« »Wenn ihr mich sucht, ihr findet mich im Zwiespalt.« Kurzformeln eines verbreiteten areligiösen Selbstverständnisses, das immerhin auch besinnlichere Töne anschlagen kann: »I found the key to Paradise. But I can't find the door.« »Wenn du merkst, dass dein Pferd tot ist, steig ab.« Das Internet ist voll von areligiösen (und religiösen) Selbstbekenntnissen.[45] Zum Schluss zwei persönliche Wahrnehmungen. Ein Gast in unserem Wohnzimmer ist am Lesen; ich aber will eine kirchliche Sendung ansehen. Ich möchte, dass er in Ruhe weiterlesen kann, und empfehle ihm das Nebenzimmer. Er winkt ab: »Ich kann das ausblenden …«.

In meinem Arabisch-Kurs bilden wir Beispielsätze, mit denen wir uns gegenseitig necken. Es geht um den Begriff für »heiraten«. Mein areligiös-atheistischer Nachbar formuliert provokant: »Der Ungläubige heiratet das Leben!«

3.3.3 Reflektierte areligiöse Selbstwahrnehmung

In den letzten Jahrzehnten sind drei durchaus reflektierte Zeugnisse areligiös-atheistischer Selbstwahrnehmung publiziert worden, die nähere Aufmerksamkeit verdienen. Es handelt sich um die Darstellungen von Paul Schulz, einem ehedem lutherischen Pastor, dem vor Jahren von seiner Kirche die Predigtbefugnis entzogen worden ist[46], von André Comte-Sponville, der aus katholischem Hintergrund kommt und nach einer Lehrtätigkeit an der Sorbonne nun als freier philosophischer Schriftsteller tätig ist[47], und schließlich von Joachim Kahl, einem frei schaffenden Philosophen, der am Tag nach seiner theologischen Promotion am Marburger Fachbereich Evangelische Theologie aus der evangelischen Kirche ausgetreten ist[48].

(a) Paul Schulz formuliert ein »Atheistisches Manifest«.
Der ehemalige Pastor hat den Gewinn eines atheistischen Selbstverständnisses als Befreiung erlebt. Dreimal wiederholt er: »Es ist großartig und menschenwürdig, befreit zu sein« – von einem Glauben an Unglaubwürdiges, von allerlei göttlichen Vorschriften, von Ängsten vor überirdischen Mächten. Vielleicht klingt hier noch die ehrwürdige Formel der Abendmahls-Präfation nach – »Wahrhaft würdig und recht …«. Doch viele heute areligiöse Menschen haben diese Befreiung nicht erlebt; sie leben von Kindheit an in dieser »Freiheit«. Der kulturgeschichtlich oder biographisch bedingte Zweifel, der dem vormaligen Theologen die Befreiung aus Bevormundung und Fremdbestimmung gebracht hat[49], könnte für den areligiösen Menschen in umgekehrter Richtung wirksam werden. Skepsis gegenüber seiner bisherigen, vielleicht »ererbten« Sicht könnte ihn zur Suche nach Halt und Orientierung veranlassen. Er wird eine neue Lebenseinstellung aber möglicherweise eher mithilfe von Psychologie und Therapie suchen als bei religiösen Angeboten. Es dürfte ihm auch kaum nahe liegen, sich eine »Lebensphilosophie ohne Gott« anzueignen, wie sie Schulz im Untertitel seines Buches anbietet. Was er vermutlich ebenso sucht wie der explizite Atheist, ist aber wohl »Lebensfreude bis zum Tod«.

Unter diesem Stichwort äußert sich Paul Schulz »zur Frage der Spiritualität«.[50] Hier beginnt er nun auch von dem Menschen zu sprechen, bei dem Gott gar nicht vorkommt: »– alles erklärt sich aus sich selbst einfacher und überzeugender. Es fehlt nichts – außer Religion.« Trotzdem soll es nun um Spiritualität gehen. Schulz will

»aus der Diskussion um die Spiritualität jeden religiösen Druck her-
ausnehmen.«[51] Er meint zu wissen, dass der nicht religiöse Mensch
alle Gefühle hat, die »jeder religiöse Mensch auch haben kann.«
»Nur sehe er »seine gesamte Erfahrungswelt mit seinem Denkhirn völlig
anders als der religiöse Mensch.«[52] Er kenne natürlich Freundschaft,
Kreativität, das Ergriffensein durch Musik, die Faszination durch das
Universum[53], ja die »Erhabenheit des Seins«.[54] Paul Schulz hat dabei
nicht den religiös desinteressierten, areligiösen Menschen im Blick.
Er geht von einer klaren Alternative zwischen religiöser Fremdbe-
stimmtheit und befreiendem Atheismus aus, für den er aber – mit
religiösem Pathos – die Möglichkeit immanenter Spiritualität offen
hält, ja postuliert. Er ruft zu einem »atheistischen Glauben« auf, womit
er sich alle denkbaren Missverständnisse des Begriffs »Glaube« ein-
handelt und – nebenbei bemerkt – mit einer Verzeichnung des christlichen Glaubensbegriffs arbeitet. Eine der Fragen, die sein Buch beim
Leser hinterlässt, besteht darin, inwiefern ein areligiöser Mensch an
Spiritualität interessiert sein kann und ob sich damit nicht doch eine
offene Flanke zur Religiosität hin zeigt.

(b) André Comte-Sponville geht es um die für Atheisten »passende
Spiritualität«.
Er kündigt das schon mit dem Untertitel seines Atheismus-Buchs
an.[55] Er gibt sich als »undogmatischer Atheist«[56] und er polemisiert
wenig gegen Religion und Religiosität, obwohl er natürlich alle seine
Argumente gegen religiösen Glauben anführt (ohne wirklich Neues
vorzubringen). Aber ein gewisser missionarischer Eifer zeigt sich
doch darin, dass er seine Leser immer wieder auch direkt – per
»Sie« – anredet. Seiner Meinung nach kann man sich zu einer bestimmten Tradition und vor allem zu von der Religion überkom-
menen Werten bekennen, auch ohne dieser Religion verpflichtet zu
sein. Der Jude bleibe Jude, auch wenn er nicht an Gott glaubt[57];
entsprechend bedeute Atheismus keineswegs »Gedächtnisverlust«[58].
Welche Spiritualität entspricht einer solchen Haltung? Spiritualität
sei das »Leben des Geistes« und »Geist« die »Potenz des Denkens«.[59]
Das heiße aber nicht, dass diese sich vornehmlich oder gar ausschließlich auf Rationalität bezieht. Sie sei offen für Gefühle und
für Erfahrungen des Absoluten. Das Schöne könne »einen Zugang

zum Absoluten gewähren (...).«[60] Das Absolute sei freilich nicht mit Gott, schon gar nicht mit Gott nach christlichem Verständnis zu identifizieren. Schon das anthropologisch bedingte Aufkommen ozeanischer Gefühle lasse Gott als überflüssig erscheinen. Comte-Sponville empfiehlt Soto, Zen und advaita, buddhistisches Sosein und Parmenides. Für den, der »es spürt, ist das Absolute das Gegenteil des Nichts: Es ist das Sein selbst, das uns erfüllt und erfreut (...).«[61] Das Ego trete zurück, und der Autor bekennt: »Ja, ich habe es manchmal, ausnahmsweise, erlebt, einfach lebendig zu sein, unmittelbar im Wirklichen, es von Angesicht zu Angesicht zu sehen (...).«[62] Er spricht ähnliche Erfahrungen religiösen Menschen nicht grundsätzlich ab, aber für ihn ist die Religion »eine Form der Spiritualität. Sie verhält sich zu ihr wie der Teil zum Ganzen, wie die Gattung zur Art.«[63] Areligiosität im Sinne eines prinzipiellen Desinteresses an Religion kommt auch bei Comte-Sponville nicht in den Blick. Areligiöse Menschen werden kaum nach diesem Buch greifen oder, wenn sie es doch tun, davon enttäuscht sein. Trotzdem hinterlässt es die Frage, ob bei areligiösen Menschen Spiritualität völlig ausfällt. Was erfüllt sie, wofür interessieren sie sich, was ist ihre »philosophy«? Kann ihre Lebenseinstellung noch mit Spiritualität zu tun haben oder – im Sinne Comte-Sponvilles – sogar eine Form von Spiritualität darstellen wie andererseits Religion oder Atheismus?

(c) Joachim Kahl präsentiert eine »Philosophie für unsere Zeit«. Er legt damit eine dritte Variante eines atheistisch-areligiösen Selbstbekenntnisses vor. Er wiederholt zwar einige der üblichen Argumente für den Atheismus, bekennt sich aber, da ihm der blanke Materialismus zu eng sei, zu einem Naturalismus, den er in der Diskussion mit Evolutionstheorie und Hirnforschung zu entfalten sucht. Diese Position erlaube ihm ein »wohldurchdachtes Ja zu Metaphysik« und ein ebenso »wohldurchdachtes Nein zu Religion«.[64] Das Absolute gewähre »Halt, aber kein Heil.«[65] Kahl bemüht sich, Religion und Spiritualität klar voneinander zu trennen und scharf gegeneinander abzuheben. Die noch immer verführerische Kraft der Religion, das habe er »seit langem begriffen«, sei »ein Exempel für autosuggestives Wunschdenken«.[66] Er wendet sich gegen die

Vorstellung, man könne den Menschen nicht ohne Religion denken. Für ihn gilt: Religion »ist und bleibt *nur* eine menschliche *Möglichkeit*. (…) Die Freiheit *von* Religion tritt gleichrangig neben die Freiheit *zu* Religion.«[67] Das säkulare Bewusstsein, das Europa heute bestimme, dürfe sich »in einer ehrwürdigen Tradition der Religionsindifferenz, Religionskritik, Religionslosigkeit« wissen.[68] In der Religion gehe es um »Gläubigkeit« und »Heiligkeit«. Mit der Spiritualität aber verhalte es sich ganz anders; »philosophische Spiritualität« sei »… – ganz unreligiös – eine vernunftgemäße Einsicht (…), die gemüthaft vertieft, emotional verwurzelt und insofern lebbar ist: die Einheit von Verstandestätigkeit und Herzensbildung.«[69] »Spiritualität« sei von christlicher Frömmigkeit usurpiert; Kahl will sie »weltlich-humanistisch aneignen, retten, reinigen, positiv besetzen (…).« Jeder Mensch habe spirituelle Bedürfnisse, aber es sei »unredlich, bereits diese Bedürfnisse selbst zu vereinnahmen« und »mit Hilfe eines weit gefassten, funktionalistischen Religionsbegriffs jeden Sinnsucher zum Gottsucher zu mystifizieren.«[70] Kahls Ausführungen münden schließlich ein in eine wohltemperierte humanistische Ethik, die sich im »Gentleman-Ideal« ausspricht, aber auch Teile des Dekalogs zu würdigen und sinnvolle Detail-Vorschläge zu machen weiß.[71]

Die drei vorgestellten Modelle können für Weltgefühl und Weltanschauung areligiöser Menschen nicht im vollen Sinn repräsentativ sein, da die Autoren, zwei ehemalige evangelische Theologen und ein katholisch geprägter Philosoph, durchaus motiviert sind, Menschen für ihre Sicht zu gewinnen. Trotzdem dürften ihre Äußerungen etwas darüber aussagen, wie areligiöse Menschen sich selbst verstehen. Könnte man sie dazu bringen, eine Selbstauskunft zu formulieren, so würden sie ihre Haltung wohl ähnlich beschreiben wie Schulz, Comte-Sponville oder Joachim Kahl. Zweierlei stünde dabei vermutlich im Vordergrund: eine allgemeine, vom Christentum gar nicht sehr weit entfernte humanistische Moral und das Bedürfnis, mehr oder weniger spirituell sein zu dürfen, ohne religiös sein zu müssen. Aus der US-amerikanischen Szene wird berichtet, dass auch dort die Wendung »spiritual, but not religious« zunehmend en vogue sei.[72]

(d) Dass Moralität nicht von Religiosität abhängig sein muss, ist schon seit langem deutlich. Vor allem protestantisches Christentum hat wesentlich für ein vernunftgeleitetes Ethos plädiert, wenn auch orientiert an der Liebe und beflügelt durch den Glauben. Im Ergebnis schien es sich von säkularem Verhalten kaum zu unterscheiden; dies dürfte auch im areligiösen Umfeld noch nachwirken. Je stärker sich jedoch utilitaristische Rahmenbedingungen und Vorstellungen durchsetzen, desto dringender wird sich mit der Zeit die Frage nach der Funktion einer christlich profilierten Moral erneut stellen. Vorerst scheinen die Unterschiede gering; die prinzipielle Unabhängigkeit von Religion und Moralität wird bislang als Gemeingut angesehen.

Anders steht es mit dem Verhältnis von Spiritualität und Religiosität. Vor allem in der Phase des spirituellen Booms galt Spiritualität als ein Ingrediens echter Religiosität. Sie nun als von Religion und Religiosität unabhängig zu sehen, scheint eine religionsgeschichtlich neue Entwicklung darzustellen. Sie könnte auch noch nicht abgeschlossen sein; denn dem »frommen Atheisten« macht sie offenbar noch zu schaffen. Er kann möglicherweise Bachs Johannes-Passion nicht anhören, »ohne mit den Tränen zu kämpfen: Was sich da einstellt, ist eine Mischung aus Trauer und Wut, dass das alles nicht wahr ist.«[73] Aber er wird sie gleichwohl mit spirituellem Gewinn hören. Als anthropologische Einsicht scheint sich durchzusetzen: Nicht die Religion stellt die Rahmenbedingung für Spiritualität dar, sondern anthropologisch vorgegebene Spiritualität ist die Voraussetzung für die unterschiedlichsten Spielarten von Religiosität und Areligiosität. Sie kann unabhängig von konkreter Religions- oder gar Konfessionszugehörigkeit genutzt und genossen werden. Mystik und Atheismus entdecken und finden einander. Mystik wird als eine rein menschliche, religionslose, »gottlose« Möglichkeit erkennbar. Scharfsichtig hatte schon Karl Barth die innere Beziehung zwischen Mystik und Atheismus gewittert, wenn auch im Rahmen seiner Religionskritik allerdings anders beschrieben: Beide wenden sich seiner Meinung nach gegen die Religion; sie seien aber tatsächlich dem Bereich der Religion selbst zuzurechnen wie dessen positive »Ausdrücke und Darstellungen«, eben wie Ebbe und Flut »zum eigensten Leben des Ozeans« gehören.[74]

3.4 Ein säkulares Zeitalter

Charles Taylor, lange Zeit Professor of Social and Political Theory
in Oxford, dann für Political Science and Philosophy in Montreal,
inzwischen emeritiert, hat ein gewaltiges Opus vorgelegt, in dem er
die »Geschichte« der »Säkularisation« auf verschlungenen Pfaden
und mit nicht immer präzisen Begriffen, aber höchst eindrucksvoll
»erzählt«.[75] Er geht nicht davon aus, dass Areligiosität eine von vornherein mögliche anthropologische Option sein könnte. Er weigert
sich auch, sie einseitig auf das Emporkommen der neuzeitlichen
Wissenschaften zurück zu führen (er wendet sich gegen die von ihm
so bezeichnete »Subtraktionsgeschichte«). Für ihn hängt sie mit einem entscheidenden Wandel menschlichen Selbstverständnisses[76]
und entsprechender Rahmenbedingungen für den Glauben zusammen. Er spricht lieber von »Unglauben« als von Atheismus, was eine
gewisse Unschärfe mit sich bringt, die aber durch seine treffende
Beschreibung des »selbstgenügsamen«, »ausgrenzenden Humanismus«[77] wettgemacht wird.

3.4.1 Ausgrenzender, selbstgenügsamer Humanismus

Was dem Glauben nach Taylor heute gegenüber- bzw. entgegensteht,
ist ein selbstgenügsamer, ausgrenzender Humanismus. Taylor sieht
ihn als eine »Einstellung, die weder letzte Ziele, die über das menschliche Gedeihen hinausgehen, noch Loyalität gegenüber irgendeiner
Instanz jenseits dieses Gedeihens akzeptiert« (41). Taylor wendet
sich gegen die Selbstverständlichkeit, mit der der Humanismus »ab-
geschlossene Weltstrukturen« voraussetzt (919). Er behauptet zwar,
seinerseits sich dafür offen zu halten, dass es jenseits dieser Strukturen »gar nichts gibt«. Aber schon seine Begrifflichkeit verrät, dass
er im Grunde doch von einer bestimmten Transzendenzvorstellung
ausgeht. Aus deren Warte scheint klar: »Der ausgrenzende Humanismus schließt das Fenster der Transzendenz, so als gäbe es auf der
anderen Seite gar nichts, ja, so als wäre es nicht ein ununterdrück-
bares Bedürfnis des menschlichen Herzens, dieses Fenster zu öffnen
(…)« (1061). Vier Standards charakterisierten diese Haltung: Entwicklung zu »Freiheit«, Vermittlung von Fähigkeiten (»Befähigung«),

»wechselseitiger Vorteil« als »Hauptziel der Gesellschaft« und schließlich Vernunft, die dazu diene, die genannten Ziele zu erreichen. Damit sei dieser Humanismus nicht primär religionsfeindlich motiviert (967f). Aber selbstverständlich habe er das Bedürfnis, ihn behindernde Traditionen abzuschütteln (955). Dies werde nicht ohne Verlustgefühle abgehen. Sinngarantie sei nicht mehr gegeben, Melancholie stelle sich ein, »in Form des Gefühls von vielleicht endgültiger Sinnlosigkeit«.[78] Andererseits wirkten »die mit dem Unglauben verbundenen Gefühle der Würde, Selbstbeherrschung, Mündigkeit und Autonomie« attraktiv.[79] Taylor nimmt den Humanismus also nicht nur als »Glaubenssystem« wahr (34), sondern zugleich als Ausdruck eines bestimmten Selbstverständnisses. Dieses werde geprägt durch das »Gefühl, wir seien schwache und zugleich mutige Wesen mit der Fähigkeit, uns furchtlos einem an sich sinnlosen, feindlichen Universum zu stellen (…)« (26). Ein Paradigma für diese Haltung gebe insbesondere Camus ab (917, 943, 974). Sie könne sich verbinden mit der Befriedigung, die entsteht, wenn man den Eindruck gewinnt, wenigstens in Grenzen an der Verbesserung der Welt beteiligt zu sein. Taylor beobachtet einen interessanten Widerspruch, der darin bestehe, dass einerseits das vormals vorhandene »poröse Selbst« nun durch das »abgepufferte Selbst« abgelöst werde, das sich ganz auf sich selbst gestellt sieht, und dass es andererseits ein deutliches Bedürfnis dieses Selbst gebe, nicht aus dem nunmehr atheistisch-humanistischen »Rahmen« zu fallen. Den weltanschaulichen Rahmen, in dem man lebe, verlasse man nicht gern, unabhängig davon, ob es sich (wie in den USA) um einen religiösen oder (wie in Frankreich) um einen laizistischen handle (1004). Der »immanente Rahmen« (899ff) werde jetzt weithin als allgemeinverbindlich angesehen. Innerhalb dieses Rahmens könne sogar eine gewisse »Frömmigkeit« aufkommen, was Taylor an der Liebe vieler ungläubiger Menschen zu Poesie und Gedicht illustriert (1009f). Der »Hintergrund« der eigenen Selbstwahrnehmung habe sich damit geändert; Alternativen seien nicht mehr denkbar; mit Wittgenstein: »Ein Bild hielt uns gefangen« (915). Freilich halte auch das neue Bild gefangen. Taylor versteht das als anthropozentrische Wende, die wesentlich in der Veränderung nicht nur des Denkens, sondern vor allem auch des Erlebens begründet sei.

3.4.2 Säkularisationsgeschichte

Taylor vermutet, dass es um das Jahr 1500 kaum möglich gewesen sei, nicht an Gott zu glauben, während es nun, ein halbes Jahrtausend später, kaum noch möglich zu sein scheine, mit einer Existenz Gottes zu rechnen. Immer spreche sich Glaube im Rahmen bestimmter vorausgesetzter »Selbstverständlichkeiten« aus. Taylor findet die Erklärung für die Entstehung von Säkularisation als eine Geschichte von Subtraktionsvorgängen nicht einleuchtend. Die auf die Naturwissenschaften sich berufende Behauptung, dass alles auf »Materie« beruhe, erkennt er als eine ontologische These, die ihrerseits von erkenntnistheoretischen Vorentscheidungen abhängt (959). Er versucht daher, übergreifende Prozesse sowohl im Bereich der Selbstwahrnehmung des Menschen als auch der gesellschaftlichen Entwicklung in den Blick zu nehmen. So unterscheidet er drei Stadien von Säkularisation. In der »Säkularisierung 1« würden die sozialen Belange vom Religiösen getrennt: Die bis dahin selbstverständliche Zusammengehörigkeit von Familie, Religion und gesellschaftlicher Beheimatung löst sich auf. In der »Säkularisierung 2« schwinden religiöser Glaube und entsprechende Praxis; die Kirchen leeren sich, ohne dass es zu einem deutlichen Konflikt zwischen Glaube und Unglaube kommt. Diese Phase wäre besonders für das 20. Jahrhundert geltend zu machen. Inzwischen sei aber die »Säkularisation 3« eingetreten, in der sich die Bedingungen für den Glauben verändert haben: Glaube ist nur eine mögliche Option unter anderen, und keineswegs eine selbstverständliche. Taylor ermittelt neben der »Entzauberung« der Welt durch die Wissenschaften drei Stränge, die zu dieser Entwicklung geführt haben. Die Wandlung des menschlichen Selbstverständnisses hängt nach seiner Überzeugung mit der »Apotheose des Selbst« zusammen, zu der Luther, Descartes und Rousseau wesentlich beigetragen hätten (1213). Sie drücke sich heute durch eine »expressivitätsbezogene Selbstwahrnehmung« aus, wie sie im Bereich von Konsum und Mode sich zeige. Die protestantische Überzeugung, dass gute Werke nichts zur Erlösung beitragen können, habe die säkulare Produktion freigesetzt (1100f). Zugleich[80] sei es zur Entflechtung von Religion und gesellschaftlicher Wirklichkeit gekommen. Als problematisch erscheint die Reformation, da sie das in der Kirche noch nicht überwundene Heidentum habe ausmerzen wollen und auf diese Weise zur Exkarnation des Christentums beigetragen habe. Sie habe damit den spirituellen Spielraum eingeengt und sich alsbald als Prokrustesbett erwiesen (1277f). Eine durch die Achsenzeit, also die etwa ab dem 7. vorchristlichen Jahrhundert einsetzende neue Selbstwahrnehmung des Menschen sei damit zur Vollendung gekommen, habe aber zugleich das nachachsenzeitliche Gleichgewicht von vorachsenzeitlichen Elementen zerstört. Nun sollte man hundertprozentiger Christ sein und eine entsprechende Ordnung verwirklichen. Dies aber habe zur Gegenbewegung motiviert und die »anthropozentrische Wende« herbeigeführt (1282). Die »Maximalforderung« höchster moralischer Ansprüche zu erfüllen, ohne »das Wesentliche des Menschseins« zu zerschmettern oder zu verstümmeln, sei nicht realisierbar gewesen (1063). In dem damit sich etablierenden »anthropozentrischen Klima« habe es schließlich kein Verständnis mehr für »Opfer« gegeben, weder für die Forderung noch das Angebot eines Opfers. Der »Zorn Gottes« und die »Hölle« konnten keine Existenzberechtigung mehr finden. Ergebnis: Das sich neu definierende Christentum war von selbstgenügsamem Atheismus nicht mehr weit entfernt (1118).

3.4.3 Säkulares Zeitalter mit Zukunft?

Taylor will kein Prophet sein, macht sich aber doch Gedanken darüber, wie die Entwicklung wohl weitergehen wird. Aufgrund seiner Beschreibung des selbstgenügsamen, ausgrenzenden Humanismus kann man schon ein wenig hochrechnen, wie sein Urteil wohl ausfallen wird. Interessant ist, dass er nicht mit einem einseitig erkenntnistheoretisch ausgerichteten Transzendenzbegriff arbeitet, sondern die Erfahrungsebene aufsucht. Die Unterscheidung von Transzendenz und Immanenz sei ohnehin ein Phänomen, das erst im Zuge der heraufkommenden Säkularisierung greifbar werde (33, 37). Es sei schwierig, sie vorzunehmen, da es offensichtlich unterschiedliche Reichweiten des Transzendenzbegriffs gibt.

Taylor verweist auf die Erfahrung, dass der Mensch in irgendwelchen Zusammenhängen seines Lebens »eine gewisse Fülle« wahrnehme: »An diesem Ort (in dieser Tätigkeit oder in diesem Zustand) ist das Leben voller, reicher, tiefer, lohnender, bewundernswerter und in höherem Maße das, was es sein sollte.« (18) Diesen Sinn für Fülle interpretiert Taylor als einen »Reflex der transzendenten Realität« (1273). Er erkennt Spuren dieses Reflexes im »désir d'éternité« (Chantal Millon-Delsol; 887) und in der Kunst. Er stellt die Frage, ob sich Erfahrungen von Schönheit in Kunst und Natur »im Rahmen einer transzendenzfreien Ontologie« wirklich deuten lassen (1008). Der Dichter Friedrich Schiller habe deutlich gemacht, »was an emotionaler Spontaneität und Selbstäußerung verloren geht, wenn man den disziplinären Vorschriften der rationalen Freiheit oder der moralischen Autonomie gehorcht« (1067). Das »Festliche« sei weiterhin Einfallstor für religiöse Erfahrungen (1208). Schließlich sei zu fragen, ob das Bild, das sich der ausgrenzende Humanismus von der Größe des Menschen mache, nicht dazu verführen könne, »die Gescheiterten, die Schufte, die Nutzlosen, die Sterbenden und die Abdriftenden zu vernachlässigen (...).« Humanismus im gekennzeichneten Sinn sei zwar nicht völlig unsensibel gegenüber diesen Herausforderungen. Aber er müsse sich in seiner Reaktion auf die von Taylor angenommene »transzendente Realität« mit Immanenz begnügen. »Das Tor zu weiteren Entdeckungen ist verriegelt« (1273).

Taylor seinerseits ist nicht blind gegenüber dem Anspruch des in der westlichen Welt um sich greifenden Atheismus. Angesichts dieser Situation hält er nicht einfach an einem wie auch immer interpretierbaren allgemeinen religiösen Apriori fest. Er geht vielmehr davon aus, dass die Ödnis eines transzendenzlosen Lebens von selbst Möglichkeiten freisetzen werde, die zu einer Bekehrung führen können (vgl. 894). Es handle sich um eine »Revolte«, die sich »gleichsam aus dem Inneren des Unglaubens« gegen den Primat des Alltäglichen richte (1199). So könne es zu »Konversion« kommen, die dann auch als befreiend erlebt werde: Es kommt Ordnung ins Leben! (1267)

So steht am Ende von Taylors groß angelegter Analyse die Erwartung einer »Zukunft der Vergangenheit« (1275). Eine Fußnote deutete an, wie sie aussehen könnte: »A Catholic Modernity?« (1134, Anm. 11)

3.4.4 Unterbestimmung der Säkularität?

Über historische Einzelurteile Taylors mag man streiten. Insbesondere die Reformation wird sehr undifferenziert dargestellt. Es ist in unserem Zusammenhang nicht nötig, auf seine Darstellung von Deismus und Romantik einzugehen. Die Geschichte des Atheismus kommt nicht detailliert mit ihren verschiedenen Strängen und Verästelungen in den Blick. Der Atheismus der Antike wird kaum gewürdigt. Doch die Gesamtperspektive ist faszinierend: Die Säkularisierung erkläre sich nicht aus »Subtraktionstheorien« dergestalt, dass die Menschheit sich von früheren Täuschungen befreit und – mithilfe etwa der Wissenschaften – sich auf das als von der Natur gegebene Menschliche beschränkt habe. Vielmehr sei ein Wandel von Selbsterfahrung und Selbstverständnis des Menschen ihr eigentliches Movens. Diese Sicht passt sich gut in Theorien ein, die ohnehin die großen Schübe der Hominisation – wie bereits die Emergenz des Menschen, dann die Achsenzeit – mit der Genese und Evolution der menschlichen Selbstwahrnehmung verbinden.[81]

Taylor scheint mir jedoch, eine falsche Alternative aufzubauen; denn menschliche Selbstwahrnehmung und die entsprechenden kulturellen und zivilisatorischen Schritte gehen Hand in Hand. In welcher Weise sie einander fördern, wird von ihm nicht thematisiert.

Einleuchtend auf den ersten Blick ist seine Charakterisierung der von ihm reflektierten Phasen von Säkularisierung – beginnend mit der Trennung des gesellschaftlichen Bereichs von der Religion in der »Säkularisierung 1«, weiter zur »Säkularisierung 2« mit dem allmählichen Schwinden von religiöser Praxis, hin zur »Säkularisierung 3«, in der sich eine Veränderung in den Rahmen-Bedingungen für Religion und Glauben zeige. Blickt man auf soziologische Untersuchungen zur religiösen Lage in Ostdeutschland (oder Tschechien), so wird man sagen müssen: Die Entwicklung ist inzwischen weitergegangen. Eine Säkularisierung 4 zeichnet sich ab, in der überhaupt nicht mehr nach Glauben oder Unglauben gefragt wird. Taylor ist der Meinung, das Religiöse »verharre unauslöschlich am Horizont des Areligiösen – und umgekehrt« (986). Die Alternative – orthodoxe Religion/materialistischer Atheismus – löse einen »gegenläufigen Druck« aus, da sich jede im säkularen Zeitalter vertretene Position innerhalb dieser Extreme einordnen müsse. Diese Behauptung lässt sich jedenfalls empirisch nicht wahrscheinlich machen. Es ist nicht auszuschließen, dass ein neuer Schub menschlichen Selbstverständnisses entsteht – eines Selbstverständnisses, das an Selbstverständnis nicht mehr interessiert ist. Jedenfalls lässt sich ein fundamentales Interesse an einem menschlichen Selbstverständnis, das sich auch nur innerhalb einer materialistischen Metaphysik zu platzieren das Bedürfnis hätte, nicht nachweisen. Das dürfte auch der organisierte atheistische »Humanismus« langfristig zu spüren bekommen.

Damit entsteht die Frage, wie weit das von Taylor angedeutete Lösungspotenzial tragen kann. Was von ihm völlig vernachlässigt wird, ist die Präsenz massiv religiöser Gruppierungen inmitten der vom säkularen Zeitalter erfassten westlichen Welt. Hier könnten sich neue Konstellationen ergeben, die zu unerwarteten Allianzen oder auch Trennungen führen. Jedenfalls dürfte das Konversionsschema – noch dazu in der angedeuteten Richtung Katholizismus – zu eng gegriffen sein.

Was folgt aus alledem für einen möglichen konstruktiven Umgang des Christentums mit den Herausforderungen der Säkularisierungsschübe 1–4, die aber ihrerseits weder die konkreten Religionsgemeinschaften beseitigt noch auch eine allgemeine diffuse Religiosität bereits erledigt haben? Hier sei die Lösungsrichtung angedeutet, die im zweiten Teil der vorliegenden Untersuchung weiter zu verfolgen sein wird: Christlicher Glaube muss sich stärker als bisher differenziert darstellen und zur Geltung bringen. Er muss versuchen, in höherem Maße als bisher mehrsprachig zu werden. Er wird weiterhin in der Lage sein, sich religiösen Menschen verständlich zu machen, und das im Blick auf die Vielfalt religiöser Artikulationen, wie sie heute begegnen. Er muss aber auch eine neue Sprache erlernen, nämlich diejenige, die in die Welt der Säkularisierung 4 hineinreicht. Dies könnte eine weitere Entfaltung und Vertiefung der christlichen Botschaft bedeuten. Taylor wagt – von ihm in Klammern gesetzt – die Vermutung, der moderne Unglaube »entspreche der Vorsehung (…)« (1059). Zu Beginn des 21. Jahrhunderts sind es die ehemals protestantischen Territorien, die besonders stark von der Säkularisierung 4 erfasst sind. Vielleicht liegen sie damit an der Spitze einer neuen Stufe der religionsgeschichtlichen Entwicklung, die die Chance in sich birgt, eine künftige Gestalt religionstranszendenten Christentums hervorzubringen. Christen würden dies wohl nicht mit dem heute als vage empfundenen Begriff »Vorsehung« bezeichnen, sondern mit dem Walten Gottes in Verbindung sehen.[82]

3.5 Anthropologische Problematik und theologische Folgeprobleme

3.5.1 Areligiosität als anthropologisches Problem

Die Lage ist unübersichtlich. Unendlich viele Möglichkeiten, konfessionsfrei oder konfessionell, religiös oder areligiös zu sein, spielen ineinander. Konfessionsfreiheit und Religionslosigkeit gehen ineinander über. Konfessionsfreie, an Religion völlig desinteressierte Menschen leben neben und zusammen mit entschiedenen Christen und engagierten Anhängern nichtchristlicher Religionen. Das heißt, es gilt erst einmal zu klären: Wie ist die Situation anthropologisch einzuschätzen und zu würdigen? Jahrhundertelang haben Theologie und Philosophie mit einem eindeutigen »religiösen Apriori« gerechnet. Wie zeigt sich die Sachlage angesichts heute empirisch gewonnener Einsichten? Schon seit geraumer Zeit läuft die Auseinandersetzung mit dem Atheismus. Plötzlich ist nun auch massiv von Areligiosität die Rede, die sich selbst für Atheismus nicht interessiert. Gibt es sie überhaupt? Wie erklärt sich das fundamentale Desinteresse, das kopfschüttelnde Unverständnis gegenüber allem Religiösen? Gerade diese Zusammenhänge sind noch so gut wie nicht erforscht, ja wissenschaftlich kaum wahrgenommen. Eberhard Tiefensee beurteilt mit Recht die »Frage nach dem ›homo areligiosus‹ als interdisziplinäre Herausforderung«.[83] Die Andersartigkeit des »homo areligiosus« müsse als solche anerkannt und respektiert werden; keinesfalls dürfe es zu seiner Abwertung kommen. Man dürfe dem Areligiösen nicht unterstellen, dass ihm etwas fehle. Tiefensee plädiert dafür, nicht von einem »Defizienzmodell«, sondern von einem »Alteritätsmodell« auszugehen.[84] Der Areligiöse ist eben »anders«! Andererseits sind Religion und Religiosität nicht erstorben. Ehrhart Neuber verweist auf einen trotz allem latenten religiösen Bedarf, wie er sich am Besuch der Weihnachtsgottesdienste zeige. »Unverwüstlich flattern die Engel durch die Köpfe von Konfessionslosen, während ihnen in der Theologie nur ein bescheidener sozialethischer Platz angewiesen wurde.«[85] Es gibt Menschen, die in eine evangelische Kirche eintreten wollen und dann enttäuscht davon sind, wie wenig Religiosität sie hier antreffen. Es stellt anthropologisch eine offene Frage dar, ob der Mensch von Haus aus »religiös« ist oder eben auch »religiös unmusikalisch« sein kann.

3.5.2 Reformulierung der Bonhoeffer-Frage

Wie sollen Theologie und Kirche auf die disparate Situation reagieren? Sollen sie auf die religiöse oder die areligiöse Schiene setzen, sich für religiöse Alphabetisierung engagieren oder sich die Sprache der Areligiösen aneignen? Wie kann die Kirche auf die sie umgebende und ja noch zunehmende Konfessionslosigkeit eingehen? Soll sie sich auf religiöse Oasen zurückziehen oder soll sie im Gegenteil sich öffnen bis hin zur Selbstaufgabe?

Will die Theologie die ihr begegnende Religionslosigkeit ernst nehmen und sie nicht, etwa mithilfe der Behauptung einer allgemeinen Offenbarung und einer entsprechenden Anthropologie des »religiösen Apriori« zu ignorieren versuchen, so muss die Bonhoeffer-Frage neu aufgerollt werden: »Wie kann Christus der Herr auch der Religionslosen werden?«[86] Sie ist heute, weil allzu sehr christologisch verengt, anders zu formulieren. Aber die Stoßrichtung wird dieselbe sein. In der Begeisterung über die angebliche Rückkehr der Religion hat man Bonhoeffer des Irrtums seiner Prognose gezogen. Doch wird man ihr mindestens partiell durchaus Recht geben müssen.

Damit stellt sich ein weiteres und sehr grundsätzliches theologisches Problem: Wie ist das Verhältnis von Religion/Religiosität und christlichem Glauben zu bestimmen? Im Umfeld der Tod Gottes-

Theologie in der zweiten Hälfte des 20. Jahrhunderts und der Auseinandersetzung mit dem Atheismus hat man überlegt, ob man Theist sein und mit einer übernatürlichen personalen Macht rechnen müsse, um Christ sein zu können. Angesichts der kulturell und geistesgeschichtlich inzwischen veränderten Situation aber fragt es sich, ob man religiös sein muss, um glauben zu können. Muss man ein Verständnis für Religion und Religiosität entwickeln, bevor man an Jesus Christus glauben und ihm nachfolgen kann? Der Theologe Matthias Petzoldt deutet immerhin an, dass nach seiner Meinung »die Vertrauensbeziehung, die den christlichen Glauben ausmacht, auf religiöse Kulturgüter wie Kirchenarchitektur, Liedgut und Brauchtum in letzter Notwendigkeit nicht angewiesen« ist.[87] Umgekehrt: Kann man religiös bleiben, wenn man sich in die Nachfolge Christi gerufen sieht? Ist Religion dabei hinderlich oder förderlich? Worin kritisiert der Glaube die Religion? Glaube steht gerade nach reformatorischer Auffassung der Religion und der Religiosität immer kritisch gegenüber. Aber geht es ganz ohne Religion? Ist so etwas wie ein religionstranszendentes Christentum denkbar? Kann die Kirche ihre Botschaft sowohl auf religiöse als auch auf areligiöse Weise vermitteln?

Daraus ergibt sich als weitere Frage: Wie könnte Glaube an Jesus Christus ohne die Voraussetzungen und Implikationen von Konfessionalität und Religiosität aussehen? Worin würde er seine Wahrheit erweisen, ohne in therapeutischer, sozialer oder politischer Funktionalität aufzugehen? Was dürften konfessionslose/areligiöse Menschen von Glaubenden mit Recht erwarten?

4 Philosophisch-theologische Theorien über ein »religiöses Apriori«

Wen interessiert es, ob Religiosität konstitutiv zum Wesen des Menschen gehört oder nicht? Das Gros der bundesrepublikanischen Gesellschaft interessiert es nicht. Ist das schon ein Teil der Antwort, ein Indiz dafür, dass der Mensch eben nicht unbedingt religiös sein muss? Wissenschaftlich engagiert sind hier gewiss Anthropologen, vornehmlich Psychologen und Soziologen, natürlich auch Ethnologen und Religionswissenschaftler. Innerhalb der Kirchen dürfte es zwei Motive für ein spezifisches Interesse an dieser Frage geben: Das Christentum präsentiert sich weithin in religiösen Formen – mit Gebet, Opfer, Gesang, Glocken und Orgelklang, Altar und Talar. Spricht das religiöse Menschen an? Wenn der Mensch »unheilbar religiös« ist, sollte insbesondere die evangelische Kirche die noch von der Reformation übernommenen katholischen Formen verstärken. Dann muss der Protestantismus sozusagen »frömmer« werden. Gehört die Religiosität aber nicht unbedingt zum Menschsein, müsste die Kirche dann diese religiösen Eierschalen nicht endlich abstreifen? Bietet Religion einen notwendigen Anknüpfungspunkt für die Verkündigung, weil der Mensch nun einmal religiös ist – oder stellt sie eher einen Hinderungsgrund dar, weil es zunehmend mehr areligiöse Menschen gibt? Muss sich die Christenheit mit allen Religionen und deren Entgleisungen in einen Topf werfen lassen? Würde es der Menschheit ohne die miteinander streitenden Religionen besser ergehen? Oder muss sich das Christentum mit anderen Religionen verbünden – im Kampf gegen Materialismus und Atheismus? Muss man als Christ religiös sein? Oder kann man konfessionsfrei und sogar religionslos Christ sein?

Schließlich dürften Atheisten an einem Nachweis dafür interessiert sein, dass Religiosität tatsächlich wesensmäßig nicht zum Menschsein gehört. Wenn ein für allemal klar ist, dass Religion und Religiosität kein Wesensmerkmal des Menschen ausmachen, müssen sich areligiöse Menschen nicht vorwerfen lassen, es fehle ihnen etwas Entscheidendes zum Menschsein. Wie lässt sich ein Urteil gewinnen?

4.1 Begründung und Verteidigung der Religiosität-Hypothese

Dass der Mensch von Natur aus religiös sei, galt lange Zeit für die christliche Theologie als eine kaum hinterfragte Voraussetzung. Sie wurde phänomenologisch, philosophisch oder theologisch begründet. Nicht selten kam es zu Vermischung und Überschneidung der verschiedenen Theorien.

4.1.1 »Anima naturaliter religiosa« und »allgemeine Offenbarung«

Da für das mittelalterliche Abendland die religiöse Welt aus Christentum, Judentum und Islam bestand, schienen Menschen gänzlich ohne Religion und Religiosität kaum vorstellbar. Atheistische Stimmen aus der Antike wurden nicht wirklich zur Kenntnis genommen, jedenfalls zunächst. Wenn in Psalm 14 von Menschen die Rede ist, die »in ihrem Herzen« sprechen: »Es ist kein Gott«, so ist dies nicht als eine theoretische Bestreitung der Existenz Gottes zu verstehen, sondern als Ausdruck einer maßlosen Verkennung der Wirklichkeit. Wenn in Luthers Übersetzung des Neuen Testaments »Gottlose« (griechisch *asebäs*) genannt werden, geht es nicht um moderne Atheisten, sondern um praktisches widergöttliches Verhalten.

(a) Natürliche Theologie
Das Vorhandensein eines natürlichen Wissens um Gott, einer »natürlichen Theologie« – so dachte man – ließ sich klar biblisch untermauern. In der Apostelgeschichte heißt es, dass auch die Heiden Gott unbewusst verehrten und dass sich Gott ihnen in vielerlei Wohltaten offenbare (Apg 17,23; 14,17). Die paulinischen Behauptungen, dass Gottes unsichtbares Wesen aus seinen Werken erkannt werden könne und dass das Gesetz den Heiden ins Herz geschrieben sei (Röm 1, 20; 2,15), spielten ein wichtige Rolle. Die Apologeten der Alten Kirche verteidigten mit Argumenten der natürlichen Theologie ihren Glauben. Wenn Tertullian explizit von der »anima naturaliter christiana« sprach, meinte er damit nicht ein natürliches Christentum, sondern eine allgemeine natürliche Religiosität des Menschen.[1] Als man im

Zug der Entdeckung bis dahin unbekannter Länder weitere Religionen kennen lernte, glaubte man eine Bestätigung für den Konsens der Völker (»consensus gentium«) zu haben, den man schon in der vorchristlichen Antike angenommen hatte[2]: Überall gab es Götter, überall Religion – die Menschheit stimmte also überein im Zeugnis von der Existenz eines höheren Wesens. Doch bald schon meldeten sich Zweifel.

(b) Allgemeine Offenbarung

Der Vorstellung eines natürlicherweise religiösen Menschen entsprach das Konzept einer allgemeinen Offenbarung, das seinerseits wiederum die Vorstellung eines religiösen Apriori dogmatisch abstützen konnte. Viele der Dogmatiken aller Konfessionen, bevor Karl Barth Einspruch erhob, erläuterten ausführlich, worin die allgemeine Offenbarung bestehe und wie sie sich zur besonderen Offenbarung in Jesus Christus verhalte. Grundlegend sei ein natürliches, aber auch durch die Vernunft nachvollziehbares Gottesbewusstsein. Das I. Vatikanum belegte denjenigen mit dem Anathema, der behauptet, »der eine und wahre Gott, unser Schöpfer und Herr, könne nicht durch das, was gemacht ist, mit dem natürlichen Licht der menschlichen Vernunft sicher erkannt werden (…).«[3] Noch der 1993 erschienene Katechismus der Katholischen Kirche hält bündig fest: »Der Mensch ist seiner Natur und Berufung nach ein religiöses Wesen.«[4] Der Theologe Emerich Coreth SJ ist überzeugt: »Es gab nie und gibt nicht eine Kultur ohne Religion.«[5] Doch dies ist, wie sich zeigen wird, nachweislich falsch.

(c) Leistungsfähigkeit der Vernunft

Der Versuch, zu einer plausiblen »Glaubensbegründung« zu finden, führt für eine Reihe katholischer Theologen über die Vernunft. In der aktuellen Diskussion meinen der Münsteraner Fundamentaltheologe Klaus Müller[6] und der Dogmatiker Thomas Pröpper, die »fides divina et catholica« rational ausweisen zu können. »Fideismus«, blanker, auf Dezision und nicht auf Rationalität beruhender Glaube solle unter allen Umständen vermieden werden. Klaus Müller kritisiert sogar Joseph Ratzinger: Der »vernunftkritisch motivierte Vorbehalt gegen einen starken Begründungsgedanken«, der bei Papst Benedikt zu beobachten sei, münde »in einen subtilen fideistischen Zirkel«[7], der vermieden werden müsse. Evangelischer Theologie ist spätestens seit Kant der Versuch, Glauben rational begründen zu wollen, suspekt. Gibt sie damit eine ihrer Argumentationsmöglichkeiten aus der Hand? Sie knüpft heute lieber bei Schleiermacher an und bemüht sich, das, was vordem als »allgemeine Offenbarung« beschrieben wurde, in den Religionen der Menschheit und in der Religiosität als ein anthropologisches Grunddatum wiederzuerkennen.

4.1.2 Religiosität der Innerlichkeit

Über Jahrhunderte hin ist christliche Theologie davon ausgegangen, dass es eine »allgemeine Offenbarung« Gottes gebe, die im Prinzip jedem menschlichen Wesen zugänglich ist. Nach dem Ende der altprotestantischen Orthodoxie war es auf evangelischer Seite vor allem Schleiermacher, der am Menschen eine natürliche, nicht mehr einer bestimmten Religion verpflichtete Religiosität beobachten zu können meinte. Religion ist für ihn bekanntlich »Sinn und Geschmack fürs Unendliche«[8], »Anschauung und Gefühl.«[9] Daraus ergibt sich für ihn eine hymnischer Lobpreis der Religion: »Nur der Trieb anzuschauen, wenn er aufs Unendliche gerichtet ist, setzt das Gemüt in unbeschränkte Freiheit, nur die Religion rettet es von den schimpflichsten Fesseln der Meinung und der Begierde.«[10] Religiosität ist ihm eine anthropologische Selbstverständlichkeit; es steht ihm außer Frage, dass »sie aus dem Innern jeder bessern Seele notwendig von selbst entspringt, dass ihr eine eigne Provinz im Gemüte angehört, in welcher sie unumschränkt herrscht (…).«[11] Er spricht von einer »Anlage zur Religion«[12]. Sein Biograph Kurt Nowak weist darauf hin, dass er später das religiöse Gefühl nüchterner beschreibe; er erhebe es aber auf die »Ebene eines Existentials«.[13] Doch die »Reden über die Religion an die Gebildeten unter ihren Verächtern«, erstmals erschienen 1799, stehen noch ganz im Zusammenhang frühromantischen Empfindens; Ludwig Tieck und Wilhelm Heinrich Wackenroder verstehen die Kunst als »Hingabe an das Göttliche« und machen sie so zu einem religiösen Phänomen; Novalis grüßt Schleiermacher als »Bruder«.[14] Im durchaus weltlichen Kontext der Marienbader Elegie bringt Goethe zum Ausdruck, was damals wohl allgemeine Meinung war:

>»In unseres Busens Reine wogt ein Streben,
>Sich einem Höhern, Reinern, Unbekannten
>Aus Dankbarkeit freiwillig hinzugeben,
>Enträtselnd sich den ewig Ungenannten;
>Wir heißen's: fromm sein!
>(...).«[15]

Das 19. Jahrhundert, sofern sich seine »Gebildeten« überhaupt noch vom Christentum beeindrucken ließen, war weithin durch diese Art von Religiosität geprägt. Heute sich neu formierende liberale Theologie knüpft bei Schleiermacher an. Für sie kann sich Religiosität als anthropologisches Grunddatum in der Kultur, in Literatur, Kunst und Musik, aber auch zum Beispiel in der Welt des Fußballs[16] zeigen. In der Pluralität gegenwärtiger Lebensdeutungen äußere sich ein Grundbedürfnis, das Leben als sinnvoll zu sehen und zu erfahren.[17] Der christliche Glaube könne sich auf dieser Basis als diskutabler Deutungsvorschlag einbringen.

Religiosität wäre aus dieser Sicht Voraussetzung für Entstehung und Vermittlung des Glaubens. Was aber, wenn das hier angenommene Grundbedürfnis sich in einer Weise befriedigt, die mit Religion offensichtlich nichts zu tun hat oder sich in deutlichem Widerspruch gegen sie artikuliert?

4.1.3 Religiosität als philosophisch-theologische Implikation des christlichen Glaubens

Das 20. Jahrhundert fand noch einmal eindrucksvolle Vertreter einer Anthropologie, die mit einem religiösen Apriori des Menschen rechnet.

(a) Paul Tillich gegen Karl Barth

Paul Tillich hat Religion und Religiosität vehement gegen Karl Barth verteidigt. Religion und Religiosität des Menschen werden von ihm als anthropologische Grunddaten philosophisch postuliert und theologisch akzeptiert. Tillich kennt keinen »möglichen Atheismus«; es gebe »keine Mauer zwischen dem Religiösen und dem Nichtreligiösen.«[18] Als ob es selbstverständlich wäre, setzt er in Klammern dazu: »Atheismus ist eine Unmöglichkeit und Illusion.«[19] Atheismus könne nur als der Versuch verstanden werden, sich der Frage nach dem Sinn des Lebens zu entziehen, jegliches Transzendieren zu verweigern.[20] Aber auch Karl Barth ging ganz selbstverständlich davon aus, dass Religiosität zum Menschen gehöre, nur – gerade dies sei des Menschen Verhängnis! In seinem religiösen Streben versuche er, den ihm unbekannten Gott zu enträtseln, erfinde Gottheiten und schaffe sich Götzen, statt sich durch Gottes Wort über den wahren Namen Gottes belehren zu lassen. »Würde er glauben, so würde er hören; in der Religion redet er aber.«[21] Nicht der religiöse Mensch sei »der ernst zu nehmende Mensch«, sondern der von Gott angesprochene »Mensch mit seiner Religion«. Die Religiosität des Menschen wird also nicht bestritten; Mystik und Atheismus sind für Karl Barth zwei ihrer möglichen Varianten, die grundsätzlich auf derselben glaubensfernen Ebene liegen.[22] Es zeigt sich, dass gerade auch Karl Barth die Möglichkeit, Menschen könnten im vollen Sinn »areligiös« sein, ausschließt. Seine theologische Anthropologie setzt das »religiöse Bedürfnis« des Menschen geradezu voraus. »Areligiöse« Menschen kann es nicht geben. Glaube realisiert sich nach Karl Barth im Protest gegen Religion, nicht gegen Areligiosität, die allerdings auch kaum in den Blick kommt. Die Frage nach einer möglichen »Religionslosigkeit« und nach der Bedeutung des Glaubens im Blick auf sie hat dann erst Dietrich Bonhoeffer gestellt.[23]

In der zweiten Hälfte des 20. Jahrhunderts bemühte sich die Theologie bei ihrem Umgang mit dem Religiosität-Problem zunehmend um philosophische Hilfeleistung. Die nun unternommenen philosophischen und theologischen Begründungsversuche einer für den Menschen konstitutiven Religiosität überschneiden sich. Philosophen und Theologen scheinen sich einig zu sein, dass der Mensch »ein metaphysisches Mängelwesen«[24] ist.

(b) Wolfhart Pannenberg: Weltoffenheit – Gottoffenheit
Als radikaler Verfechter einer philosophischen Begründung einer für den Menschen konstitutiven Religiosität hat sich Wolfhart Pan-

nenberg profiliert. Er ließ sich vor allem durch Max Scheler, Arnold Gehlen und Helmuth Plessner dazu anregen, den Menschen als »weltoffen« zu begreifen.[25] Mit diesem Begriff sei ein »Grundzug« angegeben, »der den Menschen zum Menschen macht, ihn vom Tier unterscheidet und ihn über die außermenschliche Natur überhaupt hinaushebt.«[26] Der Mensch sei »ganz und gar ins Offene verwiesen«[27], womit der Schritt zu einer von der Theologie zu formulierenden »Gottoffenheit« sich nahelegt. Als »Indiz dafür, dass Religion in der einen oder anderen Form konstitutiv für das Menschsein des Menschen ist«, darf nach Panneberg auch »ihre allgemeine Verbreitung seit den frühesten Anfängen der Menschheit gelten, besonders ihre grundlegende Wichtigkeit für alle alten Kulturen und wahrscheinlich auch für den Ursprung der Sprache.«[28] Sie korrespondiere »der als Weltoffenheit, Exzentrizität oder Selbsttranszendenz beschriebenen Eigenart der Struktur menschlichen Verhaltens.«[29] Pannenberg spricht sogar von einer »›Anlage‹ des Menschen zur Religion«, die »unabtrennbar ist von seiner Humanität.«[30] Ohne natürlich die Wirklichkeit Gottes aufweisen zu können, habe eine allgemeine theologische (!) Anthropologie jedoch zu zeigen, dass »die Thematik religiöser Erfahrung ebenso konstitutiv zum Menschsein gehört wie der aufrechte Gang oder die Fähigkeit zum Gebrauch von Feuer und Werkzeugen.«[31] Für Pannenberg fällt eine »fundamentale Entscheidung zwischen Theologie und Atheismus« eindeutig in der Anthropologie.[32] So will er zwar nicht bestreiten, dass es Atheismus, ja sogar die »Erfahrungen der Abwesenheit Gottes in der modernen Kultur«[33] gibt. »Auch Atheisten sind Menschen. Doch aus der Sicht des christlichen Glaubens muss gesagt werden, dass in ihrem Leben die Wesensnatur des Menschen nicht zur vollen Entfaltung kommt.«[34]

Pannenbergs Argumentation dreht sich im Kreise: Ohne Gottesverständnis keine voll taugliche Anthropologie – ohne eine den ganzen Menschen erfassende Anthropologie kein sinnvolles Reden von Gott. Offenbar gibt es aber, was zu diskutieren sein wird, zahlreiche Menschen, denen diese Prämissen jedenfalls ihrer Selbstwahrnehmung zufolge keineswegs einleuchten und denen ohne Religion nicht das Geringste zu fehlen scheint.

(c) Karl Rahner: Der Mensch als Wesen der Transzendenz

Ähnlich, aber im Ergebnis nicht bei einer isolierten Behauptung von allgemeiner menschlicher »Religiosität« ankommend, geht Karl Rahner vor. Er blickt nicht auf die Verbreitungsgebiete oder auf die kulturelle Leistungsfähigkeit von Religionen. Er setzt bei der Selbstwahrnehmung des Menschen ein. Er fragt nach »apriorischen Strukturen« des »Selbstbesitzes« des Menschen und findet »die reine Geöffnetheit«, die sich zwar in Frage stellen kann, aber auch gerade dadurch noch einmal als unbegrenzt »eröffnet« erweist.[35] Damit ist die »transzendentale Erfahrung« auf dem Plan. Rahner interpretiert sie als »anonymes und unthematisches Wissen von Gott.«[36] Der Mensch erfahre sich als »Person und Subjekt«: Er ist »der Unableitbare, nicht aus anderen verfügbaren Elementen adäquat Herstellbare; er ist derjenige, der sich selbst immer schon überantwortet ist.« Indem er sich mit dieser seiner Situation auseinandersetzt, bewähre er sich noch einmal als personhaftes Subjekt. Damit ist der Mensch als »das Wesen der Transzendenz« erkannt.[37] Theologisch hält Rahner fest, es könne zwar einen Atheismus geben, der »meint, einer zu sein«, wie auch einen »totalen« Atheismus, der in schuldhafter Selbstverschließung die Transzendenz verneint, nicht aber einen »in sich beruhigten Atheismus«, was sich besonders an der sittlichen Erfahrung absoluter Verpflichtung zeige.[38]

(d) Otto Hermann Pesch: Bündelung der Argumente

Die diesbezüglichen positiven Argumente aus seiner Sicht zusammenfassend rät Otto Hermann Pesch, man solle doch an Stichworte denken »wie ›Weltoffenheit‹ (Wolfhart Pannenberg), an die ›Nicht-Objektivierbarkeit des Subjektes‹ (Karl Rahner), an das ›Grundvertrauen‹, das nach seinem Grund fragt (Hans Küng), an die ›Selbstüberschreitung in der Liebe‹, die nach ihrer Chance sucht, nicht scheitern zu müssen (Jürgen Moltmann, Eberhard Jüngel) usw.« Rhetorisch fragt er: »Muss man sich wirklich verunsichern lassen von Theorien, die einerseits dies alles nicht wahrhaben wollen, und andererseits dem Menschen auch noch Befreiung versprechen, indem sie dies alles durchstreichen?«[39]

Will man Menschen ernst nehmen, die nach ihrem eigenem Urteil sich als areligiös oder religionslos erleben, und will man die

Hypothesen von Hirnforschern, Evolutionstheoretikern und Soziologen nicht übergehen[40], wird man nicht umhin kommen, die scheinbar bewährte Rede von der »unheilbaren«, für den Menschen konstitutiven Religiosität zu hinterfragen!

4.2 Die Bestreitung der Religiositäts-Hypothese

Es dauerte lange, bis die These von einer für den Menschen konstitutiven Religiosität unter Philosophen ihre klaren Bestreiter fand; bei vielen Theologen ist sie noch immer en vogue. Zunächst wurde nicht die Religion als solche, sondern die rationale Begründung der Existenz Gottes angegriffen und demontiert.[41] Erst von hier aus kam eine Verabschiedung der Religiositäts-These in den Blick. Schließlich mussten Philosophie und Theologie neue Wege gehen, wenn sie der Religion ein Daseinsrecht sichern wollten: Der Begriff der Religiosität wurde abgelöst durch die Vorstellung eines konstitutiv zum Menschen gehörenden Transzendierens. Doch auch dieser Schritt brachte die Rettung nicht. Eine Anthropologie des Transzendierens führt nicht ohne Weiteres zur Rehabilitation der Religion.

4.2.1 Der allmähliche Abschied von der Religiositäts-Hypothese

Bis weit ins 20. Jahrhundert hinein haben Philosophen und Theologen ganz selbstverständlich mit der natürlichen Gegebenheit von Religion gerechnet. Die Religionskritik der Antike hatte sich – zwar durchaus scharfsinnig – nur gegen einzelne religiöse Vorstellungen gewandt, aber nie den Sinn religiöser Verehrung insgesamt bestritten. Noch der englische Deismus verfährt nach dieser Vorgabe, indem er einen gemeinsamen Nenner aller Religionen zu formulieren sucht. Doch bald holt die Französische Aufklärung zum radikalen Contra aus. Für eine Weile darf Religion gleichwohl noch überleben, weil sie angeblich der Moralität der Menschen dient und einen festen Platz in deren Gefühlshaushalt hat. Hegel lässt es dann weder bei einer Begründung der Religion aus der Ethik noch aus dem Gefühl bewenden. Für ihn ist sie an den Bereich der Vorstellungen gebunden und muss daher in das begreifende Denken überführt werden, wie es die Philosophie darstellt. Diese aber sei fähig, die Religion in ihrer vorläufigen Bedeutung zu erkennen und sich mit ihr zu versöhnen. Gefordert sei also die »Aufhebung der religiösen Vorstellung in den Begriff«[42].

(a) Zum Absterben verurteilte Religion und Religiosität?

Ohne über detaillierte religionsgeschichtliche Kenntnisse zu verfügen, konzedierte man die Existenz von Religion für den Beginn der Geschichte der Menschheit, bestritt aber ihre Notwendigkeit für das inzwischen erreichte Entwicklungsstadium, so beispielsweise Auguste Comte. Karl Marx und Friedrich Engels rechneten mit einem notwendigen Absterben der Religion bei entsprechenden gesellschaftlichen Verhältnissen. Feuerbach, Nietzsche und Sigmund Freud brachten die ihnen wesentlichen religionskritischen Einsichten in Stellung: Religion galt ihnen als Selbstverfehlung des Menschen, gesellschaftlich, psychisch, grundsätzlich.

Doch noch immer fand die Religiositäts-Hypothese ihre Verteidiger. Der theologischen Apologetik des 19. Jahrhunderts ging es zwar primär nicht um die Rettung der Religion, sondern um das Christentum.[43] Aber auch die anthropologischen Voraussetzungen von Religion überhaupt galten als wichtiges Thema. Ernst Troeltsch[44] berief sich auf das von ihm angenommene »religiöse a priori«; er sah eines der Argumente für die Wahrheit des christlichen Glaubens in dessen Übereinstimmung »mit den tiefsten Bedürfnissen des Menschenherzens (…).«[45] Rudolf Otto, der sich immerhin mit dem Darwinismus auseinanderzusetzen versuchte, wollte Religion als ein Reagieren auf die Begegnung mit dem Numinosen begründet sehen, die er u. a. im »Kreaturgefühl« vermutete. Er argumentierte mit dem »Ganz anderen«[46], das er für erfahrbar hielt, also durchaus anders verstand als Karl Barth. Religiosität erschloss sich ihm als »die psychische Resonanz des Heiligen im menschlichen Erleben«[47]. Doch das war nun keine philosophische Aussage mehr; sie mochte durch eigene als religiös gedeutete Erfahrungen oder auch durch die Perspektive des christlichen Theologen gewonnen sein.[48] Auf eine außerordentlich gewinnende Weise bringt Gerd Theißen das Phänomen der »Resonanzerfahrung« ein.[49] Resonanz setze zwei Pole voraus, zunächst den Menschen, »so dass es scheint, / als begegne er in allem sich selbst. / Manchmal aber übernimmt die Wirklichkeit die aktive Rolle / und macht den Menschen zu ihrem Echo, / so dass er ausruft: / ›Hier ist heiliger Boden!‹ / Dann ist es so, / als höre ein ICH / ein ewiges / DU.«[50] Das Wunder der Existenz »findet Resonanz in unserem Leben. / Resonanzerfahrung / ist Erfahrung von Sinn.« Aber kurz darauf muss auch Theißen zugeben: »Doch alle Resonanz ist begrenzt. / Alle strandet in der Absurdität /des schweigenden Alls / und der Schwermut des Alltags.«[51] »Die Resonanzfülle der Welt / wird *im Glauben* / Spiegel von / GOTTES HERRLICHKEIT.«[52] Erst im Glauben, allein durch den Glauben kommt es so weit. Andernfalls bleiben die Resonanzen unter sich. Auch areligiöse Menschen können sie empfinden und eine entsprechende Spiritualität entwickeln.[53]

(b) Kontingenzbewältigung ohne Religion?
Die Argumente von ehedem ziehen nicht mehr. Der »religiös Unmusikalische« wird von Rudolf Otto wissen wollen, was denn diesem als das Numinose begegnet sei. Der Verweis auf das von Troeltsch und Otto geschätzte »religiöse a priori« wird ihm nicht genügen, da dieses seinerseits zur Disposition steht. Sollte es tatsächlich nachweisbar sein, könnte es nur als Rezeptionsorgan spezifischer numinoser Erfahrungen wirksam werden.[54] Wie aber ließen diese sich als solche identifizieren? Natürlich geht es im menschlichen Leben immer um kontingente Erfahrungen, mit Hermann Lübbe zu sprechen: um kontingente »Kontingenzbewältigung«.[55] Aber nicht jede Form von Kontingenzbewältigung, selbst im Blick auf schlimmste Widerfahrnisse, hat es mit Religion zu tun. Im Wuppertal der Zeiten von Friedrich Engels war es der Alkohol, der ähnlich der Religion Kontingenz zu »bewältigen« half.[56] Die Religion ist nicht notwendig; sie lässt sich als eines unter anderen Vertröstungsmitteln für bedrängte Menschen verstehen. Wenn Johann Baptist Metz nüchtern und wertneutral feststellt, die kürzeste Definition von Religion sei »Unterbrechung«[57], so gilt analog: Religion mag »Unterbrechung« sein, aber es stehen vielerlei Möglichkeiten der »Unterbrechung« zur Verfügung, die mit Religion nichts zu tun haben – heute mehr denn je. Das schließt natürlich nicht aus, dass es noch immer Menschen – oder im Sinne von Max Scheler – sogar einen bestimmten Typus von »homines religiosi«[58]

– gibt, für die Religion die entscheidende»Unterbrechung« und die wesentliche Hilfe bei»Kontingenzbewältigung« darstellt.

4.2.2 Die Kritik der Anthropologie des Transzendierens

Im Lauf des 20. Jahrhunderts verschob sich die Diskussionslage weiter: Die klassische Religionskritik, wie sie unter den Prämissen von Aufklärung und Positivismus sich formiert hatte, trat, soweit nicht marxistisches Denken dominierte, zurück zugunsten eines Streits um ein neues Verständnis menschlichen Transzendierens.

(a) Transzendieren unverzichtbar?

Im Hintergrund mochte die nun häufiger verkürzt zitierte Behauptung David Humes stehen, der Mensch könne nie auch nur einen Schritt über sich selbst hinaus gehen:»We never really advance a step beyond ourselves (…).«[59] Die Fragestellung erweiterte sich: Religion wird nun zu einer Frage der Lebensdeutung, Religiosität zu einem Modus menschlichen Transzendierens, den man als anthropologisch gegeben akzeptieren, bewusst nutzen oder dem man sich verweigern konnte. Der katholische Theologe Johann Auer behauptet in seiner 1978 zusammen mit Joseph Ratzinger herausgegebenen Dogmatik, der Mensch frage»nach einem ersten Sein (Aristoteles), nach einem höchsten Wert (Plato), nach dem vollkommenen Geist (Stoa), nach dem das All Umfassenden (Nikolaus von Cues), nach einer Person, die über allem Personsein (Neuplatonismus) und darum für alle Personen einziger und letzter Gesprächspartner sein kann.«[60] Aber statistisch gesehen fragen Menschen jedenfalls in Mitteleuropa so nur noch vergleichsweise selten; mit dieser Art des Fragens ist es heute weitgehend vorbei. In einem noch 1992 erschienenen Lexikon-Artikel zur Anthropologie meint der Autor, den Ertrag der philosophischen Diskussion zur Frage der Religion zusammenfassen zu können in dem Satz:»Religiosität ist ein anthropologisches Urphänomen. (…).« Dagegen seien»religionsspezifische Atheismen eher kulturhistorisch späte Erscheinungen.« Als »Sinnenwesen« suche der Mensch»ein Bild seines Glaubens, als Geistwesen (…) den Sinn des Glaubens, als Geist-Sinnen-Wesen (Seele) sucht er ein Symbol, das ihm im Bild den Sinn gegenwärtig hält.«[61] Dies geht an der

Diskussionslage, wie sie sich seit dem letzten Drittel des vorigen Jahrhunderts herausgebildet hat, völlig vorbei.

(b) Transzendieren immanent

Inzwischen thematisiert man eher auf eine sehr allgemeine Weise, dass »der Mensch« in vielerlei Hinsicht sein Leben deuten muss, aber dabei den Horizont der Immanenz nicht überschreiten kann. Er müsse sich innerhalb seiner Welt zurecht finden und sich darüber verständigen, wie er zu seinen Mitmenschen, zu seiner Mitwelt, schließlich zu sich selbst, seinem Leben und Sterben steht. Er könne sich nachfragend und nachdenkend mit dem Vorfindlichen auseinandersetzen. So wurde für Heidegger Transzendieren gleichbedeutend mit Existieren. Neue Möglichkeiten, das menschliche Transzendieren zu verstehen, werden erprobt. Schon Teilhard de Chardin hatte beklagt, dass ein Transzendieren »nach oben« irrtümlicherweise mit einem Transzendieren »voran« konkurriere.[62] Ernst Bloch redete von einem »Transzendieren ohne Transzendenz«[63]; für Jacques Derrida erschließt sich Transzendenz im »Antlitz« des Anderen.[64] Die Problematik von Religion und Religiosität taucht allenfalls implizit auf. Mit den bislang gegebenen Antwortversuchen erledigt sich die Frage nach einem angemessenen Verständnis menschlichen Transzendierens zudem keineswegs.

(c) Transzendenz und Religion

Die unbeantwortbare Frage »bleibt dennoch gestellt«, notiert Peter Noll in seinen Diktaten über Sterben und Tod; das Denken sei »ein unersättliches Tier, ein Zuvielfraß. Es stellt seine fressenden Fragen auch da noch, wo es kein Antwortfutter mehr gibt.«[65] Theologen und Psychologen sekundieren: »In uns rumort eine Transzendenz, die sich nicht abspeisen lässt«, so Dorothee Sölle[66]; das »Bedürfnis nach Transzendenz« sei »eines der Grundbedürfnisse des Menschen«, findet Erich Fromm[67]. Wolf Biermann fasst gleichsam zusammen: »… Das kann doch nicht alles im Leben sein/da muss doch noch Leben ins Leben hinein.« Nur – was hat das alles noch mit Religion und Religiosität zu tun? John Hick vermutet, vielleicht seien »Philosophie, Religion und Dichtung das Ergebnis überschüssiger Geistesenergie, die nicht für den Kampf ums Dasein benötigt wird.«[68]

Das menschliche Transzendieren wird als Spiel der Fantasie wahrgenommen und genutzt, das je nach Lust und Bedarf auch religiöse Gefühle und Versatzstücke aus den Religionen als Spielmaterial einbeziehen kann. Statt von Theologie solle man künftig lieber von »Transzendentologie« sprechen, schlägt der Religionswissenschaftler Winfred Cantwell Smith vor.[69]

In alledem zeigt sich, dass sich an der Wende vom 20. zum 21. Jahrhundert das Verhältnis von Religion und Transzendenz umkehrt. Religion ist nicht mehr Inbegriff des Transzendierens, sondern Transzendieren wird zum umfassenden Begriff für ein menschliches Verhalten, das sich u. a. in Religion/Religiosität realisieren kann bzw. konnte. Der Philosoph Dieter Henrich hat die Zusammenhänge präzise formuliert: Das menschliche Leben bedürfe der Deutung; Lebensdeutungen gehen aus der Dynamik bewussten Lebens hervor.[70] Solche Deutung konnte in Gestalt der großen Religionen erfolgen. Religionen seien Vorformen von Philosophie. Sie können nach Henrich ihre Universalität nur wahren, »wenn sie ein Denken frei setzen, welches über das von ihnen selbst entfaltete hinauszugreifen vermag.«[71] Henrich sieht daher »keinen Grund, denen nachzugeben, welche uns in verlorene Weltdeutungen zurück einladen oder in mit politischer Macht verwaltete Zweckkonstruktionen zwingen wollen.«[72] Gleichwohl verkennt er nicht, dass »die Moderne sich stumm ausbreitet und den Verzicht auf Selbstdeutung nahezulegen scheint«[73], womit sich allerdings auch das Problem der Religion erübrigen würde. Transzendieren frustriert:

»Fratze der Glaube,
Fratze das Glück,
leer kommt die Taube
Noahs zurück.«[74]

4.2.3 Die Tragweite der philosophisch-theologischen Diskussion über ein religiöses Apriori

Blickt man auf die theologische Diskussion einer »allgemeinen Offenbarung«, die philosophisch-theologischen Bemühungen um das

Problem eines »religiösen Apriori« und schließlich des menschlichen »Transzendierens« zurück, so ergibt sich ein zwiespältiges Bild. Die These von einer »allgemeinen Offenbarung« ist eine theologische Theorie, die von heute als höchst problematisch angesehenen Voraussetzungen gelebt hat, und die Behauptung einer ihr entsprechenden religiösen Anlage des Menschen ist anthropologisch wie philosophisch umstritten. Die Prüfung empirischer Gesichtspunkte wird dieses Bild noch verstärken. Zu viele Menschen erleben sich als von Religiosität völlig unberührt. Religion ist für sie kein Thema; Spiritualität wird säkular eingemeindet und als immanente, das Leben bereichernde Möglichkeit entdeckt; selbst Atheisten sprechen, wie wir gesehen haben, von ihrer »Spiritualität«. »Keine Religion zu haben ist kein Grund, auf spirituelles Leben zu verzichten.«[75] Auch durch die Überführung in das Konzept eines vielfältigen Transzendierens sind Religion und Religiosität nicht als für das Menschsein konstitutiv zu retten, da Transzendieren durchaus im Bereich der Immanenz angesiedelt und auf ihn beschränkt werden kann. Die Begriffe »Transzendieren« und »Transzendenz« sind areligiös interpretierbar. Sie vermögen zudem der ursprünglichen Reichweite des Religionsbegriffs nicht gerecht zu werden. Dieter Henrich behauptet zwar, was in den Religionen »Glaube« bedeutet, sei in den Bereich des Denkens übersetzbar; Glaube entspreche einem »›Leben in und aus Ideen‹«.[76] Zwar existiert ohnehin kein allen Religionen gemeinsamer Glaubensbegriff. Aber alle Religionen, und zumal das Christentum, werden sich gegen eine derartige Unterbestimmung verwahren.

Es dürfte sich somit für christliche Theologie nicht empfehlen, sich einseitig auf die These von einer vorgegebenen Religiosität des Menschen oder auf eine Anthropologie des Transzendierens festzulegen. Der christliche Glaube muss einen Weg suchen, nicht nur im traditionellen Sinn religiöse Menschen anzusprechen, sondern auch für areligiöse Menschen kommunikabel zu werden. Er wird sowohl der Religiosität als auch ihrer Bestreitung gegenüber kritisch bleiben müssen.

5 Empirische Untersuchungen zur Religiosität

Eine an der Empirie orientierte Sicht wird Religion als kulturspezifisches »Kommunikations-, Deutungs- und Symbolsystem«[1] verstehen, Areligiosität dagegen als den letztlich nicht einmal bewussten Verzicht darauf. Ist dieser Verzicht aber wirklich möglich? Wie sind Menschen zu verstehen, die den Eindruck erwecken, ohne jede Verlustangst diesen Verzicht zu leben?

Die Statistik rechnet – jedenfalls im Blick auf Mitteleuropa – mit einer großen Zahl von Konfessionslosen und darüber hinaus Areligiösen. Sie spricht, oberflächlich betrachtet, eine deutliche Sprache. Trotzdem ist noch immer umstritten, ob der Mensch nicht doch mit einer religiösen Anlage ausgestattet ist, die er allenfalls ignorieren, nicht aber beseitigen kann. Wenn man an dieser Sicht festhalten will, kann man versuchen, den Begriff der Religiosität so stark auszuweiten, dass er ein Gegenteil nicht mehr zulässt. Dieser Weg ist jedoch schon deswegen nicht überzeugend, weil er mit einer Vor-Annahme arbeitet, die das Resultat bereits voraussetzt. Spekulativ erarbeitete Gesichtspunkte aber führen, wie bereits dargestellt, nicht zu einem eindeutigen Ergebnis. Wie steht es um empirische Ansätze?

Der als empirisch gemeinte Versuch Rudolf Ottos, die Religiosität als ein anthropologisches Urdatum zu verstehen, hat sich, wie schon in anderem Zusammenhang angedeutet, nicht als weiterführend erwiesen, obwohl er zunächst viel Zuspruch erfuhr.

Otto, dessen Religionsverständnis oft durch die Begriffe »fascinans« und »tremendum« charakterisiert wird, hielt das Numinose für eine Kategorie »vollkommen sui generis«. Deswegen sei es »wie jedes ursprüngliche und Grund-Datum nicht definibel im strengen Sinne, sondern nur erörterbar.« Bei der »Zergliederung des religiösen Erlebnisses« zeige sich nämlich, dass es sich auf ein »Objekt« bezieht, auf das es reflexhaft reagiere.[2] Mit anderen Worten, wie sie dann der Religionswissenschaftler Mircea Eliade fand: »Das Heilige manifestiert sich.« Es zeige sich – so hatte bereits Otto formuliert – als das vom Profanen kategorial zu unterscheidende »Ganz andere«.[3] Nach Eliade kommt es in der Geschichte der Religionen zu einer Abfolge von »Hierophanien«, die er im Sinne einer Verfallstheorie zugleich als Impuls zur Wiedergewinnung des Heiligen versteht:»… das Heilige hört nicht auf, sich zu manifestieren, und mit jeder neuen Manifestation nimmt es seine erste Tendenz wieder auf, sich voll und ganz zu offenbaren.«[4] Das sind offensichtlich von der Theologie ererbte und übernommene Vorgaben, die sich religionswissenschaftlich nicht verifizieren lassen. Zweifellos wollte auch Rudolf Otto sich auf eine objektive Wirklichkeit beziehen, auf welche die Erfahrung reagiert. Aber in seiner Vorstellung von religiöser Erfahrung war er so sehr festgelegt und wohl auch vom Gedanken an eine allgemeine Offenbarung geprägt, dass er gegenteilige Erfahrungen nur widerwillig zulassen konnte. Immerhin hielt er sie offenbar nicht für ausgeschlossen, denn gleich zu Beginn seiner Ausführungen über das Heilige schreibt er: Wer sich auf»einen Moment starker und möglichst einseitiger religiöser Erregtheit« nicht besinnen könne »oder wer solche Momente überhaupt nicht hat«, der solle gar nicht erst weiterlesen.[5]

Eineinhalb Jahrzehnte vor Rudolf Ottos Ausführungen über»Das Heilige« hatte William James seine Studie über»Die Vielfalt der religiösen Erfahrung« vorgelegt.[6] Auch er wollte es nicht mit einer Beschreibung des von ihm untersuchten religionsphänomenologischen Materials bewenden lassen. Er weigerte sich zwar ohnehin, subjektive Erfahrung aus wissenschaftstheoretischen Gründen von vornherein zu vernachlässigen. Aber er suchte darüber hinaus nach einem objektiven Wahrheitsgehalt religiösen Erlebens. Er meinte ihn in dem Bereich zu finden, in dem sich Bewusstsein und Unterbewusstsein berühren; dort verbinde sich »unser transmarginales Bewusstsein« mit dem Weltganzen. James sah in der»Tatsache, dass das bewusste Ich mit einem umfassenden Selbst in Zusammenhang steht, durch das ihm Befreiung und Erlösung zuteil wird, einen positiven Inhalt religiöser Erfahrung«, der nach seiner Wahrnehmung »tatsächlich und objektiv wahr ist.«[7] Hier überschneiden sich psychologische und vermutlich als naturwissenschaftlich aufgefasste Argumente. James bewegt sich damit in einem Feld, das heute neurologischer Forschung offen steht.

Was ist hinsichtlich der Entstehung von Religiosität von den Entdeckungen der Neurowissenschaft zu halten? Einige ihrer Vertreter behaupten, im Gehirn ließen sich Areale nachweisen, die in besonderer Weise auf religiöse Impulse ansprechen oder diese sogar auslösen. Sollte damit der Beweis erbracht sein, dass es radikale Areligiosität eben doch nicht geben kann?

Weiterführende Gesichtspunkte würden sich möglicherweise ergeben, wenn man von den Anfängen menschlicher Religiosität ein klares Bild gewinnen könnte. Sollte Religiosität von Beginn der Menschwerdung des Menschen an zu seinem Wesen gehört haben, wäre dies mindestens ein Indiz. Denkbar ist natürlich auch, dass der Mensch im Laufe der weiteren Entwicklung irgendwann Religion und Religiosität nicht mehr nötig hatte oder haben wird.

Wie ist die Behauptung zu bewerten, die Religion stelle ein weltweit verbreitetes Phänomen dar und es zeigten sich nirgends Lebensauffassungen, die gänzlich ohne Religion ausgekommen seien? Hier muss immerhin auch die gegenwärtige Situation etwa Mitteleuropas thematisiert werden.

Schließlich haben sich Soziologen zwar nicht dezidiert zur Entstehung, aber doch zum Problem der Funktion von Religion und Religiosität geäußert. Ist, wenn schon nicht persönliche Religiosität, so doch Religion aus soziologischen Gründen unverzichtbar?

Diese Fragen sollen an paradigmatischen Positionen erörtert werden.

5.1 Psychosomatische Konditionen

5.1.1 Placebo-Forschung

Lässt sich Religiosität/Areligiosität aus psychosomatischen Voraussetzungen erklären?[8] Ein nahe liegender Weg, die Frage zu beantworten, schien zunächst in der Placebo-Forschung zu liegen. Es ist erwiesen, dass Placebo-Gaben eine erhebliche medizinische Wirkung haben können; ja, man nimmt an, dass bei einer ganzen Reihe von Medikamenten die Placebo-Wirkung zwischen 20 bis über 50 % liegt. Indem sie eine positive Erwartung und damit eine insgesamt gesundheitsfördernde Haltung auslösen, wecken Placebos offensichtlich Selbstheilungskräfte. Ist ihnen Religion und Religiosität darin vergleichbar? Vermutlich ist dies nicht völlig von der Hand zu weisen: Eine positive Erwartung, ob sie nun durch realistische Aussichten gedeckt ist oder nicht, stimmt einen Menschen zuversichtlich. Doch was ist damit über die Religion gesagt? Ein christlich sozialisierter gläubiger Mensch kann die medizinische Wirkung eines Placebos als gnädige Gabe des Schöpfers verstehen. Da auch bei einer dem Placebo ähnlichen Wirkung des Glaubens dessen Begründung in Gott nicht ausgeschlossen wäre, wird ihn der Gedanke nicht schrecken, dass sein Glaube, formal gesehen, ähnlich funktionieren könnte. Für einen Atheisten dagegen käme der Glaube aufgrund dieses Befunds als Illusion zu stehen. Nicht eine religiöse Anlage, sondern die Bereitschaft des Menschen, sich täuschen zu lassen, wäre für ihn damit nachgewiesen. Er würde vielleicht sogar die Gegenrechnung aufmachen und auf etwaige Nocebo-Wirkungen von Religiosität aufmerksam machen, die von ekklesiogener Neurose bis zu Suizid und Selbstmord-Attentat führen kann.

5.1.2 Epilepsie-Forschung

Ein weiterer Bereich, medizinische Erkenntnisse für die Frage nach dem Woher von Religiosität fruchtbar zu machen, besteht in der Epilepsie-Forschung. Es ist seit langem aufgefallen, dass Epileptiker auf eine besonders intensive Weise religiös empfinden können; einzelne Forscher sprechen von »Hyperreligiosität«. So konnte es sich nahe legen, die Bekehrung des Apostels Paulus, die nach den Berichten der Apostelgeschichte (Apg 9,1–19; 22,6–12; 26,12–18) mit Sturz, Lichterscheinung, Audition und (subjektiver) Blindheit einherging, als einen epileptischen Anfall zu identifizieren. Tatsächlich hat Friedrich Bodelschwingh, der Gründer der Betheler Anstalten, ohne entsprechende medizinische Vorkenntnisse zu haben, im Blick auf manche seiner vermutlich an Epilepsie Erkrankten von einer spezifischen Religiosität berichtet. Inzwischen weiß man, dass sich religiöse Erregbarkeit besonders bei einer bestimmten Form von Epilepsie zeigt, die mit einer Erkrankung der Schläfenlappen im Gehirn zusammenhängt. Jedenfalls lässt sich eine Beziehung zwischen Hirntätigkeit und Religiosität/Areligiosität nachweisen. Zerebrale Schädigungen wirken sich selbstverständlich auch auf die religiös-areligiöse Selbstwahrnehmung eines Menschen aus. Ein besonders eindrückliches Indiz dafür scheint die Beobachtung zu sein, dass bei einer bestimmten Form der Alzheimer-Krankheit offenbar alles religiöse Interesse erlischt. Davon betroffene Menschen, selbst wenn sie vor dieser Erkrankung religiös hoch motiviert und engagiert gewesen sind, beten nicht mehr.[9] Was kann man aus alledem schließen? Zu einem gesunden Menschen gehört eine gesunde Religiosität – oder aber: Religiosität ist ein Phänomen mentaler Erkrankung? Die Tätigkeit der Schläfenlappen vollzieht sich innerhalb eines hoch komplizierten Funktionssystems und man darf hier sicher keine simplen mechanistischen Schlüsse ziehen. Doch grundsätzlich scheinen beide Folgerungen möglich. Religiosität kann im Zusammenhang einer Erkrankung sich steigern. Sie kann aber auch, zumal wenn sie durch entsprechende Sozialisation gefördert wurde, gesundes Leben begleiten und bereichern. Fehlt die entsprechende Sozialisation, werden Religion und Religiosität kaum vermisst.

5.1.3 Schizophrenie

Ein gesondertes Problem stellt das Verhältnis von Religion und Schizoprenie dar. Zwar lassen sie sich voneinander unterscheiden, doch können sie einander phänomenologisch auch sehr nahe kommen. In psychotischem wie auch ähnlich in religiösem Erleben handelt es sich um kontingente Grenz- und Erschließungserfahrungen, psychologisch betrachtet um »Zustände veränderten Bewusstseins«, zu deren Entstehung es unterschiedliche Modelle gibt.[10] Sie können zu einer neuen, »ver-rückten« Selbst- und Situationswahrnehmung führen. »Verrückt oder erleuchtet?«, fragt auf popularwissenschaftlicher Ebene Wibke Bergemann. Sie zitiert einen Theologen: »Ich denke manchmal, vielleicht sind die Psychiatriepatienten die letzten Heiligen, die Gott noch sehen.«[11] Schizophrenie kann Religiosität auslösen, andererseits aber auch vorhandenen Glauben in Frage stellen. Die »zentralen Störungen bei der Schizophrenie – Störungen des Denkens, des Gefühls, des Wollens, Handelns und Ich-Erlebens –« erlauben keine klare Zuordnung dieses Krankheitsbilds zu Religion (oder Religionslosigkeit). Schizophrenie wird häufig im Zusammenhang mit Religion und Religiosität untersucht. Das Problem des Verhältnisses zwischen Schizophrenie und Areligiosität ist noch kaum als Forschungsthema entdeckt. Der Wiener Psychiater Leo Navratil hält es für ein »Geschehen innerhalb des Selbstheilungsprozesses«, wenn bei an Schizophrenie Erkrankten »die säkulare Einstellung« wiederkehrt.[12] Er spricht sich daher für einen »Humanismus« aus, der ihm »der Glaube und die Utopie des normalen Menschen« zu sein scheint.[13] Andererseits weiß er, dass es keinen Menschen ohne »Wahn« gibt, weil es ohne veränderte Bewusstseinszustände nicht zu Kreativität und Fortschritt käme.[14]

5.1.4 Hirnforschung

In einen neuen Kontext ist die Frage nach Religion und Religiosität durch die rasante Entwicklung der Hirnforschung geraten. Das hat verständlicherweise die Medien besonders interessiert. Was tut sich im Gehirn während des Gebets oder der Meditation? Franziskanerinnen und buddhistische Mönche (bezeichnenderweise nicht aufgeklärte moderne Protestanten!) wurden als Probanden herangezogen. Die Versuchsanlage des Neurologen Michael Persinger, sein sog. »Motorradhelm«, übte seine eigene Faszination aus. Es schien möglich, nicht nur durch Meditation hervorgerufene neurologische Vorgänge zu messen, sondern auch durch magnetische Signale Hirnströme in den Temporallappen zu stimulieren und damit mystische Erfahrungen hervorzurufen. Die entsprechenden Versuche sind inzwischen verboten. Ein Doppelblindversuch an der Universität Uppsala hat die Aussagekräftigkeit von Persingers Theorien erschüttert. Doch die Frage nach einer neuronalen Basis von Religiosität war nun einmal gestellt. Bereits der Princeton-Psychologe Julian Hayes hatte auf die unterschiedliche Funktionsweise der beiden Gehirnhemisphären und deren geschickte Arbeitsteilung hingewiesen: Während die linke Hemisphäre eher für das analytische Denken zuständig sei, gelte die rechte als stärker holistisch ausgerichtetes Organ. Wo war die Religiosität anzusiedeln? Offenbar existiert im menschlichen Gehirn ein Areal, das – in Zusammenarbeit mit anderen Arealen – besonders für Gefühle zuständig ist, die als religiös gedeutet werden können. Der handfeste Begriff »God spot« (oder deutsch: »Gottesmodul«) täuscht über die Kompliziertheit des Ge-

genstands hinweg. Der Radiologe Andrew Newberg ist jedoch überzeugt, erklären zu können, wie »Glaube im Gehirn entsteht« und wieso »Gott nicht verschwindet«.[15] Es scheint klar, dass zwischen Religiosität/Areligiosität und Gehirnaktivität Zusammenhänge bestehen; wie sollte es auch anders sein! Im Übrigen ist, nebenbei bemerkt, auch alles wissenschaftliche Erkennen organisch mitbedingt. Ob die beobachteten neuronalen Vorgänge als Zeichen von Religiosität zu deuten sind, muss völlig offen bleiben. Darüber, ob Religiosität oder Areligiosität ursprünglich zum Menschen gehört, ist mit alledem nichts ausgemacht. Newbergs Mess-Ergebnisse wurden einer interessanten Kontroll-Untersuchung unterzogen: Man ließ einerseits evangelikale Christen, andererseits Atheisten im Labor den 23. Psalm lesen. Bei den Atheisten reagierten andere Hirnareale als bei den Christen. Daraus ist zu schließen, dass Religiosität und Areligiosität zwar eine neuronale Basis haben, aber sich erst aufgrund von durch die Sozialisation erworbenen Voreinstellungen realisieren. Man muss sich also vor biologistischen Schnellschüssen hüten. Eberhard Tiefensee vermutet, dass »Nahtoderlebnise« im Osten Deutschlands, wo Religion nicht mehr im allgemeinen Bewusstsein verankert ist, andere Bildwelten auslösen als im Westen: »Selten ist Licht am Ende des Tunnels.«[16] Trocken formuliert er, wie bereits oben berichtet: »Ostdeutsche fahren auch nicht zum Dalai Lama.«[17]

5.1.5 Kognitionsforschung: »Creditionen«?

Ausgehend von kongnitions- und emotionstheoretischen Konzepten[18] macht der am Austausch mit den Neurowissenschaften interessierte österreichische Theologe Hans-Ferdinand Angel[19] einen interessanten Vorschlag. Da in der Religionspsychologie die Interdependenz von Kognition und Emotion zwar anerkannt, deren Beziehung zu einander aber umstritten ist, ergebe sich die Frage nach weiteren Implikationen. Angel findet sie, indem er den Begriff »glauben« von seinem traditionellen Implikat »Transzendenz« trennt: Zu »glauben« sei dem Menschen offenbar möglich, auch ohne dass es sogleich um Transzendentes gehen muss. Seine Hypothese lautet dahin, dass intrapsychisch zu Kognitionen und Emotionen auch »Creditionen« in Beziehung stehen, die sich im Blick auf einen möglichen Gottesglauben positiv oder negativ auswirken können und möglicherweise zu den »intimsten ›Befindlichkeiten‹ des Menschen« gehören.[20] Dieser Ansatz berührt sich möglicherweise mit Beobachtungen, die der Hirnforscher Wolf Singer bei der Meditation macht: Im menschlichen Gehirn sei ein Wissen über alle Vorgänge, die sich im Lauf der Evolution in ihm vollzogen haben; hinzu kämen die Eindrücke aus der frühesten Kindheit. Es existiere ein »›Überzeugungswissen‹«, das wir nicht näher erklären können. Wenn man dem Gehirn nun in der Meditation alle äußeren Sinneseindrücke wegnehme, könne es »sich wunderbar mit sich selbst unterhalten, gewissermaßen in sich selbst spazieren gehen.«[21] Die Meditationserfahrung käme dann jenseits der Alternative von Religiosität und Areligiosität zu stehen.

Angel geht einen Schritt weiter und vermutet eine psychische Fähigkeit, Kognitionen, Emotionen und Creditionen in Einklang zu bringen, was sich, falls eine Credition transzendental ausgerichtet ist, als »Religiosität« zeigen kann. Grundsätzlich aber würde sich auch bei der Annahme von Creditionen ergeben, dass Menschen bereits von ihrem psychischen Haushalt her sowohl religiös als auch areligiös ausgerichtet sein können.

5.1.6 Zwillingsforschung

Will man der Frage nachgehen, ob Religiosität bzw. Areligiosität mit erblichen Vorgaben zu tun haben könnten, bietet sich die Zwillingsforschung an. Welche Rolle spielen in diesem Zusammenhang die Gene? Die kühne Behauptung von Dean Hamer[22], er habe ein »Gottes-Gen« entdeckt, hat mit Recht viel Kritik erfahren. Doch wenn sich hier auch noch keine Einzelheiten nachweisen lassen, so scheint doch festzustehen, dass gewisse Präferenzen für bestimmte Ausprägungen von Religiosität erblich bedingt sein können. Offenbar kann eine starke Verbindung von autoritärem Verhalten, Konservatismus und Religiosität nachgewiesen werden, wobei oft zwischen extrinsischer, primär an Gemeinschaft orientierter und intrinsischer, innerlich motivierter Religiosität unterschieden wird.[23] Nicht die Religiosität selbst, aber doch manche ihrer Voraussetzungen wie auch ihre Intensität dürften sich den Genen verdanken. Freilich wird Religiosität hier eher allgemein als ein Empfinden von Sinnhaftigkeit verstanden. Die genannten Erbfaktoren werden zudem so allgemein beschrieben, dass sie auch für die Entstehung von Areligiosität geltend gemacht werden können.

5.1.7 Mentale Veränderungen

Unter Einbeziehung von Sozialisationsfaktoren ist schließlich zu bedenken, dass sich das Gehirn durch Training verändern kann. Etwa bei intensivem Musizieren ließen sich neurobiologische Veränderungen beobachten. Dies zu wissen, ist pädagogisch von höchster Relevanz. Bezogen auf die Praxis von Religiosität bzw. Areligiosität würde dies heißen, dass das Gehirn im Lauf der Entwicklung eines Menschen die Möglichkeit verliert, ein einmal eingeschlagenes Denk- und Gefühlsgleis wieder zu verlassen. Eine auf Selbsterhaltung bedachte Religion wäre dann gut beraten, religiöse Sozialisation so früh wie möglich anzusetzen (»Erstkommunion«!), während in areligiösem Umfeld Aufwachsende vergleichsweise geringe Chancen hätten, »religiös« zu werden.

In diesem Zusammenhang wären auch die individualpsychologischen Beobachtungen von Donald W. Winnicott zu würdigen, der auf die Bedeutung von Übergangs-Phänomenen hinweist.[24] Einem Kind, das lernen muss, allein zu sein, hilft dabei der Umgang mit seinem Lieblingsspielzeug und beispielsweise einem Stofftier. Der beim Schritt in die Unabhängigkeit wichtige Teddybär wird beim Erwachsenen durch entsprechende Phänomene – Winnicott nennt Kunst und Religion – abgelöst. Ohne Frage kann man zwischen dem »Gespräch« eines Vierjährigen mit seinem Teddy und dem Gebet des Erwachsenen eine strukturelle Verwandtschaft sehen. Dem Glaubenden wird dies als kritischer Impuls dienen, sein Beten nicht als Mittel zur Abreaktion von Spannungen zu missbrauchen. Für den Atheisten allerdings ist das Gebet damit als Illusion entlarvt. Religiosität ist möglich, aber Areligiosität nicht minder.

5.2 Evolution und Religionsgeschichte

Haben Religion und Religiosität schon vom frühesten Stadium der Hominisation an zum Menschen gehört? Wenn ja, würde dies gegen Atheismus und Areligiosität sprechen? Viele religiöse Menschen würden dies wohl so sehen. Doch ließe sich dann immer noch nachfragen, ob Religion und Religiosität im Lauf der Geschichte in ihrer Bedeutung geschwankt haben und was dies für Gegenwart und Zukunft besagt.

5.2.1 Das Tier-Mensch-Übergangsfeld

Charles Darwin hatte gemeint, bereits bei Tieren Vorformen von Religiosität zu entdecken. Irenäus Eibl-Eibesfeldt stellt in seinem Buch über »Liebe und Hass«[25] Beispiele von Gesten des Grüßens und des Tröstens, ja in gewisser Weise des Segnens zusammen, die er bei Menschen und Tieren beobachtet. Die Verbindung zu auch heute noch gängigen religiösen Verhaltensweisen ist unschwer herzustellen. Trotzdem mag die Ausbildung religiöser Riten und Verhaltensweisen als »Rubikon der Hominisation« erscheinen.[26] Freilich stellt dieser Rubikon keine klare Zäsur dar; es geht ja um eine Entwicklung in ungezählten Jahrtausenden. Treffend formuliert Karl-Heinz Ohlig: »... die evolutive ›mutierte‹ zu einer kulturellen bzw. geschichtlichen Dynamik.«[27] Evolution, wie sie Darwin im Blick hatte, entließ aus sich offenbar einen Entwicklungsstrom, der – auf welchen Wegen und Umwegen auch immer – zum Übergang von natürlichen Prozessen zu kulturellen Erscheinungen führte. Nun zeigte sich die Möglichkeit, dass Traditionen nicht mehr ausschließlich über das Erbgut, sondern auch auf dem Weg über Sprach- und Rezeptionsvermögen übermittelt wurden. Der britische Biologe Alister Hardy nennt es – in theologisch problematischer Terminologie – »Ausbildung einer Glaubensfähigkeit«[28]; für ihn ist der Mensch das »religiöse Lebewesen«.[29] Mit dieser biokulturellen Entwicklung dürfte nicht nur die Entstehung von Sprache und Ich-Bewusstsein des Menschen verbunden gewesen sein, sondern auch eine sich heranbildende Fähigkeit, zu differenzieren, Subjekt und Objekt zu unterscheiden, sowie diese Neuerwerbungen zu nützen. Dazu gehörte gewiss auch die Auseinandersetzung mit dem Tod. Aber ist mit alledem bereits »Religion« und »Religiosität« gegeben?

5.2.2 Paläontologische Funde

Welche Indizien für Religiosität oder Areligiosität lassen sich in prähistorischer Zeit ausmachen? Man hat vielfach mit Grabfunden argumentiert, mit den Höhlenmalereien von Lascaux oder Altamira, mit Statuetten wie der Venus von Willendorf oder den Löwenfiguren von der Schwäbischen Alb. Das meiste hier zu benennende Material gehört wohl erst in die Zeit nach dem Auftreten des Cromagnon-Menschen (vor ca. 40 000 Jahren). Datierungen gehen dabei zum Teil weit auseinander: Das früheste nachweisbare Grab (im israelischen Qafzeh) gilt als knapp 100 000 Jahre alt; in einer Höhle in Sambia seien gar Pigmentreste gefunden, die ein Alter von 350 000 bis 400 000 Jahre haben könnten.

Wie auch immer die Fakten im Einzelnen beschaffen sein mögen, wichtig ist natürlich ihre Interpretationsfähigkeit. Religionswissenschaftler sind dabei heute sehr vorsichtig. Man zögert, da es ja keine aussagekräftigen schriftlichen Quellen gibt, paläontologische Funde einfach als religiöse Phänomene zu deuten. Aus der Analogie mit heute noch lebendigen schamanistischen Praktiken auf Vorgeschichtliches zu schließen, gilt als höchst anfechtbar. Spuren einer frühen Bestattungskultur müssen nicht auf Religion verweisen. Gerhard Baudy führt an, dass Wirbeltiere, die sich ihrer Lebensgemeinschaft verbunden fühlen, bei Verlust eines Mitglieds zu trauern scheinen; der »Mechanismus der Trauer« sei daher vermutlich älter als die frühesten Spuren von Totenbestattung. Zudem habe offenbar unter den frühen Menschen ein Bedürfnis zu einer virtuell erfolgenden »szenischen Ergänzung« eines abgelaufenen Menschenlebens bestanden. Daraus würde sich der Ahnenkult erklären, der aber nicht mit bestimmten religiösen Vorstellungen verbunden gewesen sein muss.[30] Der Religionswissenschaftler Otto H. Urban wendet sich dezidiert gegen die Devise: »Was man nicht erklären kann, sieht man gern als kultisch an.« Seines Erachtens gibt es bis heute keinen gesicherten Nachweis eines religiös geprägten Kultes im Mittelpaläolithikum. Die vorliegenden Grabstätten belegten nicht notwendig mehr als einen pietätvollen Umgang mit Verstorbenen; sie seien »ein Zeichen des Sozialverhaltens der Neandertaler.« Ob es sich bei den aufgefundenen Statuetten auch um Darstellungen von Gottheiten handelt, sei nicht zu klären.[31] Auch aus der Paläontologie ergibt sich somit keine klare Antwort auf die Frage, ob Religion und Religiosität zum Grundbestand des Menschseins gehören.

5.2.3 Religiosität – ein Selektionsvorteil?

Manche Autoren erwägen, ob sich die Herausbildung von Religion als Selektionsvorteil erwiesen haben könnte. Ist Religion/Religiosität damit ein Anpassungsprodukt der Evolution? Wenn kulturelle Evolution einem Drang zur Optimierung von Lebensmöglichkeiten entspricht, könnte religiöses Verhalten als durchaus hilfreich wahrgenommen worden sein. Vielleicht hat Religion aber noch weitere Funktionen gehabt, so dass sie sich mit dem Hinweis auf eventuelle Selektionsvorteile nicht voll erklären ließe. Sie könnte auch als ein Nebenprodukt der Evolution oder als eine eigene, nicht auf adaptionsbedingte Faktoren zurückzuführende und damit sozusagen für die weitere Entwicklung irrelevante Begleiterscheinung verstanden werden. Auch das mit Religion verbundene Moment der Gemeinschaft könnte sich für die Entwicklung des Menschen günstig ausgewirkt haben. »Who prays together, stays together.« Es mag grotesk erscheinen, aber seit einiger Zeit betrachtet man als ein zu diskutierendes Argument, dass religiöse Menschen im Durchschnitt mehr Kinder bekommen als nichtreligiöse.[32] Dies kann in einer bestimmten Phase der Menschheitsgeschichte günstig gewesen sein, sich angesichts der rasanten Zunahme der Weltbevölkerung heute aber als Nachteil auswirken! Franz M. Wuketits mutmaßt, Religion habe der Menschheit bisher vielleicht einen Selektionsvorteil eingebracht; fortan aber sei sie möglicherweise nicht hilfreich oder gar schädlich.[33]

5.2.4 Die Verbreitung von Religiosität/Areligiosität

Noch im 17. und 18. Jahrhundert hat man die Universalität der Religion durch den schon kurz genannten »consensus gentium« nachzuweisen versucht. Der Gedanke stammte aus vorchristlicher Zeit, aus der Stoa, und bereits Cicero hatte ihn explizit formuliert[34] (was ebenfalls als Argument benutzt wurde). Diese »heidnische« These ließ sich leicht mit den Ausführungen des Paulus verbinden, dass, »was man von Gott erkennen kann«, unter den Menschen »offenbar« sei, »denn Gott hat es ihnen offenbart« (Röm 1,19). So fordert einer der Apologeten des 17. Jahrhunderts seine Leser auf, den Erdkreis zu durcheilen und in den Lagern und Hütten selbst der Wilden nachzuforschen, wie es dort mit der Religion bestellt sei – wo immer er Menschen antreffen werde, werde er auch Gebete und heilige Riten vorfinden, sichere Anzeichen dafür, dass auch dort mit der Existenz eines Numen gerechnet werde. Die ersten damals aufkommenden »Religionsgeschichten« gehen ganz selbstverständlich davon aus, dass kein Volk je ohne eine bestimmte Religion existiert habe.[35] Der Glaube der »Heiden« wurde auf diese Weise polemisch gegen die damaligen »Atheisten« ins Feld geführt, ohne dass man bemerkte, wie leicht die nichtchristlichen Religionen damit zu Konkurrenten des Christentums werden konnten. Doch schon schlichte Gemüter – wie etwa der »Atheist« Matthias Knutzen – stellten trocken fest, Cicero sei doch wohl nicht überall auf der Welt gewesen, und mit den zunehmenden Forschungs- und Handelsreisen gelangten Berichte nach Europa, die es nötig machten, im Blick auf den Konsens der Religionen zu differenzieren. Tatsächlich hat es, wie man heute weiß, in Indien eine materialistische Richtung gegeben, die von westlichen Autoren dem Atheismus zugeordnet wird und wohl auch als Areligiosität zu bezeichnen ist. Es handelt sich um die Lokayata, nach ihrem vermutlichen Gründer auch unter dem Namen Charvaka bekannt. Die Anhänger der Lokayata[36] (was soviel bedeutet wie »sich auf diese Welt beziehend«) bestritten die Existenz von Gottheiten und ein Leben jenseits der Grenzen dieser Welt (»loka«); sie empfahlen den maßvollen Genuss der irdischen Lebenszeit. Hermann Ley stellt bei seinem Versuch, die »Geschichte der Aufklärung und des Atheismus« im Sinne des Marxismus nachzuzeichnen, weitere

derartige Ansätze zusammen.[37] So nennt er frühe Zeugnisse der
Samkhya-Philosophie und verweist auf Ansätze der chinesischen
Aufklärung. Georges Minois interpretiert den Konfuzianismus als
»ein wahres atheistisch-religiöses Kaleidoskop« und zugleich als
»eine Art Religion ohne Gott pantheistischen Typs«[38], womit allerdings die Terminologie kräftig durcheinander gerät. Doch ist deutlich: Man muss sich nicht immer nur auf einzelne der Gottlosigkeit
angeklagte Philosophen der klassischen Antike beziehen, um die
Existenz eines vorneuzeitlichen Atheismus nachweisen zu können.
Minois widmet dem »griechisch-römischen Atheismus« gleichwohl
ein ausführliches Kapitel.

5.2.5 Vielgestaltige Entwicklungslinien

Im Blick auf die Frage nach der Ursprünglichkeit von Religiosität
bzw. Areligiosität stellt sich vorweg das Problem, ob es sich bei alledem um lineare Entwicklungen handeln muss. Man wird ohnehin
zu überlegen haben, ob zur Bestimmung der menschlichen Situation
in der Phase der beginnenden Hominisation Begriffe wie »Religion«,
»Religiosität« oder »Areligiosität« überhaupt geeignet sein können.
Bereits an der ungeklärten Terminologie ist jedenfalls die Beantwortung der zu klärenden Frage im ausgehenden 19. und beginnenden
20. Jahrhundert gescheitert.[39]

(a) Jean Gebser: Gemeinsamer Wurzelgrund für Religiosität und
Areligiosität
Der im Einzelnen höchst umstrittene Kulturphilosoph Jean Gebser
hat vorgeschlagen, in der Entwicklung der Menschheit mit unterschiedlichen Stufen zu rechnen, u. a. mit denen eines magischen,
eines mythischen und eines mentalen Bewusstseins.[40] Dieser Gedanke entstammt dem evolutionistischen Denken des 19. Jahrhunderts, das sich die Entwicklung der Menschheit mehr oder weniger
linear vorstellte. Er entbehrt jedoch insofern nicht einer gewissen
Plausibilität, als er nahe legt, in den Vorstufen des mentalen Bewusstseins nicht zwischen Religiosität und Areligiosität zu unterscheiden.
Bei den vorrationalen Stufen der Entwicklung der Menschheit ist
eine derartige Differenzierung nicht sinnvoll; Religiosität und Are-

ligiosität, Religion und Rationalität,»Glaube und Vernunft« entstammen demselben Wurzelgrund. Erst im Besitz eines mentalen Bewusstseins lernte der Mensch, sich zu seinesgleichen und zu den Herausforderungen des Lebens zu verhalten.

(b) Georges Minois: Zu Beginn ein mythisches Stadium
Unter Berufung auf Georges Gusdorf und teilweise auf Mircea Eliade schlägt Georges Minois, ohne dieses Schema zu übernehmen, in seiner »Geschichte des Atheismus« vor, von einem mythischen Stadium zu sprechen, in das sich der frühe Mensch ohne nähere Konzeptualisierungen eingebettet gewusst habe. Nach Minois darf die Existenz im mythischen Stadium verstanden werden als »eine Lebensweise, ein Seinsmodus, bei dem der Zugang zum Sinn unmittelbar gegeben« ist.[41] Dies führt ihn zu der These: Nicht die Religion, sondern dieses »mythische Bewusstsein« sei ein menschliches »Grundbedürfnis«[42]. Erst vor diesem Hintergrund träten miteinander verwobene Haltungen und Vorstellungen allmählich auseinander. Daraus ergibt sich für ihn keineswegs sogleich die Differenzierung zwischen Religiosität und Areligiosität, sondern vielmehr ein Auseinandertreten von Sphären: Es habe sich ein Verstehenshorizont aufgetan, innerhalb dessen auf der Basis konzeptualisierter Mythen sowohl die »großen Religionen« wie auch theoretischer Atheismus entstanden seien; im Gegensatz dazu seien auf dem Boden einer abergläubisch-magischen Haltung Religionsformen erwachsen, die sich sektenhaft-fundamentalistisch und – nach deren Ablösung – in praktischem Atheismus äußern konnten.[43] Dass Minois in dieser Doppelperspektive bereits einerseits Deismus und Pantheismus, andererseits Esoterik und Okkultimus unterbringt, vermag kaum zu überzeugen. Er kommt zu dem jedenfalls in seiner Generalisierung wohl nicht nachvollziehbaren Ergebnis, dass jede Kultur »ihre Atheisten und ihre Gläubigen (…)« habe.[44] Interessant ist jedoch seine Zielperspektive: Sie besteht in der Erwartung, dass Atheismus und Religion gemeinsam überleben oder gemeinsam untergehen werden. Was ihn beunruhigt ist, dass sie am Ende des 20. Jahrhunderts gemeinsam in die Krise geraten sind.[45] Das in Mitteleuropa zu beobachtende Phänomen von Areligiosität, nämlich eines ausgesprochenen Desinteresses an Religion wie an deren Be-

streitung, könnte ihm – jedenfalls im Blick auf diesen geographischen Raum – Recht geben.

(c) Zusammenspiel von Evolution und kultureller Entwicklung
Für unsere Fragestellung ergibt sich aus den mannigfachen hier vorgetragenen Beobachtungen: Aus Evolution und Religionsgeschichte lässt sich kein eindeutiges Urteil darüber gewinnen, ob mit einer ursprünglichen religiösen Ausstattung des Menschen gerechnet werden muss, so dass dem areligiösen Menschen entscheidende anthropologische Defizite zu bescheinigen wären. Man wird dem Religionswissenschaftler Jacques Waardenburg zustimmen, wenn er schreibt: Bei Ereignissen, die mit existenziellen Herausforderungen zusammenhingen, »*konnten* religiöse Momente aufkommen, die von der Tradition als Handlungsmöglichkeiten weitergegeben wurden und zur Krisenbewältigung angewandt werden *konnten.*«[46] Vorsichtig rechnet er mit einer Möglichkeit, die sich in mancher Hinsicht, aber nicht mit der Notwendigkeit nahelegt. Recht haben dürfte er mit der Behauptung, es habe zwar in jeder Kultur Menschen gegeben, die die Religion kritisierten oder »sich nicht um die Religion kümmerten und nicht als ›religiös‹ betrachtet werden konnten.« Offener Kampf gegen Religion aber sei »offenbar erst eine Erscheinung der jüngsten Zeit.«[47] Wie erklärt sich dieser neue Zug in der Geschichte der Religion? Sicher ist hier ein Bündel von Motiven ausfindig zu machen und nicht zuletzt an die Herausforderung zu erinnern, die das Christentum durch seinen Beitrag zur Religionskritik für die Geschichte der Religion dargestellt hat.

(d) Europäischer Sonderweg?
Charles Taylor hat die innereuropäische Entwicklung unter dem Stichwort »Säkularisierung« analysiert.[48] Auch er kommt nicht zu einem eindeutigen Ergebnis. Während Religion und Religiosität außerhalb Europas boomen, zeigen sich europäische Länder wie Deutschland oder Tschechien spröde. Der Historiker Hartmut Lehmann spricht – insbesondere im Blick auf das Christentum – von einem »europäischen Sonderweg«. Er hält es für eine offene Frage, ob die Europäer sich auf die Werte des Christentums besinnen werden »oder ob sich die Menschen in den Gesellschaften auf den an-

deren Kontinenten dem europäischen Weg in die Moderne anpassen werden, ob also der europäische Sonderweg in Sachen Religion als eine Art welthistorisches Pilotprojekt anzusehen ist.«[49] Schon jetzt ist der Anteil von areligiös eingestellten Menschen an der Gesamtbevölkerung der Welt erheblich; man spricht von bis zu 15 %. Könnte sich damit so etwas wie eine Bifurkation der Religionsgeschichte abzeichnen – die beginnende Aufteilung in eine einerseits religiös, andererseits areligiös bestimmte Fortentwicklung menschlichen Selbstverständnisses? Wenn dies tatsächlich der Fall sein sollte, wäre das Christentum schlecht beraten, wenn es einseitig auf die religiöse Karte setzen wollte.

5.3 Religionspsychologie

Die These, dass Religion Ausdruck elementarer menschlicher Entfremdung sei, fand unter Psychologen ebenso engagierte Vertreter wie die Gegenthese, dass Religiosität zum Menschen gehöre und therapeutisch sinnvoll genutzt werden könne. Tiefenpsychologische Ansätze schienen beiden Seiten besonders geeignet, ihre Argumentation zu untermauern. Oft spielten dabei weltanschauliche Vorannahmen eine wichtige Rolle. Sigmund Freud, der aus einer areligiösen Familie stammte, ließ sich von manchen Überlegungen Schopenhauers und Friedrich Nietzsches beeinflussen, die ja ihrerseits bereits in gewisser Weise psychologisch argumentierten. C. G. Jung mag als Sohn eines Pfarrers von vorneherein eine größere Nähe zur Religion gehabt haben.

5.3.1 Religiosität – eine psychische Depravation?

Skepsis und Aversion gegenüber Religion verstärkten sich für Freud im Zuge seiner ärztlichen Tätigkeit. Er beobachtete, dass die Religion nicht wenigen seiner Klienten dazu diente, sich vor der aktiven Bewältigung von Konflikten zu drücken. Religion hinderte sie offenbar daran, sich auf ihre eigenen Stärken zu besinnen und verantwortungsbewusst ihr Schicksal in die Hand zu nehmen. Die Religiosität hatte somit allem Anschein nach viel mit dem Krankheitsbild einer

Neurose gemein:»Die Neurose verleugnet die Realität nicht, sie will nur nichts von ihr wissen.«[50] So auch die Religion, die nach dieser Auffassung einen Realitätsverlust impliziert. Die in ihr vollzogenen Riten ähneln dem Verhalten des Zwangsneurotikers. Es sei möglich, so formuliert Freud vorsichtig,»die Neurose als eine individuelle Religiosität, die Religion als eine universelle Zwangsneurose zu bezeichnen.«[51] Religion und Religiosität sind also unzweifelhaft gegeben. Freud hat mit der Hypothese von Urhorde und Vatermord seine eigene Vorstellung, wie sie entstanden sein könnten. Aber der Religion soll nicht die Zukunft gehören! Freud plädiert für die Irreligiosität des erwachsenen Menschen, der sich seinem Schicksal stellt und sich mit seiner Situation abfindet:»… wer sich demütig mit der geringfügigen Rolle des Menschen in der großen Welt bescheidet«, den hält Freud für»irreligiös im wahrsten Sinn des Wortes.«[52] Schon die Frage nach Sinn kann er als krankhaft bezeichnen, denn objektiver Sinn sei für die Menschen nicht zu erkennen. Dies ist hier nicht im Einzelnen zu diskutieren. Doch bleibt festzuhalten, dass Freud nicht einem dezidierten militanten Atheismus, sondern einer dem erwachsenen Menschen angemessenen Areligiosität das Wort redet.

Einen Freud nahezu entgegengesetzten Weg geht – trotz anfänglicher Gemeinsamkeiten – C. G. Jung. Auch er kritisiert konkrete Ausprägungen von Religiosität, die sich negativ auswirken, vermag sich aber den Menschen nicht ohne religiöse Gefühle und Symbole vorzustellen. Religion ist für ihn im Unbewussten des Menschen verankert, in dem sich vielfältige Archetypen seit Menschengedenken verdichten. Sie drücken sich in Träumen und unbewussten Handlungen aus und können mindestens teilweise dem Bewusstsein vermittelt werden. Das Selbst des Menschen lasse sich nicht stärken ohne Rückgriff auf das, was in seiner Tiefe bereit liegt oder dem Bewusstsein zustrebt. Religion ist für Jung»die besondere Einstellung eines Bewusstseins, welche durch die Erfahrung des Numinosum verändert worden ist.«[53] Hier klingen Gedanken von Rudolf Otto an. Doch da von Jung diese Erfahrung nicht näher bestimmt wird und prinzipiell als ein innerpsychischer Vorgang verstanden werden kann, fragt sich, ob hier wirklich von einer auf Transzendenz bezogenen Religiosität die Rede ist. Mit Recht findet daher

Antoine Vergote:»Die Apologeten und christlichen Psychologen, die sich auf Jung berufen, um die zutiefst religiöse ›Natur‹ des Menschen zu beweisen, ahnen leider nicht, wie sehr solche Begriffsverwirrungen ihrer Religion die Substanz rauben.«[54] Die anthropologische Relevanz von Religion und Religiosität wird weder von Sigmund Freud noch von C. G. Jung geleugnet, von beiden allerdings höchst unterschiedlich gewertet. Religiosität wie auch Areligiosität erscheinen damit als ambivalent. Dies gilt zumal, wenn, wie heute weithin selbstverständlich, auf der Basis eines methodischen Atheismus vorgegangen wird. Nach Erich Fromm sieht sich der Psychoanalytiker in der Lage,»die menschliche Wirklichkeit sowohl hinter der Religion als (sc. auch) hinter den nichtreligiösen Symbolsystemen zu untersuchen.« Daraus folgt,»dass es nicht darum geht, ob der Mensch zur Religion zurückkehrt und an Gott glaubt, sondern ob er die Liebe lebt und die Wahrheit denkt.«[55] Was»die Wahrheit denken« bedeutet, führt Fromm freilich – jedenfalls in diesem Zusammenhang – nicht aus.

Eine mit unterschiedlichen Erkenntnissystemen rechnende Psychologie der Persönlichkeit, wie sie der Psychologe Julius Kuhl vertritt, wird Religion und Religiosität nicht isoliert betrachten, sondern nach dem psychischen Gesamthaushalt des Menschen fragen. Kuhl kann sich zwar vorstellen, dass im Zuge der Globalisierung eine zunehmende Entpersonalisierung die Fähigkeit des Menschen, intuitives Wissen zu nutzen, zum Erlöschen bringt (entsprechend»dem Sehverlust beim Maulwurf, dessen Augen durch die Verlagerung seiner Existenz ins Unterirdische zu blinden Restaugen degenerierten«).[56] Er plädiert daher für eine Verbesserung der»intersystemischen Kommunikation«, wie sie in der Personhaftigkeit des Menschen angelegt sei. Dieser Ansatz setzt freilich voraus, dass man nicht die»reduktionistische Illusion« teilt,»man könne gefühltes Wissen oder den Glauben durch analytisches Wissen ersetzen (…).«[57] Gerade sie aber steht zur Diskussion!

5.3.2 Psychische Bedingtheit von Religiosität und Areligiosität

Während psychische Prozesse, die Religiosität bedingen können, in Psychologie und Religionspsychologie ausführlich gewürdigt wer-

den – kritisch im Gefolge Freuds, positiv im Sinne Jungs – wird der
Entstehung von Atheismus oder gar Areligiosität kaum psychologische Aufmerksamkeit geschenkt. Unter den neueren Religions-
psychologien ist es einzig die von Antoine Vergote vorgelegte, die
dem Atheismus ein eigenes Kapitel widmet. Es geht ihm darum,
diejenigen psychischen Prozesse zu erfassen,»die den Menschen
dazu bestimmen, sein Lebensziel außerhalb der religiösen Einstellung und gegen sie zu umschreiben.«[58] Der militante Atheismus
spielt dabei eine eigene Rolle, da er sich in Auseinandersetzung mit
christlichen Absolutheitsansprüchen nicht zufällig gerade im Kontext des Christentums herausgebildet hat. Vergote hat aber darüber
hinaus eine allgemeine Areligiosität im Blick, in der »jede religiöse
Unruhe fehlt (…).«[59] Er nennt dabei Faktoren, die unterschiedliches
Gewicht haben dürften: das Verlangen nach einer nicht durch religiöse Reglements gebremsten Lust oder die selbstherrliche Vernunft, die sich durch starre Dogmen zu noch intensiverem Widerstand aufgerufen sieht; schließlich könne das Rebellionsbedürfnis
des Sohnes, der sich von seinem Vater unabhängig machen möchte,
eine Rolle spielen. Interessant ist der Hinweis auf die »Abwehr des
Göttlichen«, die auch der religiöse Mensch kenne und die ein un-
terschwelliges Motiv selbst für theoretischen Atheismus sein könnte.[60]

Areligiosität hat, auch ohne sich theoretisch begründen oder ausweisen zu wollen, durchaus psychologische Implikationen. Schon
Oskar Pfister, der theologische Gesprächspartner von Sigmund
Freud, hat eine Liste unbewusster pathogener »Determinanten des
Unglaubens« zusammengestellt[61], diese aber kaum gegen die Ent-
stehungsfaktoren anderer Lebenseinstellungen abgegrenzt. David
M. Wulff berichtet über einen Versuch, Freuds eigene Areligiosität
analytisch zu erfassen.[62] Neben biographisch bedingten Enttäu-
schungen – Konflikt mit dem Vater, Tod des Bruders – werden folgende Gesichtspunkte benannt: Ambivalenz gegenüber der jüdischen Religion, die Begegnung mit abstoßenden neurotischen
Formen pietistischer Frömmigkeit, Aversion gegenüber jeglicher
Form von Abhängigkeit, Passivität und Unterwürfigkeit, und schließlich eine prinzipielle Abneigung gegen abergläubische, spekulative
und mystische Tendenzen in Freuds eigenem seelischen Haushalt.

Sowohl für Religiosität wie für Areligiosität scheint es »Determinanten« zu geben. Erneut zeigt sich somit zwischen beiden ein Patt.

5.3.3 Psychische Auswirkungen von »Glaube« und »Glaubenslosigkeit«

Dass es Zusammenhänge zwischen Religiosität und psychischer Verfasstheit geben kann, scheint offensichtlich. Bestimmte Formen von Frömmigkeit können eine Störung in der menschlichen Entwicklung darstellen. Aber es ist umgekehrt auch die Frage zu stellen, ob Areligiosität psychotisches Verhalten zu begünstigen vermag. Dieser Frage ging in einer ausführlichen Untersuchung der Schweizer Psychologe Peter Lüssi nach.[63] Leider ist seine Abhandlung wenig ergiebig, zumal er mit einem inzwischen als überholt geltenden Begriff von Neurose arbeitete.[64] Auswirkungen von Glaubenslosigkeit sind nach seiner Auffassung denkbar im Blick auf Probleme bei der Bewältigung von Schuld, angesichts des Todes, sowie hinsichtlich der Identitäts- und der Sinnfrage.[65] Damit berühren sich Peter Lüssis Fragestellungen aus dem Jahr 1979 (!) mit Untersuchungen des letzten Jahrzehnts, die ermitteln wollen, inwieweit nämlich Glaube gesundheitsfördernd sein kann. Obwohl dazu gewisse positive Hinweise gefunden worden zu sein scheinen, wird sich sicher nicht einfach im Umkehrschluss folgern lassen, dass Glaubenslosigkeit ungesund sein könnte.[66]

Protestantische Theologie scheut sich im Allgemeinen, Glauben als psychischen Habitus zu begreifen, weil sie die Unverfügbarkeit des Handelns Gottes am und im Glauben des Menschen festhalten wird. Glaube findet seinen Halt nicht im Psychischen, sondern er führt – jedenfalls nach seinem Selbstverständnis – über psychische Bedingtheiten und Implikationen hinaus.[67] Trotzdem wird man zugeben müssen, dass Glaube sich im Kontext psychosomatischer Wirklichkeit konstituiert und seinerseits diese mehr oder weniger mitbestimmt. Man kann zu Peter Lüssis Beschreibung von »Glauben« theologisch und wohl auch psychologisch Kritik anmelden. Unbestreitbar ist es sein Verdienst, in psychologischer Hinsicht gezeigt zu haben: Glaube und Glaubenslosigkeit stehen einander nicht als zwei Welten, die nichts mit einander zu tun haben, kontradiktorisch gegenüber, sondern sie sind vielfach mit einander verflochten. Auch Glaubenslosigkeit ist demnach nicht als ein festzuschreibender status quo zu verstehen; sie ist vielmehr in ihrer psychischen Dynamik zu erfassen, wie dies umgekehrt auch für den Glauben gilt.

5.3.4 Interdependenz von »Glaube« und »Glaubenslosigkeit«

Drei Jahrzehnte nach dem Erscheinen seiner Religionspsychologie hat Antoine Vergote ein weiteres Werk zur Frage von Religion, Glauben und Unglauben vorgelegt.[68] Unter »Religion« versteht er dabei die »Gesamtheit von sprachlichen Ausdrücken, Emotionen, Aktionen und Zeichen«, die sich auf ein oder mehrere übernatürliche Wesen, jedenfalls auf etwas jenseits von natürlichen Kräften und menschlichen Initiativen Liegendes beziehen. Er meint, sich insoweit auf die »Weisheit der kulturellen Sprache« verlassen zu können.[69] Sein erweiterter Ansatz besteht jedoch darin, dass er »Glauben« und »Unglauben« zusammen und in ihrer Verwobenheit ineinander untersuchen will.[70] Dazu gebe es noch kaum Forschungsergebnisse; er bezieht sich daher weitgehend auf eigene Untersuchungen. Er plädiert für die Entwicklung einer »psychology of unbelief« bzw. »of atheism«.[71] Bei Glauben wie bei Unglauben gehe es nicht nur um den Intellekt, sondern um »psychische Kräfte und Prozesse, die ihre eigene Logik haben«.[72] Insbesondere die Konfrontation und Interaktion mit widerständigen Botschaften aus der jeweiligen Umgebung eines Menschen spielten dabei eine wichtige Rolle. Vergote erläutert ausführlich die Konflikte zwischen Autonomie und Abhängigkeit, Sehnsucht und Furcht vor Illusion, Groll und Versöhnung. Einen nackten oder »reinen« Glauben könne es nicht geben; dies könnte nur der »eines spirituellen Roboters« sein.[73] Insofern lehnt Vergote auch die von manchen Psychologen vertretene Meinung ab, man könne vom Typus eines »homo religiosus« sprechen; immer sei der Glaubende durch Unglauben gefährdet.[74] Daher gelte es, an der Vorstellung eines »Niemandslands« festzuhalten, in dem Zweifel und Übergänge zwischen Glauben und Unglauben zu beobachten seien.[75]

(a) Durch Glauben ausgelöster Unglaube?

Nun ist die Kampfsituation zwischen Glauben und Unglauben gerade glaubenden Menschen nur allzu vertraut; es sind die Heiligen, die um ihre Anfechtungen wissen. Schon jener Vater, der nach dem Zeugnis des Neuen Testaments Jesus für sein Kind bittet, ruft erschrocken aus: »Ich glaube, hilf meinem Unglauben!« (Mk 9,24) Weiterführend an Vergotes Ansatz ist jedoch, dass auch der Ungläubige als Angefochtener wahrgenommen wird. Nach seiner Auffassung entsteht der Unglaube aber geradezu angesichts der Herausforderung durch den Glauben derer, die ihn teilen.

Es sei kein Wunder, dass gerade das Christentum Widerstand auslöst; durch die ihm eigene besondere Natur konfrontiere es Menschen unmittelbar mit der Alternative von Glauben oder Unglauben.[76] Der ausgesprochene Hass mancher Menschen gegenüber Religion und Glauben lasse sich erklären: Die Psyche verteidige sich gegen ihr begegnende fremde Ansprüche. Immer habe sie Angst vor einer möglichen Beeinträchtigung selbstbestimmten Menschseins.[77] Unglaube könne aber natürlich auch ein Erbstück vergangener Generationen darstellen oder auf eine narzisstische Verletzung zurückgehen.

(b) Glaube und Emotion

Leider hat Vergote eher den dezidierten Atheisten als den areligiösen Menschen im Blick, um den es in der vorliegenden Studie geht. Trotzdem führt sein Ansatz weiter. Er geht nämlich offensichtlich nicht von einer religiösen Grundveranlagung des Menschen aus. Er scheint vielmehr einen sozusagen neutralen Boden für Glauben wie Unglauben anzunehmen. Psychische Voraussetzungen und Faktoren dienen gewissermaßen als »Humus« für die Entstehung von Glauben oder Unglauben. Um sich auswirken zu können, bedürfe diese psychische Vorgegebenheit erst der Begegnung mit einer religiösen Botschaft.[78] Vergote kritisiert an William James, dass dieser nach religiösen Gefühlen gefragt habe. Gefühle aber seien neutral. Erst nachträglich könnten sie klassifiziert werden. Rudolf Ottos Rede vom »Numinosen«, das Gefühle der Ehrfurcht und der Faszination auslöse, sei eine Konstruktion, die einer bestimmten kulturellen Situation entspreche. Alle Gefühle gehen nach Vergote auf Beziehungen zurück:»All feeling is relational.« Alle Gefühle, die mit dem Glauben in Zusammenhang gebracht werden, gebe es auch außerhalb von Religion. Glaube, verstanden als Gottesbeziehung, entwickle sich nach demselben emotionalen Muster wie nichtreligiöse Gefühle.[79] Der Glaube bilde, ohne ständig in Aktion zu sein,»ein Sediment, vergleichbar mit dem vorbewussten Besitz von Sprache, Freundschaft oder jeder anderen Art von Engagement.« Da nur latent vorhanden, ersterbe diese Disposition, wenn sie nicht in aktives Leben überführt werde.[80]

(c)»Humus« für die Entstehung von Glauben, Unglauben und Areligiosität?

Hier scheint Vergotes Darstellung jedoch inkonsistent: Weder Glaube noch Unglaube selbst können das Sediment bilden. Vielmehr müssen doch, wenn schon, beide aus dem ihnen beiden zugrundeliegenden Sediment psychosomatischer Elemente hervorgehen. Je nach den Umständen wird sich nach Vergote das menschliche Leben mehr oder weniger im Glauben oder im Unglauben, jedenfalls in der Auseinandersetzung zwischen beiden, vollziehen. Doch die Beobachtung von Menschen, die von einem solchen Kampf in ihrem Inneren nicht das Geringste erkennen lassen, spricht gegen Vergotes Theorie. Trotzdem könnte sein Ansatz hilfreich sein, wenn man auch Verfassung und Befinden solcher Menschen besser verstehen will. Als»Humus« und»Sediment« im Sinne Vergotes wäre dann die vorbewusste psychische bzw. psychosomatische, wohl auch kulturell mitgeprägte Verfasstheit zu deuten, aufgrund derer sich nicht nur der Glaube und der Unglaube, sondern auch Areligiosität entwickeln kann. Vergote differenziert leider nicht ausreichend zwischen Unglauben, der durch die Konfrontation mit Glauben erwachsen kann, und Areligiosität. Aber er berührt das Phänomen der Areligiosität, indem er am Rande die»religiöse« Erfahrung von»Ungläubigen und Agnostikern« thematisiert. Wie ergeht es, fragt er, solchen Menschen mit religiöser Musik? Sie sehen sich möglicherweise vor einem unergründlichen Geheimnis, sie machen»eine religiöse Erfahrung ohne Gott«.[81] Bei der areligiösen Solistin einer Bach-Kantate könne das bis zu der Sehnsucht führen, es möchte, was sie singt, doch»wahr« sein! Dies sei dann Ausgangspunkt für einen das Leben bestimmenden Glauben. Oder es verblasse zur Erinnerung an eine schöne, aber haltlose Illusion. Religiöse Erfahrung und die Erfahrung »of the Sacred without God«[82] überlappen einander.

Dafür, dass es zu einer echten, auf eine jenseitige Welt sich beziehenden religiösen Erfahrung kommen kann, sieht Vergote drei Voraussetzungen: auf der psychologischen Ebene eine ideologisch bzw. psychisch barrierefreie Aufnahmefähigkeit und Befähigung zu Ausgeglichenheit und Lebensfreude, in kultureller Hinsicht symbolisches Denken, das sich nicht auf den engen Bereich des Technischen beschränken oder durch das allgegenwärtige kritische Bewusstsein beeinträchtigen lässt, schließlich auf religiösem Gebiet die Unabhängigkeit von Fixierungen.[83] Doch seien dies nur Voraussetzungen; auch wenn sie vorhanden sind, komme es keineswegs sozusagen automatisch zum Glauben, wie die Selbstzeugnisse von Menschen ausweisen, die sich als areligiös verstehen.

Vergote unternimmt keinen Versuch, zwischen Glauben im Sinne der christlichen Tradition und einem allgemeinen religiösen Glauben zu unterscheiden. Daher erscheint sein Glaubensbegriff dem Theologen unklar und missverständlich. Doch als Ergebnis ist festzuhalten: Auch für Psychologie und Religionspsychologie bleibt somit offen, wie es um das umstrittene religiöse Apriori stehen mag. Wird die Soziologie es retten können?

5.4 Soziologische Beobachtungen

Gerade soziologisch ist Religion höchst umstritten. Ideologische Fixierungen haben die Soziologie wiederholt dazu veranlasst, einseitige Urteile zu fällen, die aber ihrerseits durchaus heuristisch fruchtbar werden konnten. Dies gilt insbesondere im Blick auf den Mainstream des Marxismus, der die Religion als gesellschaftlichen Irrweg versteht. Dass sich die Soziologie um die Religion kümmern muss, ist angesichts von deren gesellschaftlichen Auswirkungen und Verflochtenheiten offensichtlich.[84] Sie fragt primär nicht nach Entstehung und Wesen, sondern nach den Funktionen von Religion für die Gesellschaft. Individuum und Gesellschaft sind auf einander bezogen. Soziologische Theorien können bei der Bedeutung des

Individuums für die Gesellschaft oder bei der Bedeutung der Gesellschaft für das Individuum ansetzen. In diesem Spannungsfeld wird dann auch die Religiosität des Einzelnen von Interesse sein.

5.4.1 Religion – eine gesellschaftliche Verirrung?

Karl Marx und Friedrich Engels waren keine Soziologen im heutigen Sinn des Begriffs. Trotzdem muss ihre Sicht der Religion in unserem Zusammenhang kurz skizziert werden. Religion galt ihnen im Rahmen ihrer Kapitalismus-Kritik als Teilaspekt gesellschaftlicher und vor allem – im Sinne des Warenfetischismus – ökonomischer Entfremdung. Das ist hier nicht im Einzelnen darzustellen. Wie erklärt sich nach ihrer Meinung die Entstehung von Religion? Zunächst, so die Hypothese, hätten bei den Urmenschen gar keine Voraussetzungen für die Entstehung religiöser Vorstellungen bestanden. Die Menschen interessierten sich nur für ihre unmittelbaren Lebensbedingungen. Trat ihnen Unverständliches, Übermächtiges entgegen, so verhielten sie sich »rein tierisch«; sie ließen sich davon »imponieren« wie das Vieh.[85] »Dieser Anfang ist so tierisch wie das gesellschaftliche Leben dieser Stufe selbst, er ist bloßes Herdenbewusstsein, und der Mensch unterscheidet sich hier vom Hammel nur dadurch, dass (...) sein Instinkt ein bewusster ist.«[86] Sein und Denken sind sozusagen noch nicht auseinander getreten. Auf den »Entwicklungsstufen des Pithecanthropos, des Sinanthropos oder des Neandertalers« hatten die Menschen noch keine Religion. Erst bei den Cromagnon-Menschen könne man religiöses Verhalten beobachten. Dies hänge mit der »Ablösung der Sammler- und Jägerstufe durch die Gentilgesellschaft« zusammen.[87] Nach Friedrich Engels haben Philosophie und Religion »ihre Wurzeln in den borniernten und unwissenden Vorstellungen des Wildheitszustands«, in einer »sehr waldursprünglichen Zeit«.[88] So sei es zu einer verzerrten Widerspiegelung von Natur und Gesellschaft gekommen. Die materiellen Lebensbedingungen bestimmten fortan die Entwicklung, die sich von der Zeit der Veden an genauer beobachten lasse.

Die damit vorgetragene Auffassung arbeitet mit Hypothesen, die heute teilweise naturwissenschaftlich nicht mehr aufrecht erhalten werden. Es ist auch nicht ganz einleuchtend, wieso sich beim Auseinandertreten von Sein und Denken neben der offenbar als positiv eingeschätzten Philosophie auch entfremdende Religion entwickelt haben soll. Aber die Religionskritik hat für Marx und Engels ohnehin keine zentrale Bedeutung; sie gilt Marx – jedenfalls im Blick auf Deutschland – als »im Wesentlichen beendigt (…)«. Alles kommt darauf an zu erkennen, dass Religion zum Überbau gesellschaftlicher Verhältnisse gehört. »Das religiöse Elend ist in einem der Ausdruck des wirklichen Elendes und in einem die Protestation gegen das wirkliche Elend. Die Religion ist der Seufzer der bedrängten Kreatur (…). Sie ist das Opium des Volks.«[89] Kritik der Religion ist für Marx kein Selbstzweck, nicht einmal ein wichtiges Instrument zur Veränderung der gesellschaftlichen Verhältnisse wie später für Lenin. Es ist wohl doch etwas Richtiges gesehen, wenn Helmut Gollwitzer behauptet, Marx sei ein »›unreligiöser‹« Mensch gewesen, und ihn habe »weder religiöse noch antireligiöse Emotion« geleitet, »sondern nur das Interesse an dieser Welt und der Behebung ihrer Misere.« Von »Gemütsbewegungen« im Sinne Schleiermachers sei bei Marx und Engels nichts mehr »angeklungen«. Marx »mit seinem Desinteressement an Religion in jeder Form, auch am Kampf gegen die Religion« sei ein hervorragender Vertreter des Typus eines »areligiösen« Menschen.[90] Aus marxistischer Sicht wird die Religion, da sie nicht ursprünglich zum Menschsein gehöre, eines Tages – nach Beseitigung des entfremdenden Kapitalismus – verschwinden. Mit derart einseitigen und undifferenzierten Interpretationen gibt sich wissenschaftliche Soziologie heute nicht zufrieden.

5.4.2 Die Gesellschaft und der einzelne religiöse/areligiöse Mensch

Nach Auffassung Emile Durkheims, eines der Gründerväter der modernen Soziologie, kann sich die Gesellschaft ihrer selbst nur im gemeinsamen Handeln bewusst werden. Für ihn ist Religion eine »im wesentlichen soziale Sache«.[91] An ihr ist es, dem Individuum die Idee des Idealen nahezulegen. In der religiösen Erfahrung drücke sich »die Tiefendimension sozialen Lebens« aus.[92] Anders gewendet: Der einzelne Mensch muss, sofern er sich als Glied einer Gesellschaft begreift und verhält, nach mehr als seinem privaten Bereich fragen, also in gewisser Weise: sich transzendieren.

(a) Thomas Luckmann: Keine Gesellschaft ohne Religion
Dieser Ansatz wurde im Prinzip auch später von nicht wenigen Soziologen vertreten. Die Sozialisierung als solche bedinge »Religion«; deswegen wird es etwa nach Thomas Luckmann auch nie eine Gesellschaft ohne Religion geben. Er argumentiert freilich zirkulär, denn er definiert dabei Religion bereits von sozialen Vollzügen her. Er meint, eine interessante Verbindung von Gesellschaft und einem originellen eigenen Verständnis von »Transzendenz« entdeckt zu haben: Neben »›kleinen‹ zeitlichen und räumlichen Transzendenzen innerhalb des Alltäglichen« stehen die »›mittleren‹ Transzendenzen«, wenn nämlich etwas innerhalb des Alltäglichen nur mittelbar erfahren werden kann. Die »›großen‹ Transzendenzen« beziehen sich auf das, was nur als »Verweis auf eine andere, außeralltägliche und als solche nicht erfahrbare Wirklichkeit« erfasst wird. In den Bereich des Sozialen übersetzt, besagt das Dreistufenmodell, schon im Alltag komme es, wo die unmittelbare Gegenwart überschritten werde, zu »kleinen« Transzendenzen, während die Begegnung mit anderen Menschen, soweit sie nicht in Unmittelbarkeit vollzogen werden könne, für Luckmann eine »mittlere« Transzendenz darstellt. Die »großen« Transzendenzen zeigen sich nach seiner Ansicht dort, wo das Gesamte der Gesellschaft infrage steht.[93] Damit ist der Religion ein selbstverständlicher und legitimer Platz zugewiesen. Sie kann sich allerdings verändern, wie sich das z. B. angesichts der Subjektivierung der Gesellschaft beobachten lasse. Luckmann geht dabei von einem sehr weiten Begriff von Religion aus: Versteht man den Akt der Selbsttranszendenz, nämlich der gesellschaftlichen Selbstverwirklichung des Menschen[94], als religiös, kann Areligiosität per definitionem nicht zum Thema werden. Die Religion ist dann nicht aufgrund von bestimmten Inhalten, sondern wegen ihrer gesellschaftlichen Funktionen unersetzbar. Unterschiedliche Intensität von Religiosität kann ihre Entsprechung in mehr oder weniger starken Ausformungen gesellschaftlich verankerter Identität finden. In der modernen »Industriegesellschaft« hat sich das Verhältnis von Individuum, Gesellschaft und Religion nach Luckmann insofern

verschoben, als nicht mehr große religiöse Institutionen vorgeben, wie der einzelne seinen Ort in der Gesellschaft gewinnen und beschreiben kann. Er muss den Sinn seines Daseins nun auswählend selbst konstituieren. Religion werde so zunehmend privatisiert und damit »unsichtbar«, bleibe aber als Funktion innerhalb der Gesellschaft unaufgebbar. Die hier vorgetragene Argumentation arbeitet mit einem Begriff von »Religion«, der sich von Inhalten unabhängig gemacht hat. Sollten sich inhaltliche Bestimmungen dennoch als unumgänglich erweisen, müsste man folgern: Im Rahmen einer »neuen, nach-christlichen Säkularreligion«[95] kann neben zahllosen Formen subjektiver Religiosität auch einen Platz haben, was man im Sinn der obigen Deskription[96] als »Areligiosität« bezeichnen würde.

(b) Niklas Luhmann: Religionstheorie als Gesellschaftstheorie
Auch Niklas Luhmann, an der Funktionsweise sozialer Systeme interessiert, setzt von vornherein bei der Gesellschaft an. Er will »die anthropologische Religionstheorie der Tradition durch eine Gesellschaftstheorie ersetzen.«[97] Sofern es in der Religion um Kommunikation gehe, und zwar unter Beobachtung ihrer Selbstbeobachtung, sei »Soziologie und nicht Psychologie oder Anthropologie die eigentlich zuständige Religionswissenschaft.«[98] Luhmann konstatiert unterschiedliche gesellschaftliche Funktionssysteme; Religion sei eines davon. Er fragt: Wie funktioniert Religion und welchen Funktionsbezug hat sie? Religion ist dabei von vornherein als kommunikatives Geschehen aufgefasst. Ihre Funktionsweise lasse sich an ihrem Code ermitteln: Sie arbeite mit der Leitdifferenz von Bestimmung und Unbestimmbarkeit. Sie versuche, das Unbestimmbare zu bestimmen, z. B. durch den Begriff »Gott« als »Kontingenzformel«.[99] Die dabei sich ergebende Rede von »Sinn« könne nur selbstreferenziell verstanden werden. »Die Funktion der Religion bezieht sich auf die Bestimmbarkeit der Welt.«[100] Ihre primäre Funktion habe Religion nicht bezüglich des Einzelnen, der durchaus auf sie verzichten könne, sondern im Blick auf die Gesellschaft. Ihre Chancen erhöhen sich nach Luhmann nicht, wenn die Zahl der religiös Praktizierenden zunimmt.[101] Ihre Schwäche – häufig als »Säkularisation« bezeichnet – bestehe vielmehr ggf. in unzureichender Anpassung an

die Gesellschaft. Mit einem definitiven Funktionsverlust von Religion sei nicht zu rechnen. Indem sie alles, was geschieht, einer »transzendenten Zweitwertung« zuordne, habe sie die Möglichkeit, sich »im Kontext gesellschaftlicher Funktionsdifferenzierung als irreduzibel« zu behaupten.[102] Die Möglichkeit individueller Areligiosität beeinträchtige diese Sachlage nicht.

(c) Zivilreligion

Hier knüpfen Überlegungen zu einer »Zivilreligion« an, die an einem Grundwertekonsens festhalte.[103] Dabei wird gern das Wort des ehemaligen Richters am Bundesverfassungsgericht Ernst-Wolfgang Böckenförde zitiert, dass der freiheitliche, säkularisierte Staat von Voraussetzungen lebe, die er selbst nicht garantieren könne.[104] Die religiösen Voraussetzungen, an die dabei offenbar auch gedacht wird, liegen aber keineswegs als selbstverständlich und evident vor, zumal auch ihre naturrechtliche Begründung nicht allenthalben einleuchtet. Sie bedürfen in jedem Fall demokratischer Zustimmung und Aneignung. Insofern bleiben Religionstheorien, die die religiöse Entscheidung des einzelnen Menschen vernachlässigen zu können meinen, unbefriedigend.

5.4.3 Der einzelne religiöse/areligiöse Mensch und die Gesellschaft

Stärker vom Erleben des Einzelnen ausgehend argumentiert Hans Joas. Er arbeitet mit einem Konzept von vorreflexiver Erfahrung und mit dem Begriff der »Selbsttranszendenz«. Selbsttranszendenz vollziehe sich »im Sinne eines Herausgerissenwerdens über die Grenzen des eigenen Selbst, eines Ergriffenwerdens von etwas, das jenseits meiner selbst liegt, einer Lockerung oder Befreiung von der Fixierung auf mich selbst.«[105] Als Beispiele dienen ihm das Erleben der Natur, der Liebe oder der Selbstlosigkeit, aber auch Angst und Wahrnehmung der eigenen Endlichkeit. Er fragt: »Braucht der Mensch eine religiöse Deutung dieser Erfahrungen?«[106] Jedenfalls eröffne sich ein »Raum zwischen Erfahren und Deuten«. Religionen stellen nach Joas Deutungsmuster zur Verfügung, machen in gewisser Weise aber Erfahrungen auch erst möglich. Es kommt zu einem »Wechselspiel zwischen erlebter Situation, präreflexiver Erfahrung, individueller Artikulation und kulturellem Vorrat an Deutungsmustern.«[107] Der Mensch würde sich bestimmten Erfahrungen, die er erst aufgrund von religiöser Deutung machen kann, entziehen, wenn er hier von vornherein Skepsis walten ließe. Die Religion gehört nach dieser Auffassung jedenfalls zu einem voll entwickelten Menschsein. Soziologen, die psychologische Gesichtspunkte in ihre Erwägungen einbeziehen wie Peter L. Berger oder Joas sind nach beiden Seiten offen: Vor den Ungewissheiten der Moderne kann man zu einer Gruppe fliehen, die Glaubensgewissheit zu vermitteln verspricht, oder man sucht sein Heil in der »einen oder anderen Form von Nihilismus oder auch in einem extremen Relativismus, der entweder der Religion jeden Wahrheitsgehalt oder den Menschen die Fähigkeit abspricht, die Wahrheit auch nur andeutungsweise zu erfassen.« Auch diese Flucht habe »eine befreiende Wirkung«, so Peter L. Berger.[108] Es mag auffallen, dass der Katholik Joas das Deutungspotenzial der Religion empfiehlt, während der dem Protestantismus nahestehende Peter L. Berger auch die Areligiosität soziologisch würdigen kann.

5.4.4 Areligiosität und Religiosität als existentielle Möglichkeiten des Individuums

Für Soziologen können inhaltliche Qualifikationen von Religion/Religiosität in der Regel zunächst unbeachtet bleiben. Religion wird dann formal und funktional bestimmt, was zu unterschiedlichen Wertungen und Gewichtungen führt. Thomas Luckmann geht davon aus, dass Religion eine grundsätzliche Bedeutung für die Gesellschaft, nicht aber unbedingt für den Einzelnen hat.[109] Niklas Luhmann möchte Religion/Religiosität nicht auf »tiefliegende menschliche Bedürfnisse« zurückgeführt sehen. Bei vielen Menschen kämen sie vermutlich gar nicht vor. Im Übrigen gelte: »Wenn man Individuen empirisch ernst nimmt, kommt man mit anthropologischen Generalisierungen in Not.«[110] Die Existenz areligiöser Menschen wird vorausgesetzt, ganz unabhängig davon, ob ein gesellschaftliches System ohne Religion funktionieren kann.

(a) Max Weber: Ungleiche Verteilung religiöser Talente
Interessant ist hier noch einmal der Blick auf den Großmeister der
modernen Soziologie: Max Weber. Für Weber steht am Beginn der
Religionsgeschichte »die wichtige Erfahrungstatsache der *ungleichen*
religiösen *Qualifikation* der Menschen (…).« Nicht alle konnten
Zauberer, Asketen und Pneumatiker sein oder werden. Neben der
»›Virtuosen‹-Religiosität« stand die der »›Masse‹«.[111] War das Ideal
der Virtuosen kontemplativ, blieb es im Blick auf den Alltag ineffek-
tiv. Verstand sich aber der Virtuose als »Werkzeug Gottes« in der
Welt, ergab sich dadurch eine der Welt zugewandte Ethik. So erklär-
ten sich die Unterschiede hinsichtlich der Sozialgestalt der Religionen und ihrer ökonomischen und kulturellen Bedeutung. Für die
Entstehung des Kapitalismus sah Weber das christliche, vor allem
calvinistisch geprägte asketische Berufsethos als mitverantwortlich
an: Es habe sich aber zu einem professionellen Habitus verselbst-
ständigt, der schließlich seiner ursprünglichen religiösen Begründung nicht mehr bedurfte. Weber steht den Religionen kühl und
distanziert gegenüber. »Es gibt Idealtypen von Bordellen so gut wie
von Religionen (…).«[112] Er will die »religiös ›musikalischen‹« Menschen nicht »schelten«, wenn sie ehrlich die »Virtuosenleistung des
›Opfers des Intellekts‹ (…)« erbringen. Doch charakterisiert er seine
Zeit anhand der dieser »eigenen Rationalisierung und Intellektuali-
sierung, vor allem: Entzauberung der Welt«; nun gehe es um
»schlichte intellektuelle Rechtschaffenheit.« Religiöse Sehnsucht
führe nicht weiter. Deswegen wollen »wir (…) es anders machen: an
unsere Arbeit gehen und der ›Forderung des Tages‹ gerecht werden
– menschlich sowohl wie beruflich. Die aber ist schlicht und einfach,
wenn jemand den Dämon findet und ihm gehorcht, der *seines* Lebens Fäden hält.«[113] So nimmt es nicht Wunder, dass Weber sich zu
den »modernen, religiös ›unmusikalischen‹ Menschen« zählt, die
sich die frühere Bedeutung von Religion für sich selbst kaum noch
vorzustellen vermögen.[114]

(b) Jürgen Habermas: Erinnerung an das, was fehlt
Jürgen Habermas, der – frei nach Max Weber – sich ebenfalls als
»religiös unmusikalisch«[115] sieht, entdeckt nach seiner ursprünglich
spröde ablehnenden Haltung zunehmend positive Möglichkeiten

der Religion, ohne diese wohl als für das Menschsein konstitutiv zu bewerten.[116] Die »heiligen Schriften und religiösen Überlieferungen« enthielten als über Jahrtausende wach gehaltene »Intuitionen von Verfehlung und Erlösung« tatsächlich »hinreichend differenzierte Ausdrucksmöglichkeiten und Sensibilitäten für verfehltes Leben, für gesellschaftliche Pathologien, für das Misslingen individueller Lebensentwürfe und die Deformation entstellter Lebenszusammenhänge«.[117] Es gelte, die hier versammelten Einsichten »im Schmelztiegel begründender Diskurse aus ihrer ursprünglich dogmatischen Verkapselung freizusetzen«. Auf diese Weise könnten sie »eine inspirierende Kraft für die ganze Gesellschaft entfalten«.[118] Habermas nimmt zunehmend zur Kenntnis, dass es religiöse Menschen gibt und dass die religiösen Traditionen der Menschheit zu beachten sinnvoll sein kann, ohne sich ihnen wirklich zu öffnen oder gar zuzuwenden. Er vermag Religion insofern zu würdigen, als »beide Modi, Glaube und Wissen (…) zur Entstehungsgeschichte der säkularen Vernunft« gehören; er vermutet den »gemeinsamen Ursprung von Philosophie und Religion« in der »Weltbildrevolution der Achsenzeit«.[119] Er weist der Religion, mit der auch in der postsäkularen Gesellschaft gerechnet werden müsse, durchaus einen Ort zu: Sie könne zu sozial fruchtbarem Handeln motivieren; die praktische Vernunft halte in ihr das »Bewusstsein« für das offen, »was fehlt«.[120]

(c) Methodologische Probleme
Monika Wohlrab-Sahr macht auf methodologische Schwierigkeiten aufmerksam und diskutiert, wieso »Religionslosigkeit religionssoziologisch so schwer zu fassen ist«. Sie spricht von der »Leerstelle« (Günter de Bruyn), die bei Menschen (sie blickt auf Ostdeutschland) an den Platz von Religion getreten sei. Doch erst wenn diese Leerstelle entschlossen immanent ausgefüllt, wenn das »Moment von Unbestimmbarkeit systematisch beseitigt« wird, könne man im eigentlichen Sinn von »Religionslosigkeit« sprechen. Um darüber Klarheit zu gewinnen, bedürfe es aber eines verfeinerten soziologischen Instrumentariums.[121]

Damit scheint klar: Soziologisch gesehen, sind weder Religiosität noch Areligiosität auszuschließen. Was es für die Gesellschaft bedeuten könnte, wenn sie mehrheitlich oder gar allein durch areligiöse, religiös nicht ansprechbare Menschen bestimmt wäre, wird bislang allerdings kaum reflektiert.

Somit zeigt sich: Religionslosigkeit scheint mehr und mehr für viele Menschen die Normalität darzustellen, ist aber gleichwohl schwer zu greifen und zu würdigen. Religion und Religiosität bleiben möglich. Jedenfalls heute scheinen beide, Religiosität wie Areligiosität, genuine Möglichkeiten des Menschseins darzustellen. Soziologisch gesehen darf keiner der beiden Seiten die Legitimität abgesprochen werden.

5.5 Die Tragweite empirischer Untersuchungen zur Religiosität

5.5.1 Kein Nachweis für ein »religiöses Apriori«

Mustert man die empirisch orientierten Ansätze durch, so zeigt sich: Weder psychosomatische noch an Evolution und Religionsgeschichte gewonnene Gesichtspunkte, weder Religionspsychologie noch Soziologie können wahrscheinlich machen oder gar nachweisen, dass Religion und Religiosität konstitutiv zum Menschsein gehören. Religiöses Verhalten ist zweifellos durch psychosomatische Daten und Prozesse mitbedingt; es kann sich andererseits nachweislich auch auf sie auswirken. Es lässt sich jedoch nicht zeigen, dass die psychosomatische Konstitution des Menschen das Entstehen von Religiosität nach sich ziehen muss. Die journalistisch ausgebeutete Rede von einem »Godspot« oder »Gottesmodul« hat hier viel Verwirrung ausgelöst. Tatsächlich lässt sich im menschlichen Gehirn ein Modul nachweisen, das dem Menschen ermöglicht, »religiös« zu empfinden und beispielsweise ozeanische Gefühle zu entwickeln. Ob dies zu transzendenzbezogener Religion führen muss oder gar ein Einfallstor von Transzendenz darstellt, ist mit dem physiologischen bzw. psychosomatischen Tatbestand als solchem keineswegs gesagt. Selbst wenn man dem Vorschlag folgt, Ansätze von Kognition schon physiologisch anzusiedeln, muss es sich nicht um zu Religion tendierende »Creditionen« handeln.

Auch der Blick auf die Evolution führt nicht zu einer eindeutigen Klärung. Paläontologische Funde sind in hohem Maße interpretationsbedürftig. Die Frage, ob Religion für den Menschen einen Selektionsvorteil dargestellt hat oder ob sie als ein Nebenprodukt der Evolution entstanden ist, lässt sich nicht klären. Selbst wenn sie mit »Vorteilen« zu tun haben sollte, ist nicht auszuschließen, dass sich dieser Vorteil irgendwann als Nachteil auswirken wird oder bereits ausgewirkt hat. Verfolgt man das Werden des homo sapiens sapiens bis in prähominide Stadien zurück, so zeigt sich, dass vorreligiöse Verhaltensformen schon dort auftauchen, z. B. Gesten des Trauerns oder der Vergemeinschaftung. Sie müssen jedoch keineswegs religiös gedeutet werden. Das heißt, dass entsprechendes Verhalten bei Menschen – Trauer und an sie anschließende Bestattung, Demuts- und Bittgesten – keineswegs notwendig mit Religion zu tun haben, sondern schlicht dazu dienen konnten, eine jeweilige Gemütsverfassung zum Ausdruck zu bringen. Opferriten beispielsweise sind auch im Sinne eines Nachvollzugs der Abfolge der Jahreszeiten oder des Wechsels von Tag und Nacht zu verstehen. Eine religiöse Deutung liegt nahe; aber als religiös gedeutete Phänomene lassen sich auch ohne die Zuhilfenahme religiöser Kategorien interpretieren.

Besonders deutlich zeigt sich die Ambiguität der Sachlage in Psychologie und Religionspsychologie. Dass Religion und Religiosität positive wie negative Auswirkungen haben können, ist offensichtlich. Die Realitätsdistanz, die von Religion vermittelt wird, vermag zu entlasten, aber auch zu Entfremdung zu führen. Der Schritt in die bewusste Religionslosigkeit kann ebenso wie der mit Freuden vollzogene Eintritt in eine Religionsgemeinschaft als Befreiung erlebt werden. Die psychosomatischen Gegebenheiten stellen die Voraussetzungen, sozusagen den Humus, bereit, auf dem Religion wie Religionslosigkeit gedeihen können. Bei Menschen mit ererbter, selbstverständlicher und somit unbewusster Areligiosität wird der Humus-Boden gleichsam nicht bestellt.

Zwar gehen Soziologen davon aus, dass Gesellschaften als Kommunikationssysteme gemeinsamer Riten und einer ihre Mitglieder sammelnden Orientierung bedürfen. Der Einzelne transzendiert durch seine gesellschaftliche Existenz sich selbst als Individuum.

Doch hat das als solches noch nichts mit einem die Immanenz durchbrechenden Transzendieren zu tun. Denkbar ist eine »civil religion«, deren Ausgangspunkt und Zielvorgabe durchaus in der Immanenz verbleiben. Sie kann dem Menschen dienlich sein, aber auch zu seiner Entfremdung beitragen. Das Verhältnis von Zivilreligion und pseudoreligiösen politischen Systemen wie dem Faschismus oder dem Marxismus ist noch nicht ausreichend erforscht. Wie auch immer sich eine Gesellschaft geriert, dem Einzelnen bleibt – ggf. unter Inkaufnahme von Benachteiligung – die Möglichkeit, sich einer religiösen Tradition anzuschließen, Atheist zu werden oder im Stadium einer nicht nach Religion fragenden Areligiosität zu verharren.

5.5.2 Die theologische Herausforderung

Christliche Theologie ist daher schlecht beraten, wenn sie nur die Zeugnisse gelebter transzendenzbezogener Religiosität und nicht auch die Bekenntnisse von areligiösen Menschen und bewussten Atheisten ernst nimmt. Es gibt zu viele Menschen, die zu erkennen geben, dass weder Atheismus noch Religion für sie ein Thema ist. Es hat nicht nur keinen Sinn, einen Partner, mit dem man zu tun haben möchte, gegen sein Selbstverständnis zu interpretieren, als kennte man ihn besser als dieser sich selbst. Es verletzt auch seine Würde. Die Andersheit des anderen will gerade auch aus theologischen Gründen anerkannt sein.

Für christliche Kirchen (wie auch für einzelne Christen und Christinnen), die sich von der Lebenskraft des Evangeliums getragen wissen und sie auch anderen Menschen nahebringen und erschließen wollen, stellt sich somit die Frage: Werden areligiöse Menschen trotz dieser Andersheit die christliche Botschaft in deren traditionell religiöser Einkleidung je verstehen können? Müssen Areligiöse erst religiös sensibel werden, erst Religion und Religiosität als interessant und attraktiv wahrzunehmen lernen, bevor sie gläubige Christen werden können? Ist es denkbar, dass sie dem Ruf Jesu folgen, ohne gerade ihre Andersheit zu verlieren? Darüber hinaus: Müssen sie, wenn sie die befreiende Kraft des Evangeliums erfahren wollen, Mitglied einer christlichen Konfessionsgemeinschaft werden, um auf diese Weise einen existenziellen Kontakt mit der Botschaft Jesu zu gewinnen und aufrecht zu erhalten? Ist ihnen das aber bei ihrer Prägung oder auch angesichts von Mitgliedschafts-Regelungen in den Kirchen überhaupt möglich?

B Religionstranszendenter Glaube als Antwort auf Religions- und Konfessionslosigkeit

1 Diskursfelder

1.1 Die neue Situation

Wenn die im ersten Hauptteil unserer Untersuchung zusammengetragenen Beobachtungen zutreffen und wenn sich in ihnen das Heraufkommen einer neuen Stufe menschlicher Selbstwahrnehmung abzeichnen sollte, ist nun zu fragen, welche Konsequenzen sich daraus für das Selbstverständnis und das Handeln der Kirche ergeben. Gewiss wird es noch auf lange Zeit, gegebenenfalls sogar für immer, auch religiös ansprechbare und entsprechend engagierte Menschen geben. Die Kirche wird ihnen die Botschaft des Evangeliums möglicherweise auf traditionell religiöse Weise vermitteln können. Selbst innerhalb eines Lebenslaufs ist ein Wechsel von Areligiosität zu Religiosität ja durchaus denkbar. Doch dürfte es nicht mehr ausreichen, allein auf ein vorgefasstes Bild traditionell verstandener Religiosität zu setzen. Vielleicht ist gerade protestantische Theologie und Kirche aufgrund ihrer traditionellen Skepsis gegenüber »Religiosität« dazu aufgefordert, sich auf das Experiment einer nicht an Religiosität gebundenen Verkündigung einzulassen. Sie würde dann den Mut haben, den Schritt einer möglichen, wenn nicht sogar wahrscheinlichen religionsgeschichtlichen Entwicklung mitzugehen und das Evangelium für eine areligiöse Welt neu zu erschließen. Die Leitfrage evangelischer Theologie und Kirche lautete daher nicht: Wie kann ein Mensch oder eine Kultur christlich oder gar (im konfessionellen Sinn) evangelisch werden, sondern: Wie wird Christus so verkündigt, dass er auch unter areligiösen Menschen und unter der Vorgegebenheit einer areligiös bestimmten Kultur Nachfolge findet?

1.2 Die neuen Fragen

Doch stellt sich als erstes die Frage: Konfessionsfrei oder gar religionslos Christ sein – ist das unter den Voraussetzungen des christlichen Bekenntnisses überhaupt denkbar? Dietrich Bonhoeffer mit seinem Programm einer »nichtreligiösen Interpretation biblischer Begriffe« kommt einem dabei sogleich in den Sinn. Er verdient unter der Perspektive der seither eingetretenen Umstände in der Tat eine aufmerksame Relecture. Sodann ergeben sich verschiedene Diskursbereiche, die theologisch zu bedenken sind. Zunächst wäre das Problem der religiösen Sprache zu untersuchen. Es ist nicht zu erwarten, dass Menschen, denen das Evangelium als Lebens-Chance nahegebracht werden soll, bereit sind, sich erst einmal religiöses Vokabular anzueignen und religiöse Gefühle in sich zu entwickeln. Dies macht die Bemühung um eine eine doppelte Aufgabe notwendig: Die noch unter der religiösen Phase der religionsgeschichtlichen Entwicklung entstandenen Texte, aber auch Gesten und Verhaltensweisen müssen dahingehend entschlüsselt werden, dass sie am Evangelium interessierte Menschen nicht abschrecken. Es gibt vielerlei sprachtheoretische Untersuchungen, aber oft fehlt deren Auswertung im Blick auf den konkreten Umgang mit religiöser Sprache. Andererseits müssen die Möglichkeiten nichtreligiöser Sprache für die Verkündigung ausgelotet werden. Jedenfalls darf die Kirche sich nicht ausschließlich an religiös geprägten Menschen orientieren oder nur an irgendwelche religiöse Traditionsreste anzuknüpfen suchen. Sie muss mehrsprachig werden!

In einem konfessionsfreien areligiösen Umfeld wandelt sich die Bedeutung von Bekennen und Bekenntnis – und damit auch von Konfession und Kirche. Die sprachliche Form wie auch der Inhalt traditioneller christlicher Bekenntnisse ist zu überprüfen. Konfessionelle Profile verblassen und müssen neu geschnitten werden. Die traditionelle Ekklesiologie reicht für eine areligiöse Umgebung nicht mehr aus. Weder die an der Volkskirche orientierte evangelische

Ekklesiologie noch der auf »Weltkirche« hin sich programmierende Katholizismus noch auch fundamentalistisch-charismatische Ansätze bieten befriedigende Lösungen an. Fragen der Mitgliedschaft brechen auf. Sind Modelle einer differenzierten Mitgliedschaft oder eines »multiple belonging« zu entwickeln? Dabei geht es nicht allein um das Wort, durch das sich die Kirche in ihren religiösen bzw. areligiösen Kontexten verständlich zu machen sucht, sondern ebenso um alles, was mit nonverbaler Verkündigung zusammenhängt. Das beginnt mit der Frage nach den Sakramenten und endet mit dem Problem des Lebensstils von einzelnen Christen und ganzen Gemeinden. Riten müssen auf ihre Verwendbarkeit hin überprüft und ggf. verändert werden. Probleme der Zulassung und der Legitimation sind neu zu diskutieren.

Damit verbindet sich schließlich die Frage nach dem konkreten Handeln der Kirche und aller, die sich für sie engagieren. Worin bestehen die theologischen und auch die soziologischen Leitperspektiven ihres Agierens? Worin kann sie inmitten einer teils religiösen, teils areligiösen Gesellschaft hilfreich werden? Was heißt das für ihre Liturgie, für ihre Mission?

Wie steht es – dahin münden alle Überlegungen der hier vorgetragenen Untersuchung – um die Möglichkeiten eines religionstranszendenten Christentums?

2 Konfessionsfrei religionslos Christ sein?

Kann man, ohne einer Konfession anzugehören und ohne sich für Religion zu interessieren, Christ sein? Je nachdem, wer da fragt und wer da antwortet, wird die Antwort verschieden ausfallen. Der Philosoph Karl Jaspers urteilt:»Ein Theologe mag verachtend sagen: wer die Bibel liest, ist noch kein Christ. Ich antworte: niemand und keine Instanz weiß, wer ein Christ ist; wir sind alle Christen (biblisch glaubende Menschen), und jedem ist es zuzubilligen, der Christ zu sein behauptet. Wir brauchen uns nicht hinauswerfen zu lassen aus dem Hause, das seit einem Jahrtausend das unserer Väter ist. Es kommt darauf an, wie einer die Bibel liest und was dadurch aus ihm wird … In der Welt soll als Christ gelten, wer sich dafür hält.«[1] Kann man aus innerkonfessioneller Perspektive ihm diese Aussage abnehmen oder muss man sich auf die Seite der nach seiner Meinung »verachtenden Theologen« schlagen?

Die Frage enthält mehr Probleme, als man zunächst vermuten möchte. Denn es ist tatsächlich schwierig zu klären, was unter »Christsein« zu verstehen ist. Was meint »Christ sein«? Wenn mir gelegentlich jemand die Frage gestellt hat »Bist du/sind Sie ein Christ?«, hat das in mir ein Unbehagen ausgelöst. Kann ich mich ohne Weiteres als Christen bezeichnen – und wenn ja, mit welchem Recht? »Christsein« ist ein anspruchsvoller Begriff, und wer ihn ernst nimmt, wird davon ausgehen, dass er sich ihm nur annähern kann. Einer meiner Freunde bezeichnet sich als »Möchtegernchristen«. Es kommt darauf an, wer hier fragt und was er wohl wissen will. Ein Religionssoziologe fragt vermutlich nur nach meiner Kirchenzugehörigkeit. Ein Muslim aber möchte vielleicht wissen, ob ich tatsächlich an einen dreieinen Gott glaube und ob ich es ernst damit meine. Ein christlicher pietistischer Gesprächspartner will sich möglicherweise vergewissern, ob ich eine Beziehung zu meinem Herrn Jesus Christus habe. Ein Dogmatiker stellt mir wohl gar nicht erst die Frage, sondern er erklärt mir, was an Theorie und Praxis zum Christsein gehört. Die Evangelische Kirche in Deutschland hat gelegentlich Beschreibungen von »Christ werden/Christ bleiben«[2] oder »Christsein gestalten«[3] vorgelegt. Dort wird eher phänomeno-

logisch vorgegangen und geschildert, welche Haltungen und Mei-
nungen bei Christen anzutreffen sind: »Christen vertrauen auf Gottes vergebendes Wort (…)«, »Christen erwarten das Reich Gottes
(…)«, »Christen sind von gottlosen Bindungen befreit (…)«, fallen
aber auch in Anfechtung und stoßen an ihre Grenzen.[4] Oder es werden Strukturen der Kirchenbeziehung skizziert.[5]

Hans Küng hat in seinem groß angelegten Werk über Christsein
einen tapferen und diskussionswürdigen Definitionsversuch gemacht.
»Wer ist Christ?

1. Christ ist nicht einfach der Mensch, der human oder auch sozial
   oder gar religiös zu leben versucht. Christ ist vielmehr nur der,
   der seine Menschlichkeit, Gesellschaftlichkeit und Religiosität von
   Christus her zu leben versucht.
2. Das unterscheidend Christliche ist der Christus Jesus selbst.
3. Christ sein bedeutet: in der Nachfolge Jesu Christi in der Welt von
   heute wahrhaft menschlich leben, handeln, leiden und sterben
   – in Glück und Unglück, Leben und Tod gehalten von Gott und
   hilfreich den Menschen.«[6]

Das scheint eine glasklare Definition zu sein, aber bei näherem Zusehen erweist auch sie sich als erweiterungsbedürftig. Denn sie gibt
keine Auskunft darüber, wie ein Christ zu der damit beschriebenen
Haltung kommt, wie er denn »von Chrisus her« leben kann und was
das eigentlich heißen soll. Gewiss, es folgen viele weitere Thesen,
aber es wird zunächst einmal suggeriert, man könne als einzelner
Glaubender Christ/Christin sein (oder eben nicht). Wenn »von
Christus her« nicht als mystisches Erleben verstanden werden oder
gar zu einer Leerformel verkommen soll, muss mehr gesagt werden.
Hans Küng steht in Spannung zu seiner Kirche und äußert sich daher fast reformatorisch. Christen kennen Jesus Christus als ihren
einzigen Trost im Leben und im Sterben. Ein Christ/eine Christin
weiß, dass im Tod jeder einzelne gefordert ist, wie es Luther seinen
Hörern und Hörerinnen in seiner berühmten ersten Invokavit-Pre-
digt 1522 eingeschärft hat.[7] Christ sein ist eine höchst individuelle
Angelegenheit, und doch wird, wer sich als Christ versteht, merken,
dass er nicht ohne Kontakt zu anderen Christenmenschen seinen

Glauben leben kann. Er ist abhängig von Christen und Christinnen, die vor ihm gelebt haben und ihm die Möglichkeit, »von Christus her« zu leben, nahe gebracht haben. Er wird dankbar sein für Menschen, die mit ihm zusammen fragen, was das eigentlich bedeutet. Es gibt kein Christsein ohne Bezug zu Christus *und* zu denen, die ihrerseits in einem Bezug zu Christus stehen und darin zu leben versuchen. Christ sein heißt, in irgendeiner Weise in der Gemeinschaft von Christen leben. Wie diese Gemeinschaft aussieht und sich organisiert, ist ein andere Frage. Muss es eine Konfession sein? Muss es in ihr um religiöse Formen und Riten gehen? Das ist zu prüfen. Aber dass diese Gemeinschaft – und wenn es nur eine virtuelle wäre – in der Tradition eines Lebens »von Christus her« zu stehen hat, ist klar. Damit erweist sich auch der Bezug zur Heiligen Schrift für Christen als Selbstverständlichkeit. Es gibt keinen eigenen Glauben, der nicht geteilter Glaube wäre. Individuation und Sozialisation sind gerade in Glaubensdingen nicht zu trennen. Das gilt für jeden Menschen, religionsübergreifend. Es gilt für religiöse Individuation und Sozialisation im besonderen, weil Religion die Identität eines Menschen in besonderer Weise begründen und ausrichten kann. Im Christsein wird dies auf eine spezifische Weise erfahren. Es wird daher für Christen immer um beides gehen: um das Bekenntnis zu Christus und damit auch zur Gemeinschaft der Christen. Das spiegelt sich in der doppelten Bedeutung des Begriffs Konfession: »confessio« als Bekenntnis zu Christus und »Konfession« als eine durch dieses Bekenntnis charakterisierte Gemeinschaft.

Wenn die Frage, ob konfessionsfreies Christsein möglich ist, von Menschen gestellt wird, die ihre Konfession bzw. die verfasste Kirche verlassen wollen oder schon verlassen haben, ist es wahrscheinlich eine rhetorische Frage, die ihre Beantwortung schon voraussetzt. Sie stellt sich aber als echte Frage für Menschen, die sich dem Christentum in irgendeiner Weise verbunden fühlen, aber nicht zur Kirche gehören und es auch nicht als nötig ansehen, in sie einzutreten bzw. sich taufen zu lassen. Für traditionelle, »konfessionsgebundene« Christen ergeben sich damit folgende Fragen:

- Was an Christsein ist außerhalb und unabhängig von der konfessionellen Gestalt christlicher Lebenshaltung lebendig?
- Inwieweit ist die konfessionelle Gestalt von Christsein für das Christsein konstitutiv?
- Inwieweit und in welchen Punkten ist die konfessionelle Gestalt von Christsein für »konfessionsgebundene« Christen verpflichtend?
- In welchem Verhältnis zu einander stehen konfessionsgebundenes und – falls es das geben sollte – konfessionsfreies Christsein?

Christsein realisiert sich im traditionell christlich geprägten Raum wesentlich in der Gestalt der Konfession. Die Konfession wiederum artikuliert sich wesentlich religiös. Religion aber ist gesellschaftlich höchst umstritten. Es gibt gute Gründe, der Religion gegenüber kritisch zu sein oder aber sie gänzlich abzulehnen. Ist damit automatisch auch die Frage nach der Möglichkeit, Christ zu sein, bereits erledigt? Es gilt, im Folgenden zwei Fragestellungen nachzugehen: Christsein konfessionsfrei? Christsein religionslos? Wie könnte das aussehen?

2.1 Christ sein – konfessionell oder konfessionsfrei?

Der Begriff »Konfession« hat, wie erwähnt, eine doppelte Bedeutung. Er bezieht sich heute auf eine Gemeinschaft, eine bestimmte Konfession, ist aber ursprünglich gewonnen von dem Bekenntnis, das in dieser Gemeinschaft gelten soll und das die in ihr lebenden Menschen miteinander verbindet. Konfessionslosigkeit oder -freiheit kann sich auf beides beziehen, auf den Gemeinschaftsaspekt oder auf den Bekenntnisstand. Idealtypisch fällt beides zusammen, aber es kommt nicht immer zu einer vollen Übereinstimmung zwischen beidem. In der Gegenwart ist jedenfalls offensichtlich, dass man einer Konfession angehören kann, ohne ihr Bekenntnis wirklich zu teilen. Kann man aber das Bekenntnis teilen, ohne in irgendeiner Weise an der Gemeinschaft zu partizipieren?

2.1.1 Christ sein innerhalb einer institutionellen konfessionellen Gemeinschaft

Auf den ersten Blick scheint es möglich, Christ zu sein, ohne einer Konfession anzugehören, sofern man nämlich den Glauben als eine allgemeine Weltanschauung oder als eine vor allem ethische Option ansieht. Viele Studien weisen darauf hin, dass es hinsichtlich der »Moral« zwischen konfessionslosen und konfessionsgebundenen Menschen kaum Unterschiede gibt. Konfessionsfreie selbst vertreten die Auffassung, dass ihre Moral keineswegs schlechter sei als die der Christen, ja im Grunde höherstehend, weil sie nicht fremdbestimmt, sondern um des Menschen selbst willen gelebt werde. Man könne sogar mit Gewinn sich mit der christlichen Tradition beschäftigen, etwa im Sinn des Zitats von Karl Jaspers, und dies keineswegs nur unter ethischer Perspektive. Christ sein kann als kulturelles Phänomen begriffen werden.

Versteht man Christsein aber im Sinne von Hans Küng als ein Leben »von Christus her«, »gehalten von Gott und hilfreich den Menschen«, so scheint es inkonsequent, die Gemeinschaft mit Menschen, die in einer ähnlichen Christusbeziehung leben, zu scheuen oder gar zu verweigern. Theologisch gesehen würde man ohnehin einen Schritt weitergehen und argumentieren: In einem Leben »von Christus her« ist Christus selbst am Werk, das Leben von Christus her ist Leben in seiner Gemeinschaft, in der Gemeinschaft des Leibes Christi, so dass sich dem noch Außenstehenden die Frage aufdrängen müsste: Was hindert mich daran, dass ich mich anschließe, dass ich mich taufen lasse? (vgl. Apg 8,36) Ohne Gemeinschaft statuiere ich kein Christentum, hat Zinzendorff einst formuliert, und das ist gut begründet: Christ sein ist angewiesen auf das gegenseitige Zeugnis, auf »mutuum colloquium« und die »consolatio fratrum« (sc. et sororum), auf den wechselseitigen Austausch und die geschwisterliche gegenseitige Ermutigung.[8] Es lebt von der Erfahrung eines gemeinsamen Wegs, gemeinsamen Kämpfens und gemeinsamen Engagements. Wenn dem so ist, kann es konfessionsloses, außerhalb einer konfessionellen Gemeinschaft lebendiges Christsein allenfalls im Anfangsstadium des Christwerdens geben. So etwa sieht die traditionelle, aus innerkonfessioneller Perspektive gewonnene

Antwort aus. Wie es dabei inhaltlich mit dem Bekenntnis steht, ist eine andere Frage.

2.1.2 Christ sein innerhalb einer Bekenntnisgemeinschaft

Christen und Christinnen, die etwa in Europa in einer der großen dort vertretenen Kirchen leben, werden sich heute mehrheitlich kaum als »konfessionell gebunden« vorkommen. Es mag sein, dass sich Katholiken, deren konfessionelle Bindung in der Regel stärker ist als die der Protestanten, primär als Katholiken fühlen bzw. »katholisch sein« und »Christ sein« in eins setzen.[9] Es mag auch sein, dass Mitglieder evangelischer Freikirchen sich ihrer Kirche und deren Grundsätzen in besonderer Weise verpflichtet fühlen. Doch ist der Begriff »konfessions*gebunden*« eher ein Begriff, der den mit einer Kirche verbundenen Christen von außen beigelegt wird, wie umgekehrt der Begriff »konfessions*los*« vonseiten der Kirchen und der traditionell ausgerichteten Gesellschaft denen beigelegt wird, die sich selbst als »konfessions*frei*« fühlen.

Trotzdem kann man fragen, wie es mit einer Bindung hinsichtlich des inhaltlichen Bekenntnisses steht.

(a) Zeugnis und Abgrenzung
Dazu sind ein paar geschichtliche Hinweise hilfreich. Sowohl der Bekenntnisbegriff als auch der Bekenntnisinhalt hat sich ja im Lauf der Geschichte des Christentums gewandelt. Der im Neuen Testament verwendete Begriff *homologein* hat einen breiten Verwendungsspielraum – »zustimmen«, »anerkennen«, »bejahen«, »preisen«, »bezeugen« – und steht dabei nahe bei *martyrein* »bezeugen«, »Zeugnis ablegen«. Es geht dabei um ein ganzheitliches, gegebenenfalls auch sich abgrenzendes, wesentlich auf Jesus als den Christus bezogenes Bekenntnis.[10] Das Moment der Abgrenzung hat sich in der Reformationszeit verschärft, womit der Begriff »confiteri« notwendig eine intellektualistische Zuspitzung erhalten hat (in den lutherischen Bekenntnisschriften noch aufgefangen durch die Trias »glauben, lehren und bekennen«). Im Konfessionalismus des 19. Jahrhunderts dürfte sich diese Tendenz verstärkt haben. Die Auseinandersetzung mit dem Nationalsozialismus im 20. Jahrhundert

schien die Notwendigkeit eines klar formulierten und individuell akzeptierten Bekenntnisses zu bestätigen; nicht nur die Barmer Theologische Erklärung war die Folge, sondern auch die liturgische Gepflogenheit, dass seither die gesamte Gemeinde das Apostolikum spricht, zu dem heute viele Menschen keinen Zugang haben und das sie eher vom Christentum abzuhalten droht.

(b) Bekenntnis und persönlicher Glaube

Spätestens seit der Aufklärung hatte sich die Spannung zwischen »offiziellem« Bekenntnis und persönlichem Glauben gezeigt. Als symptomatisch kann die Haltung Schleiermachers gelten, der der ersten seiner Predigten zur Feier der Übergabe der Confessio Augustana die Überschrift gibt: »Warnung vor selbstverschuldeter Knechtschaft«. Er argumentiert: Luther habe die christliche Freiheit voll in Anspruch genommen. Hätte die römische Kirche das Augsburgische Bekenntnis akzeptiert, wie sie es denn auch sonst viel geschluckt habe, so wären wir weiterhin »gebunden geblieben, und unter vielen Fesseln hätte der forschende Geist geseufzt.« Mitten im Prosa-Text der Predigt bricht er in eine Doxologie aus: »Dank und Preis gebührt Gott, dass er es so geschickt hat und nicht anders.« (III, 30). Nie solle es dahin kommen, dass Katholiken sagen können, dass auch die Protestanten Gehorsam fordern (III, 33). Wehe, wenn eine Rückkehr drohte »in jene Zeit der Unmündigkeit« (III, 44). Es gelte die Macht der Buchstaben zu brechen, dem Geist Raum zu geben und konstruktiv zu streiten.[11]

Eine Neuauflage des Problems stellte dann der Apostolikumsstreit dar. Insbesondere die Aussagen »geboren von der Jungfrau Maria, empfangen durch den heiligen Geist, niedergefahren zur Hölle« schienen für viele Menschen unnachvollziehbar geworden. Konservative Kreise – mit politischer Unterstützung – hielten dagegen. Symptomatisch mag das Votum des um Rat gebetenen Adolf von Harnack erscheinen: Es zieme der evangelischen Kirche, ein neues Bekenntnis zu formulieren, aber solange sie nicht die geistliche Kraft dazu habe, müsse das alte Symbol genügen. Problematisch aber sei dessen obligatorischer liturgischer Gebrauch. Ein gebildeter Christ wisse im Übrigen ohnehin, dass die wörtliche Anerkennung »nicht die Probe christlicher und theologischer Reife« sein kann.[12]

(c) Bibel und Bekenntnis

Ein bindendes fixiertes christliches Bekenntnis kann aus heutiger Sicht schon deswegen als eine unsachgemäße Vorstellung gelten, weil die Bibel selbst vielfältige und nicht auf eine einzige Formel reduzierbare Bekenntnisse enthält. Insofern urteilt die Reformation sachgemäß, wenn sie formulierte Bekenntnisse dem kritischen Maßstab der Heiligen Schrift und deren innerer Mitte unterordnet. Aus Gründen, die sich aus dem Selbstverständnis des christlichen Glaubens ergeben, verbietet sich eine Selbstfixierung: Christen glauben ja nicht an einen toten Text oder an ausschließlich in der Vergangenheit liegende Fakten, sondern an den lebendigen Gott, dessen Wirken sie auch für Gegenwart und Zukunft erwarten. Schon deswegen muss christliches Bekenntnis immer unabgeschlossen sein. Die glaubende Gemeinde wird immer neu versuchen, mit neuem Bekennen zu reagieren, und dazu gibt es ja auch gerade in der Neuzeit viele Beispiele. Eher von einem situativen Sich-Binden als von einem starren doktrinären Gebundensein wird daher sinnvollerweise die Rede sein.

(d) Bekenntnis und Kirchenordnung

Müssen aber nicht wenigstens die Amtsträger einer Kirche »konfessionell gebunden« sein? Wie steht es im evangelischen Raum mit der Ordinationsverpflichtung, bei den Katholiken mit der seit einiger Zeit geforderten Professio und dem Gehorsamsversprechen gegenüber dem Bischof? Als Kandidaten für das geistliche Amt – vor Jahrzehnten – mussten wir in der bayerischen Landeskirche schriftlich unsere Stellung zu den lutherischen Bekenntnisschriften erläutern, und ich erinnere mich genau an das Widerstandsgefühl, das sich damals in mir geregt hat. Andererseits scheint es klar, dass Amtsträger der Kirchen gehalten sind, ihre Gemeinden konfessionell auszurichten durch bestimmte kirchliche Ordnungen, durch liturgische Vorschriften und den entsprechenden Unterricht. Die Taufe gilt als Integrationsakt in die Kirche Jesu Christi, aber faktisch führt sie in eine konkrete Konfession hinein, die wiederum von anderen Konfessionen möglicherweise gar nicht voll anerkannt wird.[13] Mindestens die Amtsträger einer Kirche müssen offenbar hinsichtlich ihres Bekenntnisses »konfessionell« Christen sein! Wie weit oder eng diese Bindung zu fassen ist, hängt somit nicht nur vom Gewissen des einzelnen, sondern auch von der Stellung bzw. Funktion ab, die ein Christ in seiner Kirche innehat. Wer im Auftrag der Kirche in irgendeiner Weise seine Kirche offiziell vertritt, muss ihr angehören und – so würde ich urteilen – den in ihr herrschenden »magnus consensus« nicht in allen Einzelheiten, aber doch in seinen Grundzügen teilen. Er wird vielleicht Lebensphasen haben, in denen er ihn nicht teilen kann. Dann soll er das Bekenntnis seiner Kirche wenigstens referieren und seine abweichende eigene Sicht als solche kennzeichnen und einbringen. Wer zur Kirche gehört oder gehören will, aber ihr derzeitiges Bekenntnis nicht nachvollziehen kann, ist gehalten, sich mit dessen traditionellem Verständnis aktiv auseinanderzusetzen. Die selbst in den evangelischen Kirchen ggf. für Ordinierte vorgesehenen Disziplinar-Verfahren halte ich für höchst problematisch.[14] Leicht scheinen hier nichttheologische Faktoren ins Spiel zu kommen, ohne dass geklärt wäre, inwieweit es nicht doch ein Christentum geben kann, das sich nicht in fixierten Bekenntnissen äußert. Wer sich dezidiert gegen die Kirche und die in ihr geltende Grundüberzeugung wendet, wird seine Zughörigkeit ehrlicherweise von sich aus aufkündigen. Wenn er es nicht tut, sollten ihm Tätigkeitsbereiche eingeräumt werden, die nicht mit dem Bekenntnis in konstitutivem Zusammenhang stehen.

2.1.3 Konfessionsfreies Christentum

Die Idee eines konfessionsfreien Christentums verdankt sich unterschiedlichen Quellen. Im angelsächsischen Raum, der eher Denominationen als Konfessionen kennt, entstanden Gruppierungen, die auf ein Bekenntnis regelrecht verzichten konnten; so z. B. die Quäker, die Church of the Brethren oder die Disciples of Christ, die sich u. a. schlicht »Christians« nennen. Ausgehend von einer pietistisch geprägten Direkt-Beziehung zum Herrn der Kirche oder mit Bezug auf den Heiligen Geist scheint ihnen ein schriftlich formuliertes Bekenntnis unnötig.

(a) Kulturprotestantismus und religiöser Sozialismus
In Europa sind es die Aufklärung und letztlich die liberale Theologie, die sich für eine Entkonfessionalisierung des Christentums eingesetzt haben. Dahinter stand freilich eine bestimmte kirchenkritische Option, nämlich die des Kulturprotestantismus. In einem Beitrag über »Christentum ohne Christusglaube« hat Reinhold Bernhardt diese Entwicklung nachgezeichnet.[15] Herausragender Vertreter war Richard Rothe, der zwischen Kirche und Christentum unterschied und dieses »als Inbegriff der von Jesus Christus ausgegangenen und fort und fort ausgehenden Wirkungen« verstand.[16] Bernhardt kommentiert: Entkirchlichung war für Rothe »nicht ein zu beklagendes, sondern ein zu begrüßendes providentielles Phänomen.«[17] Rothe dachte dabei offenbar an eine von Christus inspirierte, nunmehr mit einem religiösen Aprori sich verbindende natürliche Sittlichkeit, die auf den bewussten Bezug zu Christus verzichten kann. Martin Rade, der ihm radikal widerspricht, fasst Rothes Sicht zusammen: »(Die) wachsende Herrschaft Christi in der Welt ... sprengt seiner Ansicht nach mit Notwendigkeit die Mauern der ›Kirche‹, der *religiösen* Gemeinschaft, um eben im ›Staat‹, der religiös-*sittlichen* Gemeinschaft, ihr entsprechendes Königreich zu finden.«[18] Die Universalität der Wirkungsgeschichte Christi macht die Existenz von Kirche und Konfession überflüssig. Eine Variante dieses Ansatzes, die nicht von einem religiösen Apriori ausgeht, zeigt sich bei den Religiösen Sozialisten. Nach Christoph Blumhardt d. J. sagen Atheisten, die mit Kirche nichts vorhaben, »...ich will leben.«[19] Ihr Lebenswunsch verbindet sie nach Blumhardt »mit der Quelle allen Lebens«.[20] Hermann Kutter schließlich ist davon überzeugt, »dass die Sozialdemokratie ... in unbewusstem Christentum den Willen Gottes tut.«[21] Es gibt also verschiedene Modelle, das Christentum festzuhalten, aber gleichzeitig die konfessionellen Grenzen zu relativieren. Die Konfession wird im theologischen wie auch im soziologischen Sinn unwichtig, wenn nicht überflüssig angesichts einer wirkungsgeschichtlich auf Christus zurückgehenden Sittlichkeit, einer für alle bereitstehenden Lebensquelle oder auch durch konkretes soziales Ethos und Engagement. Verwandt mit diesen Ansätzen ist die Frage, die dann Karl Rahner mit seiner Rede von »anonymen Christen« auf den Punkt gebracht hat. Sind Menschen, die nie von Christus gehört oder den

Ruf Christi nicht erfasst haben, auf verborgene Weise Christen? Doch das ist nicht die Frage unserer Untersuchung. Sie lautet vielmehr: Gibt es dezidierte und profilierte christliche Existenz ohne Einbindung in ein konfessionelles Gefüge?

(b) Beispiele aus der Ökumene
Blickt man sich in der Ökumene um, so wird einem eine Reihe von Beispielen in den Blick kommen. Eine sich insgesamt als protestantisch verstehende, aber Konfessionen übergreifende Perspektive, die eher auf unitarische und freidenkerische Traditionen zurückgeht, vertritt der »Weltbund für Freies Christentum und Religiöse Freiheit« (International Association for Liberal Christianitiy and Religious Freedom [I.A.R.F.]), dem sich 1948 der Deutsche Bund für Freies Christentum angeschlossen hat: Christliche Werte ja, aber keine dogmatische Fixierung![22] In Indien, wo nicht wenige Hindus sich zu einer christlichen Gemeinde halten, aber aus sozialen Gründen sich nicht taufen lassen wollen, ist »Churchless Christianity« zum Stichwort einer umfänglichen und wichtigen Diskussion geworden.[23] Einen weiteren Versuch in dieser Richtung stellt das Anfang des 20. Jahrhunderts durch Kanzo Uchimura in Gang gebrachte Non Church Movement in Japan dar, das sich schon durch seine Selbstbezeichnung von Konfession und Kirche abzusetzen versucht und im Übrigen auch die Anerkennung und den Vollzug von Sakramenten ablehnt. Die Mitglieder versammeln sich zur gemeinsamen Lektüre vor allem des Neuen Testaments, wenn möglich in der Ursprache, und vertreten ein an der Bergpredigt orientiertes Ethos.[24] Höchst unterschiedliche transkonfessionelle Ansätze, denen man aber die »Christlichkeit« nicht wird absprechen können!

(c) Überkonfessionelle Weite
Inzwischen hat sich jedenfalls in Mitteleuropa die konfessionelle Perspektive ohnehin weitgehend relativiert, wenn nicht verloren. Albert Schweitzer wird nicht primär als lutherischer Elsässer und Martin Luther King nicht als amerikanischer Baptist wahrgenommen. Ihr Christsein als solches überzeugt, ganz abgesehen von der Konfession. Der schwedische Lutheraner Dag Hammarskjöld kann als weiteres Beispiel gelten. Auf der Ebene der Gemeinden scheint

dies verstärkt zuzutreffen. Bei den Umfragen des Religionsmonitors 2008 hat sich gezeigt, dass konfessionelle Präferenzen kaum noch eine Rolle spielten. Man lässt sich seinen weltanschaulichen Rahmen nicht mehr durch die Konfession vorgeben, der man mehr oder weniger zufällig angehört, sondern man zimmert ihn selbst. Christlicher Glaube erscheint vereinbar mit Okkultem oder mit Importen aus anderen Religionen. Inkonsistenz prägt das Bild. »Die religiösen Chiffren sind überwiegend tatsächlich am eigenen Erleben orientiert und nur sehr begrenzt durch bloße Mitgliedschaft beziehungsweise bloße kirchlich-religiöse Praxis bestimmt.«[25] Christsein ist kaum ohne irgendeine Form von Gemeinschaftlichkeit, aber durchaus unter maximaler Reduktion eines Bekenntnisbezugs möglich.

Die soziologisch erhobene diffuse Situation wird im Allgemeinen von den Kirchen bedauert. Aber sie ist letztlich Ergebnis der Individuation, die jedenfalls als solche nach protestantischem Verständnis dem Glauben entspricht. Nach der Erfahrung vieler Christen und Christinnen braucht gerade ein lebendiger Glaube Spielraum, kann sich nicht auf Formeln fixieren lassen, fordert Bekenntnisfreiheit.

(d) Gemeinschaft und Individuum
Das vorläufige Resultat im Blick auf unsere Leitfrage ist somit ein doppeltes. Einerseits: Konfessionsfrei Christ sein ist nicht möglich, sofern die Konfession eine *Gemeinschaft* darstellt, von der und mit der ein Christ überhaupt nur sein Christsein haben kann. Mindestens ein virtueller Kontakt muss bestehen. Das Christentum gibt es nun einmal nicht anders als in Gestalt von Gemeinschaften (wenn sich diese auch mit unterschiedlichen Ansprüchen unterschiedlich benennen). Jeder Versuch, dem Kontakt mit bestehenden Gemeinschaften zu entkommen, endet entweder mit spiritueller Vereinsamung oder, wenn er radikal genug ist, mit der Bildung einer neuen Gemeinschaft.

Andererseits: Konfessionsfrei Christ sein ist – mindestens bis zu einem gewissen Grad – möglich, sofern es um die Konfession als eine *Bekenntnis*gemeinschaft geht. Individuelles Christsein kann sich auch innerhalb einer Konfession von bestimmten bekenntnismäßigen Fixierungen distanzieren. Derartige Emanzipationsbewegungen vollziehen sich ganz selbstverständlich auch innerhalb einer verbleibenden Mitgliedschaft in einer angestammten Konfession. Ich teile dann nicht mehr die formal festgelegten Bekenntnis-Aussagen meiner Konfession. Ich bekenne nicht mehr das Apostolikum oder die Confessio Augustana, aber ich bekenne mich zu Jesus Christus oder ich bekenne mich trotz aller Unklarheit zum Christentum oder gar zur evangelischen oder einer anderen Kirche. Das Bekennen *von* etwas wird abgelöst von einem Sich Bekennen *zu* einer Person, zu einer Gemeinschaft oder einer Haltung. Ich erlebe das Bekenntnis meiner Glaubensgemeinschaft, wenn sie denn eines hat, nicht mehr als Glaubenshindernis! Die verbleibende Frage ist dann, wie weit ich mich von der bekenntnismäßigen Mitte meiner Konfession entfernen kann und wann ich etwa unwahrhaftig zu werden drohe. Dabei ist die Grenze im Blick auf esoterische Vorstellungen, nichtchristliche Religionen oder antichristliche Haltungen immer neu zu suchen und klarzustellen. Dazu wiederum ist institutionelle Gemeinschaft hilfreich, weil sie wechselseitigen Austausch und gegenseitige Kritik erlaubt. Konfessionsfreiheit (im Blick auf Bekenntnisaussagen) und Konfessionszugehörigkeit (im Blick auf die Institution) stehen also in einem differenzierten dialektischen Verhältnis zu einander. Auf christliche Bekenntnis-Aussagen bezogene Konfessionsfreiheit ist außerhalb einer institutionellen Bekenntnisgemeinschaft selbstverständlich, aber auch in deren Mitte möglich und innerhalb immer neu zu bestimmender Grenzen förderlich. Umgekehrt schließt die Verweigerung institutionell verstandener Bekenntnisgemeinschaft gültiges christliches Bekenntnis nicht aus. Insofern gibt es konfessionsfreies Christentum. Die Situation kompliziert sich jedoch, wenn Konfessionsfreiheit in Religionslosigkeit übergeht. Gibt es über Konfessionsfreiheit hinaus religionslose Formen, in denen das Leben »von Christus her«, »gehalten von Gott und hilfreich den Menschen« noch gegeben ist?

2.2 Christ sein – religiös oder religionslos?

Eine nicht mehr konfessionell geprägte und weithin areligiöse Gesellschaft fordert zu der Frage heraus, ob sich das Christentum an Konfession und Religiosität binden muss und ob es mit der Forderung einer solchen Bindung sich selbst im Weg steht. Gibt es nur konfessionelles Christentum, so muss man, will man Christ sein und als Christ leben, in eine bestimmte Konfession eintreten bzw. sich in ihr taufen lassen. Gehört Religiosität in einem traditionellen Sinn konstitutiv zum Christsein, so muss man sich mit religiösen Traditionen und Bräuchen anfreunden. Kann oder will man das nicht, so bleibt einem der christliche Glaube verschlossen. Das sollte gerade die Kirchen aufhorchen lassen, denn das würde ja bedeuten, dass das Evangelium abhängig ist von Konfessionalität und Religiosität. Die Frage nach Konfessionalität muss, wie gezeigt, differenziert beantwortet werden. Wie steht es mit der Religiosität?

Religionsphänomenologisch erscheint das Christentum als Religion. Es gibt Riten und Menschen, die sie vollziehen. Es gibt Spezialisten für religiöse Praxis und Theorie. Es gibt besondere Orte, an denen die Riten vollzogen werden. Es gibt Gegenstände, die dabei in Anspruch genommen werden. Die Reformation, die dem allen gegenüber kritisch war, ist inkonsequent geblieben, die Lutheraner stärker als die Reformierten. Der Kirchenraum, den man von der mittelalterlichen Kirche übernommen hatte, blieb auf den Altar im Chor ausgerichtet. Der Brauch, liturgische Gewänder zu benutzen, wurde zunächst übernommen und ist bis heute modifiziert weitergeführt. Die Schweizer Reformation hat das Kruzifix und den Segensgestus, den bereitstehenden Altar und die Kerzen für den liturgischen Gebrauch abgeschafft; noch Karl Barth hat anlässlich einer lutherischen Taufe nachgefragt, wieso denn hier Kerzen angezündet würden, obwohl doch helllichter Tag sei. Aber inzwischen bricht sich allenthalben wieder das Religiöse Bahn. Die Mystik wird wiederentdeckt. Karl Rahners Vermutung, der Christ der Zukunft werde Mystiker sein oder er werde nicht sein, bleibt weithin unwidersprochen.[26] Muss man als Christ religiös sein?

2.2.1 Religionskritisch Christ sein

Philosophisch oder eher ethisch ausgerichtetes Christsein, das seine religiösen Ausdrucksformen minimalisiert, scheint möglich. Der religionskritische Christ kann sich auf religionskritische Elemente in seiner eigenen Tradition berufen.

(a) Religionskritisches Erbe in der jüdisch-christlichen Tradition
Hans-Joachim Kraus[27] verweist auf religionskritische Elemente des Alten Testaments: Der Jahwe-Glaube wende sich gegen die Götter seiner Umwelt, was sich besonders an seinem Schöpfungsverständnis und an der Exodustradition zeige. Er melde sich zunächst als Kritik an fremden Religionen, steigere sich aber bei den Propheten zu einer Form der religiöser Selbstkritik. Tempelkult und Opferdienst, klassische Elemente einer Religion, werden an den Pranger gestellt: »Ich bin euren Feiertagen gram und verachte sie und mag eure Versammlungen nicht riechen (…). Tu weg von mir das Geplärr deiner Lieder (…). Es ströme aber das Recht wie Wasser und die Gerechtigkeit wie ein nie versiegender Bach« (Am 5, 21–24). Kraus diskutiert die Alternative »Religion oder Gerechtigkeit?«[28] Auch die Christusbotschaft könne als religionskritisch gesehen werden. Der Glaube an Gott, der in Christus den Menschen nahe kommt, schließe die Annahme aus, es existierten Götzen oder sogenannte »Götter« (vgl. 1 Kor 8, 4–6).[29]

(b) Der Atheismus-Vorwurf gegen Christen in der Antike
In der nichtchristlichen Umgebung der frühen Kirche wurde ein grundsätzlich religionskritischer Zug des Christentums durchaus wahrgenommen. Als Sokrates die Haltlosigkeit des Götterglaubens erkannt hatte, da sei er als Atheist gebrandmarkt und hingerichtet worden; ähnlich ergehe es jetzt den Christen, führt der Märtyrer Justin in seiner Apologie aus.[30] In einem fingierten Streitgespräch lässt Minucius Felix den nichtchristlichen Gesprächspartner sagen, er könne »nicht zulassen, wenn jemand in einer Art von atheistischem Aufklärungswahn dreist danach trachtet, unsere althergebrachte so nützliche und heilbringende Religion zu vernichten oder zu schwächen.«[31] Sicher hat der Vorwurf des Atheismus primär

staatsrechtliche Bedeutung gehabt: Wer sich nicht an der kultischen Verehrung der Staatsgötter oder des Kaisers beteiligte, musste sich den Vorwurf des staatszersetzenden Atheismus gefallen lassen. Doch hat der Begriff Atheismus sicher auch in der geistigen Auseinandersetzung zwischen Christen und Heiden eine wichtige Rolle gespielt. Die heidnischen Götter verloren an Boden; triumphierend konnte man darauf hinweisen, dass Jesus die Götter vertrieben habe und dass man nach Jesu Passion die Hilfe nicht mehr bei Asklepios oder anderen Göttern suche: »Denn das aufgehende Licht hat deren ganzen Schwarm wie Nachteulen in die Finsternis geschickt.«[32] Hier kämpft nicht ein neuer Gott gegen die alten Götter, sondern »das aufgehende Licht« gegen die Dunkelheit einer nunmehr außer Kraft gesetzten Religion/Religiosität. Konkret meinten die damaligen Gegner der Kirche, »Atheismus« darin zu erkennen, dass es bei den Christen weder Tempel noch Opfer gab.[33] Eine Notiz Justins zeigt, dass man als Christ den Vorwurf des Atheismus, den man natürlich zu entkräften suchte, durchaus positiv aufzugreifen vermochte. Gemessen an dem Götterglauben unserer Gegner, sagt Justin, »bekennen wir, Atheisten zu sein.«[34] Dies mag im Zusammenhang mit dem jüdisch-alttestamentlichen Erbe und mit dem Inkarnationsgedanken zu sehen sein. Doch offensichtlich hat man in der Antike am Christentum die damals von einer Religion erwartete Religiosität vermisst und es daher des Atheismus verdächtigt. Es besaß ursprünglich keine Altäre, Tempel und Priester, es kannte keine Opfer.[35] Es propagierte einen Gott, der sich den Niedrigen zuwendet und der nach antiken Vorstellungen nicht Gott sein konnte.[36] Aber die Religionsgeschichte schlug sozusagen wieder über dem jungen Christentum zusammen, und es lebte weiter unter den Gesetzen religiöser Bewegungen. Vermutlich hätte es sich anders nicht durchsetzen und damit das Evangelium vielen Menschen nicht vermitteln können. Heute ist es umgekehrt eine Frage, ob die Kirche angesichts der inzwischen eingetretenen kulturgeschichtlichen Entwicklung die religiösen Bahnen nicht besser verlassen müsste.

(c) Religionskritik der Reformation

Man kann die Reformatoren durchaus als »Wegbereiter neuzeitlicher Religionskritik«[37] verstehen. Luther hat zwar auf eine abenteuerliche

und zum Teil unerträgliche Weise gegen Judentum und Islam polemisiert. Aber sein Einwand gegen Religion und Religiosität war viel
grundsätzlicherer Natur:»… wenn das Wort Gottes kommt, dann
kommt es im Widerspruch zu unserem Sinnen und Meinen. Es lässt
unsere Meinung nicht bestehen, auch nicht in Dingen, welche die
allerheiligsten sind, sondern es reißt ab, tilgt aus und vernichtet
alles.«[38] Deswegen soll ich»mich nicht stützen auf mein Gewissen,
mein persönliches Empfinden, meine Werke, sondern auf die göttliche Verheißung und Wahrheit, die nicht trügen kann.«[39] Mit Recht
haben in der Neuzeit christliche Theologen versucht, säkulare Religionskritik positiv aufzugreifen und zu nutzen. Im Blick sowohl auf
fremde Religionen wie auch im Sinne von Selbstkritik stellt der
christliche Glaube eine starke religionskritische Kraft dar. Trotzdem
kommt man nicht daran vorbei, dass die Quellen des Christentums
erst einmal mindestens teilweise religiös gestaltet sind. Die Tradition
des Christentums ist weitgehend religiös geprägt. Kann es also ein
nicht nur religionskritisches, sondern darüber hinaus religionsloses
Christsein geben?

2.2.2 Religionslos Christ sein?

Die theoretische Möglichkeit eines religionslosen Christseins wurde
natürlich nicht unter Atheisten, aber doch unter Christen diskutiert.
Wer nicht nach Religion fragt oder sich als areligiös bezeichnet, sieht
keinerlei Notwendigkeit, sich in irgendeiner Weise als Christ zu verstehen. Er legt aber vielleicht wert darauf festzustellen, dass seine
Moral nicht schlechter sei als die der Christen. Der Chaplain einer
atheistischen Assoziation an der Harvard Divinity School hat ein
eigenes Buch verfasst, in dem er nachzuweisen versucht, dass man
nicht an Gott glauben müsse, um»gut« zu sein.[40] Humanismus lautet dann die Leitvorstellung.

(a) Karl Barth und Dietrich Bonhoeffer
Ansatzpunkt für innerchristliche Erwägungen, inwieweit sich Glaube
von Religion und Religiosität zu dispensieren vermöge, konnte die
Religionskritik Karl Barths sein, der zwar den christlichen Glauben
gegen die Welt des Religiösen abzusetzen, aber ihn doch aus ihr nicht

herauszunehmen versucht hatte. Für ihn bleibt der christliche Glaube die »wahre« Religion. Was er sagen will, kann unter dem Begriff »Religion« nur missverständlich zum Ausdruck gebracht werden. Sein triumphalistisch wirkender Umgang mit Feuerbach überzeugt keineswegs. Dietrich Bonhoeffer ging unter dem Eindruck seiner areligiösen Umwelt weiter und fragte nach einer »religionslosen Interpretation« des Evangeliums. Mit »religiös interpretieren« meinte er, wie noch zu diskutieren sein wird, »einerseits metaphysisch, andererseits individualistisch reden«, wobei er unter »individualistisch« wohl die Sorge um das eigene Seelenheil verstand, die heute in der Form egobezogener Spiritualität wiederkehrt. Er hat damit die gegenwärtige Situation kaum getroffen, da sich areligiöse Menschen Metaphysik und Spiritualität – natürlich entsprechend ihrem eigenen Verständnis – durchaus erlauben können. Sein Engagement für die Religionslosen hat aber eine klar antireligiöse Spitze:»Christsein heißt nicht in einer bestimmten Weise religiös sein (…). Nicht der religiöse Akt macht den Christen, sondern das Teilnehmen am Leiden Gottes im weltlichen Leben.«[41] »Jesus ruft nicht zu einer neuen Religion auf, sondern zum Leben.«[42] Bonhoeffer möchte von Joh 1,14 ausgehen: Christus und die Weltwirklichkeit gehören zusammen, und unter dieser Perspektive muss das den Religiösen wie den Religionslosen verkündigt werden. Lässt sich dies in einer Weise vollziehen, die Religiosität nicht voraussetzt, sondern Menschen anspricht, die an Religion nicht interessiert sind, sozusagen unter der Devise »auch wenn es Gott nicht gäbe«, »etsi Deus non daretur« (Hugo Grotius)? »Wie kann Christus der Herr auch der Religionslosen werden? Gibt es religionslose Christen? Wenn die Religion nur ein Gewand des Christentums ist (…), was ist dann religionsloses Christentum?«[43] Bonhoeffer konnte diese Fragen nicht mehr beantworten. Seine Zielperspektive hieß wohl: Jesus – »der Mensch für andere« und daher: »Nachfolge«, ohne dass dies auf Ethos reduziert verstanden werden sollte.

(b) Gott-ist-tot-Theologie
Bonhoeffers Versuch einer nichtreligiösen Interpretation gilt als gescheitert[44], hat aber Jahrzehnte später die nordamerikanische Tod-Gottes-Theologie angeregt: Kann man von Gott nicht mehr reden,

so doch von dem Menschen Jesus und von dem, was von ihm ausgegangen ist. In Europa machte man darüber Witze: Gott ist tot, aber Jesus ist sein Sohn![45] In Deutschland wurde die Frage wenigstens im Blick auf die Theismus-Problematik verhandelt.»Atheistisch an Gott glauben«, empfahl Dorothee Sölle.[46] Ihre Thesen sind steil, aber es lohnt sich, in der gegenwärtigen Situation noch einmal über sie nachzudenken.»Die Auflösung des metaphysischen Glaubens ist seine säkulare Realisation.«[47] Es gelte, ein Leben zu wagen »ohne metaphysischen Vorteil vor den Nicht-Christen, in dem trotzdem an der Sache Jesu festgehalten wird.«[48] Sölle interpretiert (und beruft sich dabei auf Luther): »... eine bestimmte Art dazusein: zu leben, zu lieben, zu leiden, zu sterben (...).«[49] Theismus sei nicht die Voraussetzung dafür, dass man »im Entwurf Christi« leben kann.[50] Die theologischen Impulse Dorothee Sölles wurden nicht ausdiskutiert. Andere theologische Strömungen verschafften sich Gehör, ohne dass die von den Tod-Gottes-Theologen aufgeworfenen Fragen gelöst gewesen wären. Sie melden sich heute erneut.»Lebte Christus heute, er wäre Atheist.«[51] Stimmt das? Müssen und können Christen heute atheistisch leben und denken? Wäre auf diese Weise das Evangelium sachgemäß an Menschen zu vermitteln, für die Religion als überlebt, unwissenschaftlich oder gar gefährlich gilt, von vornherein Aversionen auslöst oder schlicht kein Thema darstellt?

Man wird sich vor falschen Alternativen hüten müssen. Es gibt weder den religiösen noch den areligiösen Menschen in Reinkultur. Will man auch im Blick auf Areligiosität und Religionslosigkeit ein Zwischenergebnis formulieren, so wird man sagen müssen: Wenn sich die religiöse Gestalt des Christentums nicht gänzlich vermeiden lässt, so kann sie doch mehr oder weniger stark ausgeprägt sein. Im Blick auf ein areligiöses Umfeld wird man sich um eine religionsarme Präsentation bemühen (falls die religiöse Gestalt nicht im Sinne einer »paradoxen Intervention« sinnvoll sein kann). Jedenfalls muss die Zielperspektive für religiöse wie für areligiöse Menschen in einem religionstranszendenten Glauben liegen, wie ihn Luther mit seiner Rede vom Glaubenssubjekt als »punctum mathematicum« eschatologisch anzusprechen versucht hat.[52] Glaube transzendiert alle religiösen Gefühle und Vorstellungen. Nur so wird er erfasst als das, was er ist: Er »entreißt uns uns selbst« und bietet uns einen Ort »außerhalb von uns«, unabhängig von unserer psychischen oder sonstigen Beschaffenheit.[53] Es ist ein Glaube, der nicht von Religiosität lebt und daher auch areligiöse Menschen »erwischen« kann.

3 Religionslosigkeit und nichtreligiöse Interpretation

Wenn Religiosität nur eine Möglichkeit neben Areligiosität ist und wenn ein religiöses Apriori jedenfalls nicht (mehr) als anthropologisch konstitutiv vorausgesetzt werden kann, sind wir mit unseren Fragen nach konfessions- und religionslosem Christsein nahe bei den Problemen, die Bonhoeffer in seinen Briefen aus der Haft bedacht hat. Damit legt sich eine Relecture, eine neue Wahrnehmung dieser Briefe unter heutiger Fragstellung nahe.[1]

Ralf K. Wüstenberg sieht die Entwicklung von Bonhoeffers Religionsverständnis in dem Dreischritt: Religionswürdigung – Religionskritik – Religionslosigkeit. Er zeichnet sie nach. Bonhoeffers Religionskritik habe bei der des frühen Karl Barth angesetzt:»Jesus hat mit Religion einfach nichts zu tun (…).«[2] »Die Wirklichkeit der Religion ist Kampf und Ärgernis, Sünde und Tod, Teufel und Hölle.«[3] »Die Religion vergisst, dass sie nur dann Daseinsberechtigung hat, wenn sie sich fortwährend aufhebt.«[4] Sie stehe in kontradiktorischem Widerspruch zur Offenbarung, aber sie sei eine nicht zu übersehende Wirklichkeit.

Nur von der Offenbarung her kann für Karl Barth »wahre Religion« in den Blick kommen. Das ist beim späten Bonhoeffer anders. Eine Sicht von »wahrer Religion« ist bei ihm undenkbar. »Authentic Christianity? Yes. True religon? No.«[5] Bezugspunkt des Evangeliums ist ihm nicht die Religion, sondern die Religionslosigkeit. Unter dem Eindruck dessen, was er an seinen Mitgefangenen erlebt und unter der Lektüre von Wilhelm Dilthey meldet sich in ihm der Verdacht, dass das religiöse Apriori vielleicht »gar nicht existiert, sondern dass es eine geschichtlich bedingte und vergängliche Ausdrucksform des Menschen« gewesen sein könnte (DBW 403). Bereits Dilthey hatte das Christentum im Zuge einer größeren und seiner Meinung nach zu erwartenden religionsgeschichtlichen Entwicklung wahrgenommen:»Diese christliche Religion war also notwendig, historisch notwendig, um eine Zeit herbeizuführen, in welcher sie überflüssig wäre.«[6] Auch der Begriff »religionslos« taucht »zunächst *implizit*, dann auch explizit« bereits bei Dilthey auf.[7] Solche Töne mochten sich nun mit Bonhoeffers eigenem Erleben verbinden, wobei ihm der christliche Glaube selbst, geschützt durch die Religionskritik Karl Barths, nie fraglich wurde. Aber schon 1931 als Studentenpfarrer an der TH Berlin hatte er geklagt:»... wie soll man diesen Menschen solche Dinge predigen? Wer glaubt denn das noch? Die Unsichtbarkeit macht uns kaputt. (...) dieses wahnwitzige dauernde Zurückgeworfenwerden auf den unsichtbaren Gott selbst – das kann doch kein Mensch mehr aushalten.«[8] 1936 hält er eine Seelsorgevorlesung mit dem Titel »Das Gespräch mit den Gleichgültigen«. Er entdeckt diese unter den Menschen, die nur für Familie und Beruf leben, unter den Gebildeten und unter den gänzlich Unzugänglichen. In einem fingierten Gespräch mit einem Menschen »neben der Kirche« lässt er diesen sagen: »Es geht doch auch ohne sie (sc. die Kirche).« Er weiß, dass schon Kinder und Konfirmanden von dieser Einstellung geprägt sein können.[9] Wenige Jahre später äußert er: »Die Zeit, in der man das den Menschen durch Worte – seien es theologische oder fromme Worte – sagen könnte, ist vorüber; ebenso die Zeit der Innerlichkeit und des Gewissens, und d. h. eben die Zeit der Religion überhaupt.«[10]

Seither ist Bonhoeffers Prognose wiederholt als falsch deklariert worden. Erst langsam zeigt sich, dass sie differenziert betrachtet werden muss. Will man sie – ebenso wie die von Bonhoeffer ins Auge gefassten Gegenmaßnahmen – für die Gegenwart fruchtbar werden lassen, so muss man wohl erstens sein Verständnis von Religion bzw. Religionslosigkeit klären, sodann seine Vorstellungen von nichtreligiöser Interpretation biblischer Begriffe prüfen und dann die Brücke zur Gegenwart zu schlagen versuchen.

3.1 Religion/Religionslosigkeit

3.1.1 Religionslose Welt

Gewiss kann man mit Ralf K. Wüstenberg feststellen, Bonhoeffers Religionsbegriff lasse sich werkimmanent nicht ausreichend klären und es bleibe bei einer »losen Religionsauffassung«.[11] Aber schon Eberhard Bethge hat eine Reihe Charakteristika von Bonhoeffers

Religionsbegriff zusammengestellt.[12] Wiederholt – und in dieser Kombination – tauchen die Begriffe »Metaphysik« und »Innerlichkeit« auf. Man darf beide Begriffe nicht im Sinne präziser lexikalischer Definition verstehen; sie sind ja beide in hohem Maße interpretationsbedürftig. Metaphysik lässt sich ignorieren, aber nicht ohne metaphysische Argumente infrage stellen und somit nicht grundsätzlich eliminieren. Individualismus und Innerlichkeit haben auf dem Weg über die Popularisierung der Psychologie und die Esoterik seit langem Hochkonjunktur. Mit Metaphysik ist bei Bonhoeffer wohl in erster Linie ein bestimmter Gottesbegriff gemeint (nach Regin Prenter »Gott als Prinzip«)[13], der sich einer bestimmten Seelenverfassung zuordnet (»Kammerdienergeheimnisse«, DBW 509, »individualistische Frage nach dem Seelenheil«, DBW 415). Gott ergänzt, was dem Menschen fehlt, ggf. als »deus ex machina«. Versteht man Bonhoeffer in diesem Sinne, wird man ihm Recht geben müssen: Diese Art von Religiosität hat weithin ausgedient. Es handelt sich bei ihr um spezifisch christliche Missverständnisse! Sie kann sich der Wirklichkeit verweigern, mit Partialität und Hinterwäldlertum zufrieden geben und in eine Scheinwelt fliehen. Gerade dies aber wird der »mündige« Mensch zu vermeiden suchen. Er wird sich die Bevormundung (etwa durch religiöse Instanzen) verbitten und eine Privilegierung religiöser Institutionen ablehnen. Damit ist indirekt die Frage weltanschaulicher und konfessioneller Bindung angesprochen. Bonhoeffer formuliert selbst: »(W)as bedeutet eine Kirche, eine Gemeinde, eine Predigt, eine Liturgie, ein christliches Leben in einer religionslosen Welt?«[14] Von der Bedeutung einer »Konfession« ist schon gar nicht mehr die Rede…

3.1.2 Authentisches Christsein

Zugleich lässt sich damit das Profil authentischen Christseins, wie es Bonhoeffer versteht, umreißen: »Christsein heißt nicht in einer bestimmten Weise religiös sein (…), sondern es heißt Menschsein (…). Nicht der religiöse Akt macht den Christen, sondern das Teilnehmen am Leiden Gottes im weltlichen Leben.« (DBW 535). Denn »Jesus ruft nicht zu einer neuen Religion auf, sondern zum Leben.« (DBW 537). »… nicht ein homo religiosus, sondern ein Mensch schlechthin ist der Christ, wie Jesus – im Unterschied wohl zu Johannes dem Täufer – Mensch war.«Deswegen komme es darauf an, nicht ein Heiliger zu werden, sondern glauben zu lernen. (DBW 541f).»Das ›Für-andere-da-sein‹ Jesu ist die Transzendenzerfahrung!« – nicht etwa ein allgemeiner Gottesglaube (DBW 558). Ernst Lange fand, Bonhoeffers Größe bestehe darin,»dass er sich als ›homo religiosus‹ reflektiert, problematisiert und überwunden habe«.[15]

An Bonhoeffers Ausführungen fällt zweierlei auf: Wenn er sagt:»Wir gehen einer völlig religionslosen Zeit entgegen (…)« (DBW 403), dann meint er das offensichtlich nicht nur im Sinn einer allgemeinen Beobachtung, sondern er schließt sich selbst explizit ein. Bei seiner Auslegung des I. Gebots hat er Schwierigkeiten mit dem Begriff»Götzendienst«:»Wir beten aber gar nichts mehr an, nicht einmal Götzen. Darin sind wir wirklich Nihilisten.« (DBW 499) Dem entspricht, dass er bekennt, sich zu Religionslosen mehr hingezogen zu fühlen als zu»Religiösen«.

Das Zweite: Die von ihm erwartete Entwicklung zur Religionslosigkeit wird von ihm nicht verteufelt. Zwar seien sich katholische und evangelische Geschichtsschreibung darin einig, dass es sich hier um den großen Abfall handle. Bonhoeffer selbst aber hält die Attacke auf die mündige Welt für unchristlich (DBW 477f). Die Entwicklung müsse vielmehr von Christus her verstanden werden. Gott selbst sei es, der uns zu der Erkenntnis zwingt,»dass wir leben müssen als solche, die mit dem Leben ohne Gott fertig werden. (…) Der Gott, der uns in der Welt leben lässt ohne die Arbeitshypothese Gott, ist der Gott, vor dem wir dauernd stehen. Vor und mit Gott leben wir ohne Gott.« (DBW 593f) Gott selbst mutet sich uns unter den Bedingungen seiner Abwesenheit zu.

Somit bestehen für Bonhoeffer neben der Entgegensetzung von Religiosität und authentischem Christsein zwei Voraussetzungen für die christliche Verkündigung in der Form nichtreligiöser Interpretation biblischer Begriffe: die Anerkennung der nichtreligiösen Situation als jedenfalls dem Heilsplan Gottes nicht widersprechend, ja als von Gott gegeben, und die Solidarisierung mit den Menschen, die einfach nicht mehr religiös sein können.

3.2 Nichtreligiöse Interpretation

Die Bonhoeffer-Interpreten insistieren in der Regel darauf, dass es sich bei der »nichtreligiösen Interpretation biblischer Begriffe« nicht um eine Methode oder ein Interpretationsmodell handeln könne.[16] Es gebe kaum Beispiele dafür, wie Bonhoeffer selbst sie angewandt haben sollte; im Übrigen sei sie, als Methode verstanden, gescheitert[17] – der Versuch einer Quadratur des Kreises. Daran ist richtig, dass sie gewiss nicht *nur* eine Methode darstellen will. Trotzdem fehlt es m. E. nicht an Hinweisen darauf, wie sie sich jedenfalls ansatzweise anwenden lässt. Man muss nur die Bemerkungen zu Seelsorge und Verkündigung, die Bonhoeffer in seinen Papieren aus der Haft äußert, vor dem Horizont seiner Wahrnehmung der nichtreligiösen Welt lesen; man wird dabei weiterführende Entdeckungen machen. Ich stelle im Folgenden eine Reihe solcher Beobachtungen zusammen.

3.2.1 Missverständnisse und Fehlhaltungen

Zunächst ist für Bonhoeffer klar, dass es in einer nichtreligiösen Situation nicht um »religiöse‹ Erneuerung« gehen kann. Ausdrücklich setzt er sich von den Berneuchenern ab, die er für gefährliche Reaktionäre hält (DBW 481f). An der liberalen Theologie schätzt er, dass sie wenigstens die Entwicklung nicht »zurückzudrehen« versuchte (DBW 479). Ein »›salto mortale zurück ins Mittelalter‹«, ein Weg zurück ins »Kinderland« kommt für ihn nicht infrage.[18] Es konnte ihm natürlich nicht genügen, biblische Begriffe in ihrem Gehalt zu reduzieren (DBW 414), obwohl ihm das Übersetzungsproblem durchaus vor Augen stand. Er sehnte sich nach einer neuen Sprache, »vielleicht ganz unreligiös, aber befreiend und erlösend, wie die Sprache Jesu (…)« (DBW 436). Insofern war der Versuch, von Gott zu reden »in der Sprache der Welt«, nicht im Ansatz verfehlt.[19] Ausdrücklich wandte er sich gegen eine falsche Interpretation der Not; er lasse sie vielmehr »*uninterpretiert*« (DBW 310; kursiv von DB). Er wollte den Menschen keine »letzten Fragen« unterstellen, um dann mit dem Evangelium bei ihnen landen zu können. Es lag ihm fern, Anleihen bei Existenzphilosophen und Psychotherapeuten zu machen, die seiner Meinung nach ebenfalls verfehlt vorgingen (DBW 478).

3.2.2 Konkrete Hinweise

Bonhoeffer hielt sich für einen schlechten Tröster:»Zuhören kann ich, aber sagen kann ich fast nie etwas. Aber vielleicht ist schon die Art, in der man nach bestimmten Dingen fragt und nach anderen nicht, ein gewisser Hinweis auf das Wesentliche.«(DBW 320) Es gelte, nicht»zu schnell und zu direkt neutestamentlich«zu sein und zu empfinden (DBW 226). Manchmal müssten wir»es auch riskieren, anfechtbare Dinge zu sagen, wenn dadurch nur lebenswichtige Fragen aufgerührt werden.«(DBW 555) Die»›religiösen‹ Begriffe schlechthin« sind Bonhoeffer»problematisch«(DBW 414). Das Christentum stellt uns»in viele verschiedene Dimensionen des Lebens zu gleicher Zeit«(DBW 453); es erweist sich damit als Anwalt der Mehrdimensionalität des Lebens und öffnet die Augen für seine wunderbare»Polyphonie«(DBW 440f). Der Tegeler Theologe möchte, wenn er von Gott spricht, nicht bei den Defiziten des Menschen ansetzen, sondern »in der Mitte«,»im Leben und im Guten des Menschen«(DBW 407). Gott werde besser geehrt, wenn wir»das Leben, das er uns gegeben hat, in allen seinen Werten erkennen und ausschöpfen und lieben und darum auch den Schmerz (…) stark und aufrichtig empfinden«, als wenn wir stumpf dahin leben (DBW 289).

Sollte das alles mit»nichtreligiöser«Interpretation nichts zu tun haben? So verstanden, ist sie dem alttestamentlichen Denken verwandt. Sie weiß das Fragment zu würdigen (DBW 336). Andererseits stellt sie in die Verantwortung; denn es komme darauf an zu lernen, dass»nicht der Gedanke, sondern die Verantwortungsbereitschaft der Ursprung der Tat« ist (DBW 433). Der Christ müsse, ohne sich in irgendeinen Erlösungsmythos zu flüchten, das irdische Leben »auskosten« wie Christus am Kreuz (DBW 500f).

3.2.3 Christologische Interpretation

Damit stehen wir vor der Frage nach dem Verhältnis von nichtreligiöser Interpretation und Christologie. Gerhard Ebeling hat vor Jahren mit seiner eindringenden Untersuchung die Perspektive festgelegt: Das Problem der nichtreligiösen Interpretation entspringe »nicht einem Zweifel an Jesus Christus, sondern gerade dem Glauben an Jesus Christus. Nicht Jesus Christus, sondern die Vokabel Gott, ja die religiösen Begriffe schlechthin« seien ihm »problematisch.« Nichtreligiöse Interpretation sei für Bonhoeffer »nichts anderes als christologische Interpretation.«[20] Wie aber soll man das verstehen? Gerät Bonhoeffer damit nicht in dieselbe Aporie wie Bultmann, bei dem er moniert, dass er generell entmythologisiere, aber den Begriff »Gott« unangetastet lasse? (DBW 414) Lässt sich Christus selbst nichtreligiös interpretieren? Die Christologie des Tegeler Theologen scheint unausgeglichen. Auf der einen Seite ist Jesus für ihn »der Mensch für andere« (DBW 559), was Eberhard Bethge in gewisser Weise für ein Beispiel nichtreligiöser Interpretation hält.[21] Andererseits fügt Bonhoeffer dem nichtreligiösen Christus-Titel sogleich an: »… darum der Gekreuzigte. Der aus dem Transzendenten lebende Mensch.« (DBW 559, sic) Im Übrigen soll Christus ja »der Herr der Religionslosen« werden! (DBW 404)

Gerhard Ebeling hat Bonhoeffers Christologie im Rahmen der lutherischen Unterscheidung von Gesetz und Evangelium zu erläutern versucht. Wenn die Religion immer die Struktur des Gesetzes habe und insofern »negatio Christi« sei, fordere die biblische Botschaft selbst die Entgötterung der Welt und somit die nichtreligiöse Interpretation biblischer Begriffe.[22] Nichtreligiöse Welt und nichtreligiöse Interpretation lägen somit auf derselben Linie. Die nichtreligiöse Interpretation müsste dann nur noch auf die Situation eingehen, die in der Entwicklung zur nichtreligiösen Welt schon vorgegeben ist. Religiöse Interpretation sei »gesetzliche Interpretation.« Nichtreligiöse Interpretation dagegen meine »Gesetz und Evangelium unterscheidende Interpretation.«[23] Sie bringe das Evangelium gegen das Gesetz, das sich religiös oder nichtreligiös äußern kann, zum Zuge. Das heißt: Blendet man hier spezifisch christliche Inhalte aus, könnte man sagen: Nichtreligiöse Interpretation schärft die Wirklichkeit des »Du sollst« und des »Du darfst« und zugleich die Unterscheidung zwischen beiden ein. Jochen Bohn hat diesen Ansatz aufgenommen und im Sinne des Elertschen Gesetzesbegriffs erweitert: Unsere Wirklichkeit ist vom Gesetz bestimmt; deswegen könne ein im Rahmen unserer gesetzlichen Strukturen auftretender Gott uns nicht helfen; Gott kann nur schwach und unwirklich erscheinen. Er ist die Leben gebende Außerkraftsetzung unserer Unvermeidbarkeiten.[24] Dieser Ansatz macht deutlich: Nichtreligiöse Interpretation des Evangeliums ist mehr als ein nur sprachlich-hermeneutisches Unternehmen. Axel Denecke spricht daher mit Recht von einer »Erweiterung der Wort-Interpretation zur Seins-Interpretation«. Der Begriff »Interpretation« sei Bonhoeffer »in der existentiellen Situation im Gefängnis unter der Hand – bewusst oder unbewusst – zu einer Chiffre umfassender Lebensdeutung geworden.« Deshalb gelte es, »die Glaubwürdigkeit der eigenen theologischen Existenz als Maßstab der Stimmigkeit des theologischen Denkens/kirchlichen Handelns mit einzubringen (…).«[25] Die »Interpretation« biblischer Begriffe, wie sie Bonhoeffer intendiert, kann letztlich nicht anders erfolgen als durch die existenzielle Praxis des »Wachens« mit Christus (DBW 535), des Stehens »bei Gott in Seinen Leiden« (DBW 515).[26] Den Widerspruch, den diese Auffassung von »nichtreligiöser Interpretation« enthält, vermochte Bonhoeffer nicht aufzulösen. Vielleicht hatte er seine Sicht der Distanz zwischen Christusglauben und Religion so sehr verinnerlicht, dass er ihn gar nicht wahrnahm.

3.2.4 Theologie des Lebens

Damit tun sich neue Einsichten in die nicht an religiöse Voraussetzungen gebundene Erfahrbarkeit Gottes auf.[27] Man kann die Welt, das Leben von Christus her interpretieren und sich entsprechend verhalten. Ralf K. Wüstenberg nennt das eine »lebens-christologische Interpretation, die den christlichen Glauben und das mündige Leben aufeinander bezieht.«[28] Er lässt sich dabei wohl mehr als angebracht durch Diltheys Vorstellungen von »Leben« und »Religion« leiten. Aber er urteilt zweifellos richtig, wenn er das Denken des Tegeler Theologen als »eine Theologie des Lebens« interpretiert.

Vielleicht lassen sich hier Überlegungen anschließen, die Bonhoeffer selbst nicht vollzogen hat. »Was bedeutet in der Religionslosigkeit der Kultus und das Gebet?«[29] Sind sie einfach dem Arkanum zuzuweisen, von dem ja Bonhoeffer in diesem Zusammenhang zweifellos spricht? Ihm mag das aufgrund seiner Erfahrungen mit dem »Gemeinsamen Leben« nahegelegen haben. Aber lassen sich nicht auch Kultus und Gebet »lebens-christologisch« auf den mündigen, nichtreligiösen Menschen beziehen? Gebet könnte ihm als alternatives Bewusstsein (Richard Rohr) nachvollziehbar werden. Es müsste für ihn nicht Ausflucht suchende Bitte um etwas sein, sondern könnte sich als Versuch der Selbstklärung verstehen lassen, aus dem verantwortliches Handeln erwächst. Beten wäre zu entdecken als eine dem Menschen überlassene Gabe, innere Ruhe und Geborgenheit zu finden, die mit zahllosen leidenden Menschen und eben auch mit Christus verbindet. Kultus könnte zu stehen kommen als Einübung von Mehrdimensionalität und als Horizont-Erweiterung – nach rückwärts in die Dankbarkeit und nach vorwärts in Hoffnung und Handlungsfähigkeit führend. Selbst die Sakramente könnten als lebensdienliche Handlungen erfasst werden – die Taufe als Begründung einer nicht in Banalität verblassenden oder in Lebensgier sich aufblähenden Identität, die Eucharistie als Festigung einer unaufdringlichen und zuverlässigen Sozialität. Oder würde Bonhoeffer hier mit Verweis auf die notwendige Arkandisziplin Einspruch erheben?

3.3 Arkandisziplin

3.3.1 Die Beziehung zwischen nichtreligiöser Interpretation und Arkandisziplin

Einerseits will Bonhoeffer biblische Begriffe nichtreligiös interpretieren, andererseits fordert er, es müsse »eine Arkandisziplin wiederhergestellt werden, durch die die *Geheimnisse* des christlichen Glaubens vor Profanisierung behütet werden.«[30] Nichtreligiös interpretieren heißt also keinesfalls profanieren. Es ist notwendig, weil es in einer religionslosen Welt durch die Präsenz des Arkanums gefordert ist! Die Geheimnisse lösen sich durch nichtreligiöse Interpretation nicht auf. Es ist auch nicht die Aufgabe der Theologie, sie zu enträtseln. Das Vorletzte wird durch das Letzte begründet und gerade dadurch in seinem Status als unverzichtbar bestätigt.

3.3.2 Die durch Arkandisziplin zu schützenden »Geheimnisse«

Welches sind die zu schützenden Geheimnisse? Sie scheinen für Bonhoeffer auf zwei Ebenen zu liegen. Geht es um klassische Lehrinhalte, wie sie für Karl Barth ihren Stellenwert haben, »ob es nun Jungfrauengeburt, Trinität oder was immer ist«[31]? Es ist für Bonhoeffer offenbar nicht klar dogmatisch abgegrenzt, worin sie bestehen. Gegen die Lehre von der Jungfrauengeburt hatte er im Gegensatz zu Karl Barth Bedenken. Im Zentrum seines Denkens steht nichts anderes als die Christologie. Denn »das ist das unerkannte Geheimnis Gottes in dieser Welt: Jesus Christus.«[32] Die Lehre von der Dreieinigkeit »ist nichts als der schwache Lobpreis der Menschen auf das Ungestüm der Liebe Gottes (…).«[33] Das Geheimnis lässt sich nur doxologisch erfassen, in Kultus und Gebet – das ist die zweite, in gewisser Weise die eigentliche Ebene der »Geheimnisse«.

Bonhoeffers Betonung der Arkandisziplin mag mit der bürgerlichen Tugend – Reden ist Silber, Schweigen ist Gold –, mit der für ihn notwendigen politischen Arkandisziplin und mit seinem Wissen um die Situationsgebundenheit der »Wahrheit« zu tun haben. Sie ist aber vor allem theologisch begründet: »Nur wenn man die Unaussprechlichkeit des Namens Gottes kennt, darf man auch einmal den Namen Jesus Christus aussprechen (…).«[34] Den Begriff »Gott« verwenden und den Namen Gottes anrufen, ist zweierlei. Wir müssen wissen, dass »dieses ›Im Namen Gottes, Amen‹, wenn es denn nicht nur ein Geschwätz sein soll, ein majestätischer Bezirk ist (…).«[35] Axel Denecke formuliert treffend: »Ich kann nicht zu jeder Zeit, in jeder Situation und vor jedem Menschen die tiefsten Geheimnisse des christlichen Glaubens unvermittelt und ungeschützt platt ausbreiten (…)« und andere damit »sprachlich behelligen.«[36]

3.3.3 Das altkirchliche Modell

Die Alte Kirche hatte ein Gespür dafür, vielleicht auch aufgrund ihrer Bekanntschaft mit den heidnischen Mysterienkulten. So kannte sie eine sorgsam gestaffelte Taufvorbereitung. Bonhoeffer hat das in seiner Finkenwalder Zeit ausführlich seinen Hörern vermittelt: Die Eingangsstufe reichte von der Äußerung des Taufwunschs über eine allgemeine Einführung bis zur Handauflegung; schon auf dieser Stufe galt man als Christ (Bonhoeffer betont:»Also schon vor der Taufe!«).[37] Die zweite Stufe sollte die Abgrenzung zur Welt markieren, und erst auf der dritten kam es zum eigentlichen Taufunterricht.[38] Es gab verschiedene Modelle, die auch regional unterschiedlich waren und sich im Lauf der Zeit – vom ausgehenden 3. bis zum endenden 5. Jahrhundert – veränderten. Klaus Koschorke hat sie in dem von Christine Lienemann-Perrin herausgegebenen Sammelband über»Taufe und Kirchenmitgliedschaft«[39] beschrieben. Er verweist auf ein Edikt des Kaisers Theodosius von 383, in dem sowohl die Gläubigen als auch die Katechumenen als»Christen« bezeichnet werden. Manche Gemeinden mochten zeitweise in der Mehrzahl aus Katechumenen bestanden haben! Die Zweiteilung des Gottesdienstes in Katechumenen- und Gläubigenmesse, wie sie z. B. auf dem Athos noch strikt durchgeführt wird, ist ein beredtes Zeichen solcher Arkandisziplin.

3.3.4 Das Problem der Kirchenzugehörigkeit

Damit steht die Frage nach der Kirchenzugehörigkeit und nach den Grenzen der Kirche zur Debatte. Bonhoeffer ist für klare Verhältnisse. Angesichts der während der Nazidiktatur eingetretenen verwirrenden kirchlichen Situation dekretiert er:»Wer sich wissentlich von der Bekennenden Kirche in Deutschland trennt, trennt sich vom Heil.«[40] Damit ist die Taufe als das entscheidende Kriterium aufgegeben. Als Kriterium ist sie dem entschlossenen Theologen nicht eng genug, weil unter den Getauften viele Menschen sind, die mit dem Glauben nichts vorhaben, andererseits ist sie ihm nicht weit genug, da beispielsweise das Martyrium als»Bluttaufe« gelten konnte.[41] Bonhoeffer selbst sympathisiert mit einem engen Kirchenbegriff, der auf die»Freiwilligkeitskirche« hinausläuft. Diese aber versteht er nicht als ein sich abgrenzendes Ghetto-Unternehmen, sondern in einer strikten Beziehung zum Dienst an der nichtreligiösen Welt. Die Arkandisziplin ist in den Geheimnissen des christlichen Glaubens begründet und hat eben damit eine klare Funktion.

In der Antike wird sie durch die Verfolgungssituation ausgelöst gewesen sein. Bonhoeffer gewinnt ihr pädagogischen Sinn ab. Die

Kirche ist »ein in sich gegliedertes Reich«; in ihr gebe es ein »allmähliches Vorwärtsschreiten«.[42] Mochte die Arkandisziplin in der Antike die Christen vor dem Spott ihrer Umgebung geschützt haben, so könnte sie nunmehr die Nichtchristen vor klerikalen Herrschaftsansprüchen der Kirche bewahren.[43] Die Arkandisziplin sichert einen Raum, in dem das Dogmatische immer wieder verflüssigt wird; Andreas Pangritz spricht bildhaft von einer »musikalische(n) Verflüssigung des Dogmas«, ohne allerdings eine entsprechende Aussage Bonhoeffers nachzuweisen. Gerade eine Kirche, die für andere da sein will, brauche diesen Raum. Zugleich warnt Bonhoeffer die Kirche davor, nur um ihre Selbsterhaltung zu kämpfen; keinesfalls solle sie der Versuchung »neuer organisatorischer Machtentfaltung« erliegen.[44]

3.4 Auswertung

Was folgt nun aus dieser Relecture Bonhoeffers, wenn man sie im Kontext einer Situation bedenkt, in der radikale Areligiosität neben hier und da wabernder esoterischer Religiosität steht und in der es zahllose Zwischenformen gibt?

3.4.1 Von Gott zugemutete Situation

Bonhoeffer hat seine Situation als eine Situation »vor Gott« gesehen, durch die Gott ihn zu bestimmten Erkenntnissen führen, ja zwingen wollte. Er wurde dabei aufmerksam auf das Neue, Unerwartete, mithilfe des Bisherigen nicht zu Bearbeitende. Das machte ihn kritisch gegenüber dem bis dato Selbstverständlichen und neugierig im Blick auf die nunmehr anstehende Aufgabe. Das heißt: Unsere Situation, die Präsenz nichtchristlicher Religionen in Europa, die Erosion der Volkskirche(n), allgemeines religiöses Desinteresse, neuer Atheismus – all das muss als ein Zustand begriffen und bearbeitet werden, der sich nicht einfach autonom entwickelt hat, sondern mit dem Walten Gottes in Zusammenhang steht. Das fordert eine Verhältnisbestimmung zwischen dem Evangelium und der zu erfassenden Situation heraus.

Nicht wenige Bonhoeffer-Interpreten haben Religionslosigkeit in einer positiven Verbindung mit dem christlichen Glauben gesehen. Schon Ebeling hat, wie oben bemerkt, die Meinung geäußert, dass die »radikale Säkularisierung« – so seine damalige Ausdrucksweise – »eine geschichtliche Vollstreckung dessen ist, was im christlichen Glauben selbst angelegt ist«, nämlich »die Entgötterung der Welt«.[45] Jochen Bohn hat diesen Gedanken kürzlich aufgegriffen; er vermutet: In Gottes Heilsplan ist die religiöse Christenheit ein wichtiger Zwischenschritt auf dem Weg zur Religionslosigkeit. Er folgert sogar, ohne das Christentum hätte es zu Religionslosigkeit gar nicht kommen können.[46] Obwohl dies empirisch wohl kaum zu halten sein dürfte, ist mit derartigen Überlegungen ein Ansatz gewonnen, der einen konstruktiven Umgang mit der Situation der Religionslosigkeit erlaubt. Die Religionsgeschichte geht weiter, und inmitten dieses Prozesses muss sich auch das Christentum neu platzieren.

3.4.2 Christ sein unabhängig von Religion und Religionslosigkeit

Religion wird mit der neuen Situation mindestens regional obsolet. Sie erweist sich für den christlichen Glauben als gefährlich, nicht nur in dem allgemeinen grundsätzlichen Sinn, wie ihn Karl Barth sah, sondern auch in der Konkretion religiöser Akte und Auffassungen. Sie ist nicht in der Lage, als klassischer Anknüpfungspunkt für die christliche Verkündigung zu dienen; diese muss grundsätzlich ohne ein »religiöses Apriori« auskommen. Es gibt keine konstitutive Verbindung zwischen Religion und christlichem Glauben. Daher ist der Versuch »religiöser Erneuerung« ein nur begrenzt weiterführender Holzweg. Eine in religiösen Formen und Gefühlen sich entfaltende Spiritualität ist eine anthropologische Möglichkeit; der Glaube wird aber stets vor ihr auf der Hut sein. Schon Karl Barth hatte gesehen, dass Religion nur insoweit Existenzberechtigung haben dürfe, als sie davon ausgeht, dass sie sich überflüssig machen muss. Das heißt nicht, dass religiöse Formen dem Glaubenden nicht begrenzt hilfreich sein könnten. Bonhoeffer macht das am Beispiel seiner Selbstbekreuzigung in der Zelle deutlich. Aber er fügt in seinem Brief sogleich an: »Erschrick nicht! Ich komme bestimmt nicht als ›homo religiosus‹ von hier heraus! Ganz im Gegenteil, mein Misstrauen und meine Angst vor der ›Religiosität‹ sind hier noch größer geworden als je.«[47] Religionslosigkeit wird damit nicht anstelle von Religion nun selbst Anknüpfungspunkt für den Glauben. Glaube ist unabhängig von beidem. Es gibt weder ein religiöses noch ein areligiöses Apriori, sondern, wie schon Ebeling beobachtet hat, nur einen »Ort, an dem sie beide verwurzelt sind«.[48] Glaube entsteht nicht aus einem religiösen oder nicht-religiösen Apriori, sondern er erwächst aus der Verkündigung und dem »Hören« (Röm 10,17). Jochen Bohn argumentiert im Gefolge Ebelings: Die Einzigartigkeit des Christentums »lies in its deplacement of religion and religiousness.«[49] Gott ist in den Gesetzen der Welt nicht zu finden, ob man sie religiös oder nichtreligiös interpretiert. Im Gegenteil: Er widerspricht ihnen! Das zeigt und realisiert sich in seiner Ohnmacht. Er erscheint schwach, in den Grenzen des etsi deus daretur.[50] Nur eine »As if«-Theologie kann ihm entsprechen: Das »als ob« ist nach beiden Seiten offen. Es kann sich in ein religiöses Gewand kleiden und ist zugleich Ausdruck dessen, dass das Religiöse nicht der Glaube selbst ist. Das »als ob« ist die Weise der Präsenz Gottes in der Welt. Das hat Folgen für das Selbstverständnis der Kirche.

3.4.3 Kirche in einer nichtreligiösen Welt

Die Kirche muss sich allen triumphalistischen Gehabes und alles bevormundenden Klerikalismus enthalten. Sie muss sich an den Rand der Gesellschaft drängen lassen, aber für eben diese Gesellschaft, »für andere«, da sein wollen. Nur in diesem »Für-andere-dasein« wird sie in einer religionslosen Situation sichtbar. Dass sie für andere da sein kann, setzt aber voraus, dass sie um ihr Arkanum weiß und es hütet. Sie darf sich um eine nichtreligiöse Interpretation biblischer Begriffe, ja des biblischen Evangeliums bemühen, und sie darf hoffen, dass ihr irgendwann die rechten Worte geschenkt werden. Aber sie vermag auch zu warten und zu schweigen; bei Bonhoeffer taucht am Rande der Gedanke eines Missionsverzichts auf. Sie wird nicht mit Worten auf den Markt gehen, die dort nur missverstanden werden können. Sie hütet die Worte, die nur der Selbstverständigung dienen, ja die im Grunde nur gesungen werden können. Es ist schwer zu sagen, wie konkret Bonhoeffer das vor Augen hatte. Für heute jedenfalls ist klar, dass Begriffe wie »Sohn Gottes«, »Himmelfahrt Christi« oder »Jüngstes Gericht« in religionslosem Kontext nur kontraproduktiv sein können. Inwieweit sie für die innerchristliche Selbstverständigung unverzichtbar sind, bleibt zu prüfen.

Bonhoeffer befasst sich, jedenfalls in seiner Spätzeit, nicht mit der Frage der Konfessionalität. Konfessionsfrei Christ zu sein, jedenfalls im herkömmlichen Sinn des Begriffs, hielt er sicher für möglich. Die Taufe war für ihn nicht die eindeutige Markierung der Grenzen der Kirche. Nicht überall, wo Getaufte waren, war für ihn auch Kirche. Nur in der Extremsituation hielt er eine klare Grenze für hilfreich, und zwar für alle Beteiligten. Er rechnete mit Wachstumsprozessen der einzelnen Gläubigen; die christliche Gemeinde war für ihn eine geistliche Wachstumsgemeinschaft, der aufgetragen war, immer stärker »für andere da zu sein« und das Arkanum tiefer zu erfassen. Deswegen galt sein ekklesiologisches Interesse nicht einem dualistisch scharfen »innerhalb«/»außerhalb«, das dann »neuer organisatorischer Machtentfaltung« hätte dienen können.

Bedenkenswert bleibt, was Bonhoeffer – angeregt durch Stimmen aus der Alten Kirche – über das Katechumenat geäußert hat. Natürlich kann die Lösung für heute nicht in einer Zweiteilung des Gottesdienstes wie auf dem Athos liegen. Aber es sollten Wege gefunden werden, Menschen, die sich für den christlichen Glauben interessieren und die sich vielleicht sogar für das »Tun des Gerechten« und das »da Sein für andere« engagieren, als zur christlichen Gemeinde gehörig anzuerkennen. Wie es in der Alten Kirche Katechumenen und Getaufte gab, wird es in der Kirche der Zukunft zu einem Neben- und Miteinander von getauften und ungetauften Mitgliedern kommen müssen. Sie würden vermutlich unterschiedliche Interessen und Aufgaben haben. Die Ungetauften stünden im Horizont einer bewussten oder unbewussten Erwartung der jedenfalls nicht auszuschließenden Taufe. Die Getauften würden sich nicht privilegiert vorkommen dürfen, sondern in besonderer Weise ihrer Taufverantwortung bewusst sein und sich für das Hüten des Arkanums mitverantwortlich wissen. Bonhoeffers Aufzeichnungen über Religionslosigkeit und nichtreligiöse Interpretation mögen unausgegoren und einseitig wirken. Auch ihre christologische Zuspitzung wird angesichts heutiger Wahrnehmung der Möglichkeiten und Aufgaben trinitarischen Denkens als reduziert erscheinen. Doch öffnen sie den Blick für die Wirklichkeit, sofern sie zeigen, dass christlicher Glaube sich jenseits von einem religiösen oder nichtreligiösen Apriori begründet und dass dies für das Selbstverständnis und das Handeln der Kirche erhebliche Konsequenzen hat. Einige der hier skizzierten Überlegungen werden im Folgenden ohne den expliziten Rückverweis auf Bonhoeffer aufzugreifen sein.

4 Die sprachliche Gestalt des Evangeliums

Die Literatur zu rein sprachwissenschaftlich betriebener Sprachanalyse, aber auch zu religiöser und theologischer Hermeneutik ist uferlos. Doch wäre es im Blick sowohl auf religiös als auch auf areligiös Orientierte wünschenswert, wenn wenigstens einige grundsätzliche Daten, die für den Umgang mit religiösen Texten relevant sind, allgemein präsent wären und genutzt würden. Im Folgenden kann es sich nur um vereinfachende Hinweise handeln.

Sprache verändert sich, aber religiöse Sprache gehört nach wie vor zum Reichtum menschlicher Möglichkeiten, sich auszudrücken. Sie steht profaner Sprache keineswegs polar-alternativ gegenüber, weist aber gleichwohl spezifische Charakteristika auf. Sie sind zur Kenntnis zu nehmen, wenn es nicht zu einer Verwechslung von Sprach-Ebenen und zu einer irrigen Zuordnung einer religiösen Aussage zu empirischer Wirklichkeit kommen soll. Der christliche Glaube ist mindestens teilweise im Gewand religiöser Sprache überliefert. Es ist zu diskutieren, inwieweit er heute in diesem Gewand zutreffend kommuniziert werden kann.

4.1 Das Evangelium im Gewand religiöser und nichtreligiöser Sprache

4.1.1 Die anthropologische Legitimität religiöser Sprache

Die Beschreibung religiöser Sprache und das Urteil über ihre Leistungsfähigkeit werden unterschiedlich ausfallen, je nachdem, ob der Autor/die Autorin Religion als sinnvoll oder als unsinnig bzw. inhaltslos empfindet. In beiden Fällen empfiehlt es sich, zunächst anhand möglichst klarer Kriterien religiöse Sprache als solche zu identifizieren.

Dem religiösen Menschen wird es darum gehen, dass religiös codierte Aussagen nicht unbesehen mit positivistischen Behauptungen verwechselt werden. Areligiöse Autoren werden – wie auch ihre religiös orientierten Kollegen – Wert darauf legen, ideologische

Aussagen, die sich mit religiöser Sprache garnieren, zu entschleiern.

(a) Religiöse Sprache als Phänomen

Religiöse Sprache ist als Phänomen schwer zu fassen.[1] Man kann sich zunächst nur daran orientieren, wie dezidierte Sprecher und Anhänger von Religionen ihre Sicht der Dinge darstellen und ein entsprechendes Verhalten begründen. Die kanonischen Texte klassischer Religionen bilden ein gutes Übungsfeld. Doch begegnen dort durchaus auch Alltagssprache, poetische und fachsprachliche Elemente. Von den Religionen vorgetragene Gleichnisse können sich voll in der Alltagssprache bewegen. Poesie vermag in den Grenzbereich von allgemeiner Sensibilität und religiösem Empfinden zu führen. Fachsprachliche Elemente aus religiösem Zusammenhang können auch in profanen Texten auftauchen. Religiöse Sprache ist weder an ihrem Wortschatz noch an ihrer Grammatik eindeutig als auf praktizierte Religion bezogen zu verifizieren. Derselbe Begriff kann bekanntlich je nach Kontext eine unterschiedliche Bedeutung gewinnen. Das Wort »Herz« hat in der kardiologischen Abteilung einer Klinik offensichtlich eine andere Bedeutung als in einem Liebesbrief oder – wiederum anders – im buddhistischen Herz-Sutra. Selbst innerhalb eines religiösen Textes gewinnt ein Wort ggf. unterschiedliches Profil. Maria »bewegte diese Worte in ihrem Herzen« (Lk 2,19). »Selig sind, die reinen Herzens sind« (Mt 5,8). »Der Friede Gottes (…) bewahre eure Herzen und Sinne (….)« (Phil 4,7).[2] Hier setzen dann die hermeneutischen Bemühungen innerhalb von Religionen an. Aber auch ideologisch bestimmte Politik bedient sich gern einer religiösen Sprache, wie sich an der Sprache des »Dritten Reiches«, des Marxismus oder des islamistischen Terrors zeigen lässt. Religiöse Sprache eignet sich offenbar besonders gut dazu, emotional zu motivieren, rational begründete Hemmungen zu verdrängen und Massen zu mobilisieren. Die Werbung in der kapitalistischen Welt macht sich diese Möglichkeiten voll zunutze.

(b) Die Kontextabhängigkeit religiöser Sprache

Religiöse Sprache ist abhängig von dem Kontext, innerhalb dessen sie gebraucht wird.[3]

Zu ihrer Entschlüsselung wird die semantische und die pragmatische Nachfrage weiterführen: Welche Funktion hat eine bestimmte Aussage? Ob es in einem religiösen Text wirklich um Religion geht, ist nur an seiner Funktion zu klären.[4] Religiöse Ausdrucksweise kann grundsätzlich unabhängig von Religion gebraucht werden. Sie mag sich im Zusammenhang mit religiösen Praktiken herausgebildet haben, kann aber heute unabhängig von diesem Hintergrund Verwendung finden. Religiöse Sprache gehört zur Sprachwelt des Menschen – auch unabhängig von praktizierter Religion. Sie ist ein kulturgeschichtlich bedingtes Datum. Anthropologisch gesehen ist es legitim, sie mit und ohne Bezug zu konkreter Religion zu benutzen. Aus religiöser Sicht ergibt sich damit eine zwiefache Fragestellung. Einmal: Inwieweit ist Religion bzw. inwieweit sind einzelne Religionen ihrerseits in ihrem Vollzug von religiöser Sprache abhängig? Manche buddhistische Traditionen beispielsweise können sich nahezu völlig ohne religiöse Begrifflichkeit darstellen, weswegen man diskutiert hat, ob es sich bei ihnen wirklich um Religion oder nicht doch eher um Philosophie handelt. Sodann: Wie steht es insbesondere mit der Abhängigkeit des christlichen Glaubens von religiöser Sprache? Kann sich christlicher Glaube ohne traditionell religiöse Sprachformen vermitteln? Erleichtert oder erschwert Religiöses seine Vermittelbarkeit in einer Gesellschaft, die der religiösen Sprache skeptisch oder verständnislos gegenübersteht?

4.1.2 Die Eigenart religiöser Sprache

(a) Differentia specifica
Religiöse Sprache muss anderes beinhalten können als profane Sprache und sich zugleich von ihr unterscheiden. Darin sind sich Sprachanalytiker, die von innerhalb, und solche, die von außerhalb einer Religion aus urteilen[5], einig. Der Sprachwissenschaftler Manfred Kaempfert, der religiöse Sprache von außen beschreiben möchte, bezieht sich auf eine »rationale (›profane‹) Weltauslegung«, aber auch die banal-alltägliche Sprache, und stellt dann lakonisch fest: »Religiosität bestimmt sich uns notwendig durch eine Differenz zu diesem unserem vertrautesten, ›selbstverständlichen‹ Weltverständnis.« Profanität sei »als bekannt vorauszusetzen; nur in-

nerhalb ihres Horizontes begegne Religiosität als ein auffallender, eigener Phänomenbereich.«[6] Der Theologe Eberhard Jüngel sieht es so: Um wahre religiöse Sprache handle es sich, »wenn sie, ohne am Wirklichen vorbeizureden, über es hinausgeht. Über das Wirkliche hinausgehend geht sie auf das Wirkliche ein.« Die Wirklichkeit nämlich verlange nach »mehr als Wirklichem.« Das sei besonders im Blick auf den christlichen Glauben wichtig: Weil er »von Gott zu reden hat, wenn er die Wirklichkeit sagen will, deswegen muss er mehr sagen, als die Wirklichkeit der Welt zu sagen vermag.« Die Sprache des christlichen Glaubens hat »Wirkliches so auszusagen, dass ein Mehr an Sein zur Sprache kommt.«[7] Die Beobachtungen ähneln sich, werden aber höchst unterschiedlich interpretiert.

(b) Theologia negativa
Autoren, die das religiöse Anliegen teilen, haben es relativ leicht, die Eigenart der religiösen Sprache darzulegen.[8] Schon das Alte Testament setzt durch das Bilderverbot dem direkten sprachlichen Zugriff auf Aussagen über Gott Grenzen. Vom Neuplatonismus geprägtes Denken, wie es insbesondere bei Dionysius Areopagita Gestalt gewann, hat die These von der »theologia negativa« entwickelt: Von Gott lassen sich letztlich nur indirekte, negative, nicht aber positive Aussagen machen.[9]

(c) Analogie, Metapher und Symbol
Das IV. Lateran-Konzil nahm die Fragestellung mit der Formulierung auf: »… zwischen dem Schöpfer und dem Geschöpf kann man keine so große Ähnlichkeit feststellen, dass zwischen ihnen keine noch größere Unähnlichkeit festzustellen wäre.«[10] Man kann also »sagen, dass Gott Liebe ist, die negative Theologie muss aber sogleich hinzufügen, dass Gott dies nicht auf eine endliche Weise ist (…).«[11] Thomas von Aquin bewegt sich auf dieser Linie, wenn er zwar den Ansatz der »theologia negativa« teilt, diesen aber doch durch die Offenbarung eingeschränkt sieht. »Positive d. h. affirmative Aussagen über Gott« sind somit »im übertragenen Sinn wahr.«[12] Es lassen sich über Gott analoge oder auch metaphorische (dem »unmittelbar sinnlichen Erfahrungsbereich« entnommene) Aussagen machen.[13]

Nur wenn man der Offenbarung, auf die der christliche Glaube sich beruft, einen Sonderstatus zuweist, kann man – so der Jesuit Johannes Herzgsell – schließlich behaupten:»Sowohl die biblisch fundierte Aussage, dass Gott Mensch geworden ist (…), als auch die Formel von Chalkedon, der zufolge Jesus Christus wahrer Gott und wahrer Mensch ist, sind nicht metaphorisch oder mythologisch zu verstehen.« Die Aussage»Jesus Christus ist wahrer Gott und wahrer Mensch« sei»als ganze und in allen Teilen vollkommen wörtlich und real aufzufassen.«[14] Damit ist der Gewinn der vorherigen sprachtheoretischen Erörterungen allerdings dezisionistisch aufgehoben und verschenkt.

Auch für Eberhard Jüngel besteht die Eigenart religiöser Sprache in ihrem metaphorischen Charakter. Während die Metapher, von außen betrachtet, als uneigentliche Rede erscheine, erweise sie sich für den, der sie im religiösen Sinn versteht und anwendet, als»eigentlich«. Man könnte – was Jüngel nicht tut – an eine ähnliche dialektische Verschränkung in der Diskussion um moderne Kunst denken: Die»abstrakte« Kunst ist die»konkrete«. Das ursprüngliche Verständnis kehrt sich ins Komplementäre um. Religiöse Rede, vom christlichen Glauben in Anspruch genommen, artikuliert das eigentlich Wirkliche. Das ist freilich ein Glaubensurteil und eine theologische Behauptung. Wer an einem profanen Wirklichkeitsverständnis orientiert ist, kann nicht ohne Weiteres erkennen, dass die Wirklichkeit nach»mehr als Wirklichem«»verlangt«[15].

Paul Tillich versucht, mithilfe des Symbolbegriffs Klarheit zu schaffen. Es gebe»Wirklichkeitsschichten, die qualitativ so verschieden sind, dass man sie nur mit verschiedenen sprachlichen Systemen erfassen kann.«

Im Gegensatz zu Zeichen haben Symbole Anteil»an der Wirklichkeit und Mächtigkeit dessen, was sie bezeichnen.«[16] Das mag für bestimmte Symbole gelten, etwa für eine Fahne mit nationalen Emblemen, die Tillich als Beispiel anführt. Wie kommt es aber zur Behauptung einer»Tiefendimension der Wirklichkeit selbst«, so dass das Symbol Wirklichkeitsschichten zu eröffnen vermag,»die sonst verborgen sind und die auf keine andere Weise sichtbar gemacht werden«[17] können? Auch hier erweist sich die Argumentation als zirkulär.

Alle drei Beispiele arbeiten mit dezisionistisch gewonnenen Voraussetzungen. Während der Jesuit Herzgsell schließlich ein wörtliches Verständnis religiöser Aussagen einfordern kann, eröffnen die beiden protestantischen Autoren einen Spielraum für nicht wörtliches Verständnis. Alle aber halten an der Notwendigkeit einer spezifisch religiösen Sprache fest, wenn diese auch phänomenologisch nicht als der Wirklichkeit entsprechend zu verifizieren ist.

(d) Abgrenzungsversuche
Nur in Abgrenzung zu profaner Sprache, die sich »in Reinkultur an Texten der Wissenschaft und der Verwaltung«[18] zeige, lasse sich religiöse Sprache als solche erkennen, am eindeutigsten aber im Gebrauch durch positive Religionen. Klaus Bayer hat versucht, diesen Gegensatz rein sprachwissenschaftlich zu beschreiben.[19]

Er geht davon aus, dass sich religiöse Sprache in zwei »Textsorten« äußert, nämlich narrativ mythisch und performativ rituell.[20] Dem Narrativ-Mythischen entsprächen Beschreibungen, die der Weltdeutung dienen, dem Performativ-Rituellen jedoch Sprachhandlungen, die auf Anwendung zielen. Religiöse Sprache sei demnach einerseits als semantisch, andererseits als pragmatisch zu werten. Semantisch sei die religiöse Aussage oft mehrdeutig oder dunkel; sie könne sich auf eine »religiöse Teilwelt« beziehen und rechne mit besonderen Erschließungsmöglichkeiten; sie lasse sich als Sprachspiel verstehen. Das Pragmatische – wie Veränderung durch Riten oder Sprachmagie – hat nach Bayer oft das eigentliche Gewicht. Die Wissenschaftssprache formuliere vorsichtig und mit Hypothesen, die religiöse dagegen setze ihre Wahrheit voraus. Der Wissenschaftssprache dienten Metaphern als Hilfsmittel; im religiösen Zusammenhang dagegen vermittelten sie die Sache selbst und verselbständigten sich dabei gelegentlich. Religiöse Sprache arbeitet nach Bayer aber auch mit nichtssagenden oder jedenfalls unkontrollierbaren Leerformeln, die jedoch Gehorsam (»Nachbeten«) auszulösen und in eine »nachbetende« Gemeinschaft zu verstricken vermögen. Wissenschaftssprache stelle Autorität infrage, religiöse Sprache gehe von unhinterfragter Autorität aus. Sie zeichne sich durch »kontrollierte Merkwürdigkeit« aus und entspreche dem Bedürfnis des Menschen nach Geheimnisvollem. Bayer warnt vor einer einfachen Gleichsetzung von »profan = richtig« und »religiös = falsch«. Religiöse Sprache könne sogar ein »höheres Maß an psychischer Gesundheit« erzeugen, weil sie Sicherheit vermittle, was aber oft auch Intoleranz mit sich bringe. Gegen die religiöse Sprache sei rational nicht aufzukommen. Es sei aber aus moralischen Gründen nötig, »irrationales Engagement so weit wie möglich durch rationale Diskussion zu ersetzen und grundsätzlich alle profanen und religiösen Weltbilder kritisch in Frage zu stellen.« Denn – so Hans Albert – »der rationalen Argumenten unzugängliche unerschütterliche Glaube« sei »keine Tugend, sondern ein Laster«.[21] Er gefährdet, so muss man wohl hinzufügen, den Frieden.

(e) Ambivalentes Resultat
Vielen dieser Beobachtungen wird auch der religiöse Mensch zustimmen.

Sie lassen sich durch Argumente aus der Innenansicht einer Religion nicht entkräften. Eberhard Jüngel sieht sein Konzept der Metapher durch die These gestützt, dass der »Drang zur Metapher« mit Nietzsche als anthropologischer »Fundamentaltrieb«[22] zu verstehen sei. Freilich müsse die Verbindung zwischen der »Verfremdung des Sachverhalts«, von dem die Rede ist, und dem Wort, durch das die Metapher realisiert wird, jeweils erst hergestellt werden, und das vollziehe sich durch »Erzählung«.[23] Die Bedeutung des mit der Metapher Gemeinten stellt sich also nicht von selbst her. Sie muss vermittelt werden, was nach Jüngels Auffassung durch die Verkündigung realisiert werden kann. Was Jüngel kerygmatisch meint begründen zu können, will Tillich ontologisch ausweisen: Das Symbol vergegenwärtige, wovon es spricht. Jüngel weiß um die Unverfügbarkeit des Kerygmas; Tillich ist bewusst, dass Symbole sterben können, wenn nämlich »die Situation, in der sie entstanden sind, nicht mehr existiert.«[24] Ebendies scheint aber heute vielfach der Fall zu sein.

4.1.3 Umgang mit religiöser Sprache

(a) Voraussetzungen
Nur unter religiösen Voraussetzungen und in religiösen Kontexten
können religiös gemeinte Metaphern oder Symbole vermitteln, was
sie vermitteln sollen. Sind diese Voraussetzungen nicht oder nicht
mehr gegeben, wendet sich religiöse Sprache gegen Religion selbst.
Sie kann dann Verwirrung und Aversion auslösen. Das haben die
professionellen Vermittler von Religion wohl noch nicht ausreichend
wahrgenommen. Man kann sich die Problematik an Beispielen klar
machen.
Eberhard Jüngel wählt als Paradigma einen Satz aus der Weihnachtsgeschichte. Er formuliert positiv: »*Euch ist heute der Heiland
geboren* oder *Dieser Mensch ist Gottes Sohn gewesen* sind solche Urteile des Glaubens, die dem Wirklichen ein Mehr an Sein zusprechen
und gerade damit der Wirklichkeit gerecht zu werden beanspruchen.«[25]
Der Anspruch kann formuliert werden; wie aber ist er einzulösen?
Wie kommt man als areligiöser (oder auch als religiöser) Mensch
dazu, ein solches Urteil des Glaubens nachzuvollziehen? Bringt einen
die Metapher als solche dazu, oder braucht man nicht gerade ihre
Übersetzung in das eigene Leben und damit in die eigene Sprache
hinein? Wie erfasst ein areligiöser (oder auch ein religiöser) Mensch,
was die Metapher an ihn heranbringen will, wenn ihm nicht bewusst
wird, was »Heil« meint und was »Sohn Gottes« bedeuten soll?[26]
Paul Tillich verdeutlicht die Problematik an dem Satz »Gott hat
seinen Sohn gesandt«. Hier werden – so seine Kritik – die Kategorien von Zeitlichkeit, Räumlichkeit und Kausalität illegitimer Weise
auf Gott angewandt. »Dies alles ist sinnlos, wenn wir es wörtlich
auffassen.«[27] Woran aber soll ein areligiöser oder auch ein religiöser
Mensch erkennen, dass er etwas nicht wörtlich auffassen soll? Er
wird erst einmal wörtlich auffassen wollen. Er möchte klipp und
klar wissen, was Fakt ist. Dagegen Jüngel: »Die Sprache des Glaubens ist durch und durch metaphorisch.«[28] Soll das heißen: Sie ist
unübersetzbar und daher unverzichtbar?

(b) Optionen

Im Blick auf den Umgang mit religiöser Sprache gibt es mehrere Optionen.

Dem religiös Orientierten wird es am nächsten liegen zu sagen: Die metaphorische Sprache muss eben erlernt werden. In Christus nehmen die Begriffe eine neue Bedeutung an. Man darf sie nicht in ihrem üblichen Sinn verstehen.[29] Auch sonst ergibt sich die Bedeutung eines Worts aus dem Zusammenhang. Hier gehe es eben um die Zusammenhang des Glaubens, und das nicht nur in einem syntaktischen Sinn. In Christus ist »gegenüber *allen* Zusammenhängen, in denen Wörter sonst gebraucht werden, ein eschatologisch neuer Zusammenhang gegeben, der allen in *diesem* Zusammenhang gebrauchten Wörtern notwendig eine neue Bedeutung gibt.«[30] Man muss das einüben wie eine Fremdsprache, und man wird dabei Entdeckungen machen. Auch die Fremdsprache erlernt man allerdings nur, wenn man sie auf die Muttersprache zu beziehen weiß.

Am günstigsten ist es dann, man wächst schon in einem Sprachraum auf, in dem Mutter- und Fremdsprache sich berühren, in dem gleichsam beide gesprochen werden. Diese Sicht bekommt Schützenhilfe durch Religionspsychologen. Sie weisen darauf hin, dass es »keine natürliche religiöse Entwicklung« gebe, »die von selbst in Gang käme.« Antoine Vergote urteilt: »Die Gottesidee keimt nicht spontan im Geist des Kindes (…).«[31] Es gebe allenfalls eine religiöse Bereitschaft, die dann pädagogisch aufgegriffen werden könne. Damit wird der Familie bekanntlich eine große Bedeutung zugemessen. Mögen später auch innere Auseinandersetzungen mit der Umwelt oder insbesondere mit Konflikten ihre Rolle spielen: den entscheidenden Einfluss übt die Primärgruppe aus.[32] Aus rein religionswissenschaftlicher Perspektive fragt Peter Antes: »Wie lernt man, religiös zu sein?«[33] Das heißt: Religiöse Sozialisation tut Not. Hier knüpfen – im Bereich des Christentums – die katholischen Milieu-Theorien an. Aber auch besondere Begegnungen können die Lust wecken, eine neue Sprache zu erlernen – so das protestantisch-kerygmatische Modell. Was muss dabei vornehmlich erlernt werden? Metaphorische Sprache darf nicht wörtlich verstanden werden; sie ist hermeneutisch zu erschließen; dies wiederum hat im Zusammenhang ritueller Praxis zu geschehen.

Wer in einem areligiösen Umfeld aufgewachsen ist, wird es schwer haben, sich auf diesen Weg einzulassen. Er wird vor allem keinen Anlass dazu sehen. Eine zweite Option besteht darin, das Potenzial religiöser Sprache zu Selbstkritik deutlich zu machen und in Anspruch zu nehmen. Bei der Beschreibung religiöser Sprache von außen wird dieser Gesichtspunkt oft übergangen.[34] Religiöse Sprache ist in der Lage, sich selbst zu hinterfragen, zu kritisieren, sich zu verändern und zu ergänzen. Dieses Potenzial ist in vielen Religionen zu erkennen; ja, die Religionsgeschichte hat sich teilweise aufgrund selbstkritischer Aufbrüche in der Mitte einzelner Religionen fortentwickelt. Der Buddhismus ist aus der Kritik an hinduistischen Vorstellungen und Praktiken erwachsen; das Christentum lässt sich mindestens teilweise aus Zügen jüdischer Selbstkritik erklären; aber schon innerhalb der Hebräischen Bibel gibt es Selbstkritik, etwa hinsichtlich eines falschen Opferverständnisses.[35] Das Christentum wird dann selbst zum Paradigma selbstkritischer Bewegungen, nicht zuletzt mit der Reformation des 16. Jahrhunderts, dann mit dem Aufkommen der historisch-kritischen Exegese, mit Schleiermachers Kritik der Aufklärung und dann wieder mit der Kritik Karl Barths an Schleiermacher und dessen religiösem Ansatz. Auch Bultmanns Programm der existenzialen Interpretation darf in diesem Zusammenhang genannt werden.

Damit kommt die dritte Option in Sicht: nichtreligiöse Interpretation religiöser Sprache. Ob sie möglich ist, steht zur Debatte. Jedenfalls drängt religiöse Ausdrucksweise selbstkritisch über sich selbst hinaus. Das öffnet sie in gewisser Weise auch für areligiöse Menschen. Die zunehmende Selbstverständlichkeit areligiösen Denkens fordert heute erneut zur Selbstkritik christlicher Selbstartikulation heraus. Der christliche Glaube darf sich mit seinem traditionellen Symbol- und Metaphern-Denken nicht selbst im Weg stehen. Angesichts von Globalisierungsprozessen und Migrationsbewegungen muss er sich zu religiösen Aussagen fremder religiöser Traditionen in Relation setzen. Dies dürfte durch einen statischen Symbol- und Metaphern-Vergleich nur unzureichend möglich sein.

Eine vierte Option für den Umgang des christlichen Glaubens mit religiöser Sprache könnte darin bestehen, religiöse Aussagen im areligiösen Umfeld bewusst als Provokationen einzusetzen.[36] Doch diese Störfunktion kann sich nur auswirken, wenn sich die entsprechenden Visionen und Versprechen auch inhaltlich füllen und darstellen lassen. Dazu dürfte die traditionelle religiöse Sprache nicht ausreichen. Für jede der vier Optionen zeigt sich, dass die religiöse Sprache mehr oder weniger stark von nichtreligiöser Interpretation begleitet sein muss. Nicht Ersatz, aber Übersetzung tut Not.

Angedeutet sei noch eine fünfte Option. Schließlich wird die konstruktive und kritische Revision religiöser Sprache aus einem weiteren Grund notwendig. Wer für eine metaphorische symbolgesättigte Sprache sich zu interessieren keinen Anlass sieht, wird ihr – jedenfalls vorerst – trotzdem begegnen. Er kann sie ignorieren. Er kann ihr aber auch Funktionen zuweisen (oder genehmigen), die mit Religion in einem direkten Sinn nichts zu tun haben. Einem Menschen, dem Gott nichts bedeutet und der es ablehnt, sich mit religiösen Texten zu befassen, rät der Schriftsteller Martin Walser »Lesen wir's als Roman. Madame Bovary und Iwan Karamasow gibt es auch nicht, und trotzdem wiegen und wägen wir, was sie tun und sagen und warum sie es tun und sagen.«[37] Auch als Literatur genommen haben religiöse Aussagen ihre Ausstrahlung und ihre Funktion. Sie können dem areligiösen Menschen zur Orientierung und inneren Klärung beitragen, deren Reichweite sich keineswegs von vornherein begrenzen lässt. Die »semantischen Gehalte« religiöser Aussagen sind in der Lage, auch dem religiös Unmusikalischen etwas zu sagen, etwa die moralische Sensibilität des Menschen zu vertiefen.[38] Insofern kann auch eine areligiöse Gesellschaft Religion und religiöse Sprache im Blick auf ihre eigene Stabilisierung wertschätzen. Es kommt dann darauf an, wer zu welchen Zwecken sie nutzt.

Sie kann profan eingesetzt werden, weil ihr offenbar gewisse psychologische Funktionen eignen. Manipulation, Emotionalisierung, Ideologisierung von Einzelnen und Gruppen sind, wie bereits erwähnt, nur einige ihrer Möglichkeiten. Religiöse Sprache, die sich nicht klar auf Religion bezieht, ist daher höchst gefährlich. Religion selbst muss ein vitales Interesse daran haben, dass die ihr entgleitende religiöse Sprache nicht zum Schaden von Menschen miss-

braucht wird. Religion muss sich mit ihren eigenen Sprachgewohn-
heiten kritisch auseinandersetzen, ihre eigene Sprache nutzen und
sich in gewisser Weise gegen sie profilieren.

4.2 Die Befreiung des Evangeliums von der Verführbarkeit durch religiöse Sprache

4.2.1 Das Problem der Übersetzbarkeit religiöser Sprache

Religiöse Sprache kann dem Evangelium helfen, sich zu vermitteln;
sie kann die Vermittlung aber auch beeinträchtigen oder gar verhindern. Wer damit vertraut ist, sie in die eigene Existenz zu übersetzen,
nutzt sie mit Gewinn. Sie hilft ihm bei der Meditation, und er hat
keine Schwierigkeit, sie – etwa im Gebet (oder auf der Kanzel!) – zu
gebrauchen. Dem aber, der nicht mit ihr vertraut ist, sagt sie nichts,
wenn sie ihn nicht gar davon abhält, einer Religion näherzutreten.
Er wertet sie allenfalls als einen ihm kaum verständlichen Ausdruck
des Selbstverständnisses dessen, der sie spricht. Können ihm die
Inhalte des Evangeliums als mindestens gedanklich nachvollziehbar
erschlossen werden, ohne dass er sich durch die für ihn als irrelevant
erscheinende religiöse Sprache verwirren lassen muss?

Soll das Evangelium vermittelt werden, kann – je nach Situation
und Adressatenkreis – offenbar sowohl religiöse als auch profane
Sprache Verwendung finden. Soll das Evangelium dabei nicht missverstanden werden, kommt es auf zweierlei an: Sofern es in religiöser Sprache begegnet, darf diese nicht im Sinne empirisch-kognitiver
Aussagen fehlinterpretiert werden; darin läge die fundamentalisti-
sche Gefahr. Ihre semantischen Gehalte müssen aber in empirisch-
kognitive Aussagen übersetzbar sein, sonst bleiben sie nichtssagend
und irrelevant; dies würde zu einem nihilistisch-materialistischen
Ergebnis führen. Das zu lösende Problem lautet daher: Lässt sich die
religiöse Sprache, sofern das Evangelium in ihr begegnet, in bündige
empirisch-kognitive Aussagen übersetzen? Umgekehrt: Sind in profaner Sprache gemachte Aussagen dafür offen, ohne die Vermittlung
durch religiöse Sprache eine auf den Glauben bezogene Bedeutung
voll zum Ausdruck zu bringen?

Blickt man in die biblischen Bücher, so wird man für profane wie für religiöse Aussagen reichlich Material finden. Neben profanen Erzählungen und Sprüchen weisheitlicher Natur, die einer religiösen Einkleidung nicht bedürfen, stehen religiöse Bilder, von den Schöpfungsmythen bis zu Gerichtsschilderungen, die, wortwörtlich aufgefasst, nur Missverständnisse auslösen werden.

4.2.2 Klärungsvorschläge

Vereinfacht gesagt – nicht für Sprachwissenschaftler und Hermeneutiker, sondern für den Hausgebrauch durch religiös und durch areligiös orientierte Menschen – sollte bei Aussagen der Bibel, der Bekenntnisse und der aktuellen Verkündigung jeweils Folgendes geklärt werden: Handelt es sich um

– Aussagen, die nicht wörtlich zu verstehen sind, weil es um Poesien oder Visionen geht, die als solche gekennzeichnet sind? Beispiel: »Und ich sah, und siehe, das Lamm stand auf dem Berg Zion und mit ihm hundertvierundvierzigtausend (…)« (Offb. 14,1).

– Aussagen, die nicht wörtlich zu verstehen sind, weil es um Gleichnisse oder Beispielgeschichten geht? Beispiel: »… wird ihn in Stücke hauen lassen (…)« (Mt 24,51).

– Aussagen, die wörtlich zu verstehen sind, aber als solche eine tiefere Bedeutung transportieren können und in diesem Fall durch ein wörtliches Verständnis gerade nicht voll erfasst werden? Beispiel: »… sogleich wurde er sehend (…).« (Mk 10,52).

– Aussagen, die wörtlich zu verstehen sind, aber nur innerhalb eines größeren Erzähl- oder Argumentations-Zusammenhangs Bedeutung gewinnen können? Beispiel: »wer da hat, dem wird gegeben werden« (Mt 25,29).

Schon durch diese schlichten Nachfragen könnten – für religiös und für areligiös orientierte Menschen – allerlei Missverständnisses vermieden werden. Es könnte damit ein hermeneutischer Spielraum gewonnen werden, der zugleich das Rezeptionsvermögen und die Partizipationsfähigkeit möglicher Hörer und Leserinnen anzuregen in der Lage wäre. Ein wörtlich genommen sinnloser Satz wie »Gott hat seinen Sohn gesandt« ist dann, so Paul Tillich, wenn er symbolisch verstanden wird,»tiefer Ausdruck der christlichen Erfahrung, ja der höchsten christlichen Erfahrung im Hinblick auf das Verhältnis von Gott und Mensch.«[39] Für religiöse oder religiös sozialisierte Menschen präzisiert das Symbol ihre innere Erfahrung. Eberhard Jüngel hat sich um die Erschließung des Satzes »Christus ist ein Weinstock« bemüht (merkwürdigerweise nicht entsprechend Joh 15,1: Christus »der wahre Weinstock«). Man dürfe, um zu verstehen,»nicht den Weinstock im Weinberg meinen« und müsse »doch an ihn denken.« Das grammatische Subjekt – in diesem Fall: Christus – werde damit präzisiert.[40] Für areligiöse Menschen verläuft der Weg wohl umgekehrt. Was sie in der Gemeinschaft mit Glaubenden unter einer zu Herzen und Verstand gehenden Verkündigung des Evangeliums an Ermutigung, Orientierung und Segen erfahren haben, können sie im Nachhinein möglicherweise unter dem Symbol des »Weinstocks Christus« neu und tiefer verstehen.

Die Metapher wird von der Erfahrung her erschlossen und zugleich trägt sie dazu bei, neue Erfahrung zu gewinnen. Die beiden Sprachrichtungen, wie sie einerseits dem Religiösen, andererseits dem Areligiösen entsprechen, können sich gegenseitig ergänzen und vertiefen. Manche religiöse Aussagen werden in der Bibel durch Profanes regelrecht übersetzt. Was es mit »Himmelreich« auf sich hat, wird in profanen Vergleichen mit Hochzeit und Ernte und durch Gleichnisse vom Säen, Suchen und Finden erläutert. Sie beginnen in ihrer heutigen schriftlichen Form mit Wendungen wie:»Das Himmlreich gleicht …, mit dem Reich Gottes ist es so …«. Der religiöse Begriff »Himmelreich/Reich Gottes« wird damit gleichsam ins Profane übertragen. Vielleicht hat Jesus seine Gleichnisse zuerst erzählt und dann abgeschlossen mit dem Hinweis:»So ist es mit dem Reich Gottes!« Wenn sich das auch exegetisch nicht wahrscheinlich machen lässt, so könnte es doch angesichts einer weithin vorauszusetzenden Areligiosität ein heute naheliegender Ansatz für die Verkündigung sein. Die Aufgabe bestünde dann nicht darin, religiöse Aussagen in eine areligiöse Welt hinein zu übersetzen, sondern bei den Erfahrungen, die auch areligiöse Menschen machen, anzusetzen und sie in den Horizont des Glaubens zu stellen.

4.2.3 Profanes Evangelium

Wenn Jesus zu einem Menschen sagt:»Folge mir nach!«, hat das nichts spezifisch Religiöses an sich. Glaube als Nachfolge ist ein Sich-mitziehen-Lassen auf einen Weg, der sich als gangbar erweist, und nicht Übernahme merkwürdiger, noch dazu dogmatisch fixierter Vorstellungen. Auf diesem Weg, der seine eigenen Ausblicke, Einsichten und Erfahrungen mit sich bringt, können sich dann manche der eigenartigen religiösen Artikulationsweisen von Menschen, die schon zuvor diesen Weg beschritten haben, erschließen; andere mögen unerschlossen bleiben oder sich zu einem späteren Zeitpunkt als sinnvoll erweisen. Selbst Paulus konnte sich mitunter ohne religiöse Sprache artikulieren. Kraft, die »in den Schwachen mächtig« ist (2 Kor 12,9) – das war eine seiner Erfahrungen mit Christus.»… Glaube, Hoffnung, Liebe, diese drei, aber die Liebe ist die größte unter ihnen« (1 Kor 13,13): Eine durchaus profan verständliche, wenn auch nicht selbstverständliche Feststellung. Gott – »von ihm und durch ihn und zu ihm sind alle Dinge« (Röm 11,36), das war die Überzeugung des Paulus, formulierbar ohne alle religiöse Ausschmückung und Einkleidung. Der Glaube erschließt einen Existenzbereich, zu dessen Beschreibung religiöse *und* profane Sprache dienen können, ohne aber den Sachverhalt voll zur Darstellung zu bringen. Glaube transzendiert beide. Das ist eine Selbstverständlichkeit, wenn seine Wahrheit im Sterben des Menschen über die Grenze irdischer Sprachräume hinausreichen soll. Solcher Glaube ist nicht in der Weise unerschütterlich, dass er sich auf religiöse oder profane Behauptungen fixieren ließe. Er führt vielmehr in eine Gewissheit, die zwar aufgrund von religiösen oder profanen Behauptungen entstanden sein wird, sich aber nicht mehr von profanen oder religiösen Behauptungen ableitet.

Das Evangelium scheint also jedenfalls nicht einseitig an religiöse Sprache gebunden zu sein. Gleichwohl ist die Frage noch immer offen, ob oder doch inwieweit eine nichtreligiöse Interpretation biblischer Begriffe legitim und hilfreich sein kann, – die Bonhoeffer-Frage. Dabei geht es keineswegs darum, dass die religiöse Sprache mit ihren Metaphern und Symbolen als uneigentliche Rede empfunden wird, der nun mithilfe einer profanen Begrifflichkeit das Eigentliche entlockt werden müsste. Die religiöse Sprache hat ihre eigene Chance, aber sie wird in einem areligiösen Umfeld schlicht nicht verstanden. Daher müssen Übersetzungen versucht werden. Aber zugleich meldet sich der Verdacht: Bleiben nichtreligiöse Versuche, das Evangelium auszusagen, hinter den überlieferten religiösen zurück?

4.2.4 Möglichkeiten und Grenzen areligiöser Verkündigung

Man kann sich zunächst bei Dichtern und Schriftstellern umsehen, wie sie religiöse Inhalte unabsichtlich in profane Sprache gebracht haben. Auf der Todesanzeige in einer Zeitung habe ich die Zeile entdeckt: »Ich werde still sein. Doch mein Lied geht weiter« (Mascha Kaléko). Hat das nicht mit »Auferstehung« zu tun? Aber wie viel »Auferstehung« bringt es zum Ausdruck? Andere Blickrichtung: Lässt sich in der Sprachwelt der nordamerikanischen Tod-Gottes-Theologie Weiterführendes finden? Jesus »a place to be«, nämlich beim Nächsten (William Hamilton[41]). Klingt hier trotz des Verweises in die Ethik nicht etwas von Luthers »ponit nos extra nos«[42] an? Die ansteckende Freiheit Jesu leben; »Auferstehung« – ein Erwartungsbegriff, der einen neuen »›blik‹« vermittelt (Paul M. van Buren unter Berufung auf M. Hare[43])? Hier schließen teilweise entsprechende Versuche deutschsprachiger Theologen an. Es kam zu einer »Weiter-Ereignung der ›Sache Jesu‹ als *seiner* Sache« und es kann noch heute zu ihr kommen – das ist eine empirisch verifizierbare Tatsache. Lässt sich in der Entfaltung dieser Behauptung (von Willi Marxsen[44]) die Oster-Erfahrung, wie sie im Neuen Testament beschrieben wird, voll zum Ausdruck bringen? Sind die Hoheitstitel des Neuen Testaments durch die Begriffe »Autorität« und »universale Relevanz« Jesu, wie ich sie in meiner »Dogmatik« gebrauche[45], voll abgedeckt? Ist die Weihnachtsgeschichte im Sinne einer Identifikationschristologie vor Missverständnissen zu bewahren?[46] In der theologischen Diskussion des 20. Jahrhunderts sind Umschreibungen des Gottesbegriffs erarbeitet worden: »die alles bestimmende Wirklichkeit« (W. Pannenberg[47]), das, »was uns unbedingt angeht« (P. Tillich[48]), das »Woher meines ›Ich soll‹ und meines ›Ich darf‹« (H. Braun[49]). Geben sie dem »Geheimnis«, das wir »Gott« nennen

(K. Rahner[50]), angemessenen Ausdruck? Sie zeichnen sich wohl dadurch aus, dass sie keine dogmatische Endgültigkeit beanspruchen, sondern zu weiteren Artikulationsversuchen des Glaubens einladen.

4.2.5 Beispiel: Vaterunser

Lässt sich das Vaterunser nichtreligiös, für Areligiöse nachvollziehbar formulieren? Es ist das Gebet der Jünger Jesu, also ein Gebet der Gemeinde und zugleich der einzelnen Glaubenden. Je nach dem wird es seine eigene Akzentuierung haben. Matthias Kroeger hat eine Paraphrase des Vaterunsers vorgelegt, der er einen eigenen Text zum Mitdenken von Luthers Morgensegen vorausschickt: »*Ich danke dir, mein himmlischer Vater*« – »Ich danke dir, großes Geheimnis und göttliche, schaffende und begnadende, also wahrlich väterliche und mütterliche Urmacht allen Lebens . (…).«[51] Sein meditativ sich aussprechendes Vaterunser behält formal das theistische »per Du« bei.

Ich denke, man muss heute einen Schritt weiter gehen, und es etwa so versuchen:

»In dem Vertrauen, das sich uns durch Jesus aus Nazareth und seinen guten Geist vermittelt, sind wir gewiss, dass unsere Sehnsucht in Erfüllung geht:

Geehrt, gewürdigt und geschützt werde das Geheimnis des Daseins, die Quelle aller Energie und Orientierung für ein frohes, heiles, sinnhaftes Leben.

Tatkraft und Engagement für eine bessere Welt werden wachsen und sich durchsetzen.

Was dazu geschehen muss, soll geschehen, so weit möglich, auch mit unserer Hilfe.

Wir hungern nach Leben. Dankbar für alles, was uns täglich zuteil wird, sind wir bereit, davon weiterzugeben.

Wir leben davon, angenommen zu sein und an unserem Versagen nicht scheitern zu müssen. Unsere Schuld wird uns vergeben sein, wie auch wir uns verpflichtet sehen, denen zu vergeben, die an uns schuldig geworden sind.

Wir vertrauen darauf, in den Herausforderungen des Lebens nicht unterzugehen.

Von dem Bösen in uns und um uns werden wir frei werden; daher können wir ihm Widerstand leisten.

Vertrauen, Lieben und Hoffen, wie es an Jesus sich zeigt, ist eine Kraft, die wir spüren können. Sie macht uns gewiss, dass am Ende alles gut sein wird.

Ja!«

Für religiöse wie areligiöse Menschen gilt:»Wir wissen nicht, was wir beten sollen.« (Röm 8,26; 8,15) Das kindlich vertrauensvolle »Abba« Jesu kann anstecken und Reaktionen auslösen, auf religiöse wie auf nichtreligiöse Weise.

Der bereits genannte Psychologe Julius Kuhl polemisiert gegen die Vorstellung, es werde dem modernen Menschen helfen,»wenn man die orientalische Bildersprache der Bibel in richtiges Deutsch übersetze (...).« Das sei»naiv«, der»zum Scheitern verurteilte Versuch eines hypertrophierten Ich, sich das unermessliche Erfahrungswissen des Selbst oder gar einer überindividuellen Menschheitserfahrung einzuverleiben.«[52] Auf der anderen Seite weiß auch er, dass das links- und das rechtshemisphärische Erkenntnissystem einander brauchen, dass aber das rechtshemisphärische in der Moderne von dem linkshemisphärischen dominiert wird.[53] Vorschläge zu areligiösen Formulierungen, wie sie oben vorgetragen wurden, sollen überkommene Bekenntnisse und Gebete nicht ersetzen, sie vielmehr denen zugänglich machen, die eine traditionelle religiöse Sprache nicht mehr verstehen oder nur missverstehen können. Es geht um»›Übersetzung‹, bei der ›Übersetztes‹ nicht überflüssig wird.«[54]In einer traditionellen Religiosität lebende Christen (und vielleicht auch Areligiöse) können enttäuscht sein, wenn sie die befreiende und froh machende Botschaft Jesu Christi ohne deren religiöse Einkleidung wahrnehmen.»Mehr ist es also nicht?« Der Psychologe Julius Kuhl vermutet, diese Enttäuschung hänge damit zusammen, dass die allein linkshemisphärische, auf Objekterkennung ausgehende Erkenntnisweise heute vorherrsche; zugleich aber werde sie bei Fehlen der rechtshemisphären als Reduktion erfahren.[55] Das heißt, wenn ich ihn recht verstehe: Nichtreligiöse Sprache bringt zwar auf den Punkt, was»Sache« ist. Dieses Ergebnis muss aber doch im Ganzheitlichen verankert werden. Zu einer solchen Verankerung könnte bereits die Bewusstwerdung dieser Tatsache als solcher beitragen (so Kuhl); selbst erklärte Atheisten sprechen ja von Spiritualität. Eine ganzheitliche Einholung des nichtreligiös wahrgenommenen Evangeliums kann sich vollziehen durch eine durchaus rational bestimmte Meditation, im Austausch und in der gemeinsamen Aktion mit »Gleichgesinnten« sowie in der konkreten Übernahme von Verantwortung. Auf diese Weise kommt, religiös gesprochen, das »Amen« zur Erfahrung: »Das ist gewisslich wahr.« Weder eine religiöse noch eine nichtreligiöse Sprache wird dem Evangelium gerecht. Gott ist größer! Das Wort ward »Fleisch« (Joh 1,14): Zu diesem »Fleisch« gehört, wenn die im ersten Teil dieser Arbeit entwickelte These stimmt, die Möglichkeit des Menschen, religiös oder areligiös zu sein – sicher mit vielerlei Zwischenstufen. Gerade deshalb muss die Kirche wie die religiöse so auch die nicht-religiöse Sprache beherrschen und zugleich über die jeweiligen Ein-seitigkeiten von beiden hinausweisen. Paulus war einst im Dienst der Verkündigung »allen alles geworden« (1 Kor 9,23).

5 Das Bekenntnis der Kirche in verändertem Kontext

Christlicher Glaube hat sich in Texten artikuliert, die in Worte zu fassen versuchen, worin sein Inhalt und seine existenzielle Relevanz bestehen. Neben den altkirchlichen Bekenntnissen stehen die Bekenntnisformulierungen einzelner Kirchen und Konfessionen. Ihre Bedeutung wird von diesen selbst unterschiedlich eingeschätzt und bestimmt. Konfessionsfreie und areligiöse Menschen aber wissen nichts mit Bekenntnissen anzufangen, die sie weder verstehen noch irgendwie interessant finden. Im Gegenteil, sie empfinden es vermutlich als Zumutung, sich auf ein Gespräch über »so etwas« einlassen oder gar etwas ihnen so Fremdes akzeptieren zu sollen. Das heißt, Christen und Kirchen müssen, wenn sie im veränderten kulturellen Kontext verstanden werden wollen, neu mit ihren Bekenntnissen umzugehen lernen.

Das christliche Bekenntnis hat, wie bereits diskutiert, in der Regel eine doppelte Funktion: Es dient der Selbstverständigung einer Kirche und es grenzt von anderen Auffassungen ab. Menschen, die ein Bekenntnis teilen, werden das inhaltliche Moment der Selbstverständigung als wichtig ansehen, während Außenstehende eher das formal Ab- und Ausgrenzende eines Bekenntnisses wahrnehmen dürften. In beiden Hinsichten muss gearbeitet werden. Es zeigt sich die Notwenigkeit, dass Glaubende neu dazu befähigt werden, überkommene Bekenntnisse zu verstehen und ihr eigenes Bekenntnis zu formulieren. Im Blick auf Nichtglaubende gilt es, Bekenntnisformulierungen zu erschließen und von ihrem Bedingungscharakter zu befreien, sie zu »entkonditionalisieren«.

5.1 Die faktische Relativierung von Bekenntnissen

Theoretische und faktische Geltung des Bekenntnisses fallen heute in den meisten Kirchen weit auseinander. Als Artikel 1 ihrer Grundbestimmungen hält die Vereinigte Evangelisch-Lutherische Kirche Deutschlands in ihrer Verfassung fest: »(1) Die Grundlage der Vereinigten Evangelisch-Lutherischen Kirche ist das Evangelium von Jesus Christus, wie es in der Heiligen Schrift Alten und Neuen Testaments gegeben und in den Bekenntnisschriften der Evangelisch-Lutherischen Kirche, vornehmlich in der ungeänderten Augsburgischen Konfession von 1530 und im Kleinen Katechismus Martin Luthers, bezeugt ist.«[1] Die Grundordnung der Evangelischen Kirche in Deutschland formuliert weicher: »Gemeinsam mit der alten Kirche steht die Evangelische Kirche in Deutschland auf dem Boden der altkirchlichen Bekenntnisse. Für das Verständnis der Heiligen Schrift wie auch der altkirchlichen Bekenntnisse sind in den lutherischen, reformierten und unierten Gliedkirchen und Gemeinden die für sie geltenden Bekenntnisse der Reformation maßgebend.«[2]

Vielen Gemeindegliedern ist die Existenz solcher Bestimmungen und vor allem deren Inhalt unbekannt, obwohl die klassischen Bekenntnis-Texte teilweise in den Gesangbüchern abgedruckt sind. Was evangelische Kirchen zusammenhält, sind längst nicht mehr historische Bekenntnisschriften. Es ist ganz sicher nicht der Wortlaut des Apostolikums. Es ist vielmehr ein bestimmtes Lebensgefühl und wohl auch ein bestimmter Organisations- und Lebensstil. Er dürfte sich ergeben aus einem mehr oder weniger ausgeprägten Zugehörigkeitsbewusstsein, das sich aus den Nachwirkungen reformatorischer Traditionen sowie aus Hinterlassenschaften von Aufklärung und Erweckungsbewegungen speist: grundsätzliche Autonomie in Denken und Handeln mit lockerer Verwiesenheit auf das biblische Zeugnis als letzte Instanz, Unabhängigkeit von institutionellen Vorgaben wie kirchlichen Ämtern und rituellen Gepflogenheiten, Eigenverantwortung als höchstes Entscheidungskriterium. Angesichts dieser Situation wäre es abwegig, Bekenntnisse irgendwelcher Art als unüberwindliche Trennmauern zwischen Angehörigen einer evangelischen Kirche und konfessionslosen oder areligiösen Menschen aufzubauen.

5.2 Bekenntnis als innerkirchliche Selbstverständigung

5.2.1 Historische Bekenntnisse

Bekenntnisse haben in den verschiedenen christlichen Konfessionen unterschiedliche Gestalt und unterschiedliches Gewicht. Die evangelische Erfahrung besteht darin, dass sich einerseits Konfessionen um Bekenntnisse herum formiert, andererseits Bekenntnisse sich inmitten von bekennenden Gemeinschaften herausgebildet haben. Die Confessio Augustana war das große Beispiel und Modell. Über lange Zeit war es wohl das gemeinsame Bekenntnis, was die Angehörigen einer Konfession miteinander verband und konfessionelle Gemeinschaft zusammenhielt. Es sollte die Kontinuität sichern und Identität festschreiben. In der Reformationszeit hatte man noch kaum im Bewusstsein, dass sich Kontinuität nicht durch Festhalten am Wortlaut wahren lässt, wenn der Wortlaut in den Strudel sich verändernder kultureller Rahmenbedingungen gerät. Ebenso wenig machte man sich klar, dass Identität keine statische Gegebenheit darstellt, sondern sich im Prozess je und je ausbildet. Man wollte zum Ausdruck bringen, was zeitenübergreifend gilt. Die Devise von der immer neu zu reformierenden Kirche, der »ecclesia semper reformanda«[3], entspricht dem Luthertum von Hause aus ebenso wenig wie dem Katholizismus und der Orthodoxie. Die reformierten Bekenntnisschriften gaben sich weniger verbindlich, aber auch hier kam es nur selten zu Veränderungen einmal fixierter Bekenntnis-Inhalte. Immerhin boten sie Anlass zu Auseinandersetzungen und nachfolgenden Modifikationen in der Frage der Erwählung.[4] Die römisch-katholische Kirche spricht von Dogmen und erhöht durch deren (kirchen-)rechtsverbindlichen Charakter noch einmal den Bekenntnisdruck.[5] Die Orthodoxie gibt dem Bekenntnis von Nizäa-Konstantinopel einen liturgischen Rang und macht es damit sakrosankt.

5.2.2 Bekenntnishermeneutik

Die lutherischen Bekenntnisschriften verstanden sich zwar als »normierte Norm«, nämlich als abhängig von der Heiligen Schrift als der

Norm gebenden Norm. Klar stellt Winfried Härle die »normative Unterordnung des Bekenntnisses unter den biblischen Kanon« der »hermeneutische(n) Vorordnung des Bekenntnisses vor die Bibel« gegenüber.[6] Eine hermeneutisch-normative Dauerreflexion ist angesagt: Immer neu gilt es zu überprüfen, ob sich in der Ableitung von der normierenden Norm oder bei der Formulierung der normierten Norm etwa Unsachgemäßes eingeschlichen haben kann. Aber substanzielle Veränderungen sind ursprünglich nicht vorgesehen. Angesichts neuer exegetischer Einsichten ist heute jedoch deutlich, dass das biblische Zeugnis als »normierende Norm« (»norma normans«) nicht einfach als vorliegender Maßstab verstanden werden kann, sondern selbst erst in seiner Normativität gesucht und anerkannt werden muss. Die »norma normans« wird damit zwar nicht eine vorweg zu normierende Norm (»norma normanda«), aber doch zu einer Norm, die darauf angewiesen ist, in ihrer Geltung ihrerseits erst wahrgenommen und erfasst zu werden. Der Begriff »Norm« bedarf dabei selbst der Klärung. Im Blick auf die Botschaft von der Liebe Gottes scheint er unangemessen. Die so zu gewinnenden Erkenntnisse einschließlich des dabei zu entdeckenden Spielraums für neue Formulierungen müssen genutzt werden.

Eine wache Kirche wird sich anhand überkommener Bekenntnisse immer neu um binnenkirchliche Selbstverständigung bemühen. Die klassischen Bekenntnis-Texte halten die Themen fest, über die sich eine Gemeinde oder eine Konfessionskirche verständigen muss. Dabei kann durchaus die religiöse Sprache der Tradition mit den für sie charakteristischen Begriffen und Denkfiguren Verwendung finden. Doch eignet sich die Sprache der Selbstverständigung nicht für missionarische Zwecke. Außerhalb dieses Selbstverständigungsprozesses löst sie leicht Missverständnisse und Kopfschütteln aus.

Zum Prozess innerkirchlicher Selbstverständigung gehört die Frage nach Grund, Reichweite und Bedeutung der Selbstverständigung selbst. Eine Kirche wird als soziologische Größe nicht umhin kommen, sich Statuten zu geben. Doch wird sie juristische Gesichtspunkte dem positiven Inhalt ihres Bekenntnisses unterzuordnen haben, ganz zu schweigen von eventuellen finanziellen Implikationen (wie der Bezahlung der Kirchensteuer). Will sie im Geist des

Evangeliums leben, wird sie Bekenntnisformulierungen mit allem ihnen gegenüber erforderlichen Respekt frei handhaben und sie nur in Ausnahmefällen als Ausschlusskriterien anwenden.

5.3 Bekenntnisbefähigung

5.3.1 Authentisches Bekennen

Angesichts des Funktionsverlusts der Konfessionalität ergibt sich für die Kirche die Aufgabe, einen neuen Umgang mit ihren Bekenntnissen zu suchen. Das Bekenntnis ist zwar vorgegeben, nicht jedoch primär als einzuhaltender Rahmen, sondern als Ausgangspunkt für die eigene Bekenntnisbildung des einzelnen Christen. Lebendiger Glaube braucht Bekenntnisfreiheit! Der katholische Theologe Stephan Pfürtner, der lange Zeit am Marburger Fachbereich Evangelische Theologie gelehrt hat, sagt das so:»Die Orthodoxie braucht die Heterodoxie und tut schlecht daran, sie als Häresie abzustempeln. Die Heterodoxie muss geradezu als funktionaler Teil der Orthodoxie bezeichnet werden, will diese nicht in traditionalistische, positivistische und damit rationalistische Pragmatik absinken.«[7] Das gilt auch für den einzelnen Glaubenden. Bewusster Konfessionszugehörigkeit würde es gut bekommen, Konfessionsfreiheit und Areligiosität als die ihr komplementären Pendants ernst zu nehmen, auch wenn sich ihre Exponenten dem Gespräch entziehen. Die eher auf intellektueller Ebene sich bewegende Frage »*Was* bekenne ich?« erweist sich dabei als die existenzielle Herausforderung: »*Wozu* bekenne ich mich?« Der Bekenntnis-Akt ist dann nicht mehr primär rationale Zustimmung oder (wenn diese nicht möglich ist, aber doch erbracht werden soll) gar »sacrificium intellectus«, sondern ein ganzheitlicher, den Lebenszuschnitt bestimmender Vollzug. Damit materialisiert sich ein Bekenntnis-Inhalt gleichsam; er gewinnt Fleisch und Blut. Nicht das Einverständnis mit theoretischen Festlegungen, sondern das Lebenszeugnis führt zur »martyria«. Die Märtyrer aller christlichen Konfessionen im 20.und 21. Jahrhundert haben nicht für die Geltung bestimmter Bekenntnisformulierungen ihr Leben gegeben.

5.3.2 Gemeinsames Bekennen

Die Bekenntnis-Gemeinschaft einer Konfessionskirche kann die einzelnen Glaubenden bei dem Bemühen um ihr authentisches Bekennen unterstützen durch Bereitstellung von exegetischem Know-how, theologiegeschichtlichem Wissen, ökumenischen und religionsgeschichtlichen Rahmenbedingungen sowie durch Begleitung von Fachleuten. Sie kann zu Gruppenprozessen anleiten und diese begleiten. Sie stellt zugleich ein Praxis- und Bewährungsfeld für die Aktualisierung und Erprobung von Bekenntnissen dar. Sie vermag sich zudem als Raum anzubieten, in dem Inkonsistenzen nicht nur möglich sind, sondern ausgehalten und konstruktiv verarbeitet werden. Hier muss der Konflikt zwischen einander widersprechenden Überzeugungen nicht zum Crash führen, sondern er kann zu Wachstums- und Befreiungsprozessen anregen. Die Konfession stellt sich dann nicht als Gemeinschaft von Bekenntnis*gebundenen*, sondern als Forum der zu eigenem Bekennen *Befähigten* dar, als Such-, Lebens- und Aktionsgemeinschaft. Das eigene Bekenntnis wird zum Projekt einzelner Glaubender und ihrer Gruppierungen. Das schafft eine gewisse Solidarität mit Areligiösen und Religionslosen, sofern diese auf ihre Weise nach einer – wenn auch nur vordergründigen – Orientierung unterwegs sein werden.

5.3.3 Bekennen mit nichtreligiösen Worten

Christen, die sich nichtchristlichen Partnern gegenüber verständlich machen wollen, werden versuchen, die Inhalte vertrauter Bekenntnis-Texte weitgehend ohne Metaphern und Symbole wiederzugeben. Bekannt geworden ist der Versuch von Dorothee Sölle, der aber teilweise noch mit sehr konventionellen Formulierungen arbeitet:»Ich glaube an gott (…) / an die zukunft dieser welt gottes / amen.« Heute scheint es mir nötig, noch weniger theistisch zu formulieren. Obwohl dies zu verstärkter Abstraktion führt, würde ich es etwa so versuchen:

»Ich vertraue mich dem schöpferischen Grund und Ziel allen Lebens an. Jesus aus Nazareth, geboren von einer Frau namens Miriam, hingerichtet in Jerusalem um das Jahr 30 u. Z., erweist sich mir mit seinem Leben, Lehren und Sterben als lebendige und letztgültige Autorität. Durch die ihm Nachfolgenden vermittelt sich mir eine vitale Beziehung zu ihm. In ihr erlebe ich eine mich motivierende und tragende Kraft des Vertrauens, Liebens und Hoffens. Immer neu davon angerührt, weiß ich mich geborgen im Größeren, wie es sich verwirklicht in der Evolution des Kosmos und in der Geschichte der Menschheit, in einer hilfreichen und förderlichen Gemeinschaft und in einem trotz Leid, Schuld und Tod sich einstellenden Lebensmut. Mein Leben wird – wie alles Leben – seine Bestimmung finden. Ich darf mich darauf verlassen, dass ich im Geheimnis des Lebens, wie es in der Gestalt und Botschaft des Jesus aus Nazareth begegnet, aufgehoben sein werde. Dafür dankbar will ich zusammen mit anderen für eine bessere Welt kämpfen. So ist es.«

Redaktionelle Anmerkung: Als ich einen ähnlichen Text meinem kritischen Korrektur lesenden Studienfreund Bernhard Brons vorlegte, fragte er:»Würdest du dich getrauen, dieses Credo (sit venia verbo) einem Spiegel-Redakteur, einem Literaten (Martin Walser oder Reich-Ranicki), einer Ex-DDR Kita-Erzieherin oder einer Marktfrau in Nürnberg vorzulegen?« Meine Antwort: Für das Gespräch mit dem Spiegel-Redakteur und dem Literaten könnte es wohl als Basis dienen und auch der Kita-Erzieherin und der Marktfrau wäre wohl deutlich zu machen, worum es mir dabei geht. Trotzdem habe ich mich noch einmal neu an die Arbeit gemacht … Gewagte Formulierungen haben wohl die Funktion, zu immer neuen Versuche anzuregen.

Der an der Tradition hängende Christ wird vielleicht entsetzt oder frustriert feststellen, was da, gemessen am Wortlaut des Apostolikums, alles fehlt und wie blass und zeitgebunden die Paraphrase ist. Aber auch er wird sich mit Gewinn der Frage stellen, wie wohl ein Areligiöser, dem nicht einmal der Wortlaut des Bekenntnisses vertraut ist, verstehen mag, was Christen traditionellerweise bekennen.

Der als Priester suspendierte und dann aus der katholischen Kirche ausgetretene Theologe Gotthold Hasenhüttl gibt seinem Neuformulierungsversuch des christlichen Glaubensbekenntnisses[8] den Satz bei:»Ein Christ ist ein Mensch, der im Leben und Sterben Jesu einen sinn- und wertvollen Lebensentwurf erkennt und diesen in seinem Leben in der Nächsten- und Feindesliebe zu verwirklichen sucht.«[9]

5.4 Bekenntnis als attraktiver Anreiz für Konfessionslose und Areligiöse

Konfessionslose und Areligiöse dürften aus zwei Gründen sich für Kirche und Christentum nicht interessieren oder beides sogar als abstoßend empfinden: Das christliche Bekenntnis scheint einem aufgeklärten Menschen Inhalte zuzumuten, die er nur als abwegig verstehen kann. Damit verbindet sich sogleich ein weiterer Hinderungsgrund, sich mit dem christlichen Glauben zu befassen. Der Kirche fernstehende Menschen haben oft den Eindruck, etwas, das ihnen nicht einleuchtet, solle ihnen nahegelegt werden unter Verweis auf eine – für sie ohnehin ungreifbare und daher bedeutungslose – Autorität. Dem modernen Zeitgenossen, der selbst zu entscheiden gewohnt ist, geht das elementar gegen den Strich. Wie kann der einzelne Christ, wie kann die Kirche als ganze diese beiden Vorurteile entkräften?

5.4.1 Bekennen und verstehen

Was die detaillierten Bekenntnis-Inhalte angeht, wird es nicht ohne Information abgehen.

Es mag ein intuitives Wissen darüber geben, wohin man gehört und worauf man sich als Christ verlassen kann. Aber bei näherem Zusehen wird es weder dem Glaubenden selbst noch seinen Gesprächspartnern genügen. Es bedarf des Nachdenkens, wenn man verstehen will, was der christliche Glaube im Einzelnen sagen will. Förderlich ist eine gewisse Schulung des Denkens, ja sogar formale Bildung, wenn man beispielsweise die sachgemäße Beziehung zwischen der Evolutionstheorie und den biblischen Schöpfungsberichten erfassen möchte. Insofern hat die Kirche auch einen klaren Bildungsauftrag. Sie muss ihr Bekenntnis vor Missverständnissen bewahren, die außerhalb ihrer selbst wie auch innerhalb ihrer eigenen Reihen entstehen können. Sie kann dabei auf Widerstände stoßen, die tiefer liegen, als es die intellektuelle Ablehnung eines Glaubensinhalts vermuten lässt. Aber auch die intellektuelle Ebene will sorgsam bedacht sein. Auf ihr kann deutlich gemacht werden, welche Glaubensinhalte für den Glaubenden zentral sind und welche nicht. Eine hermeneutische Perspektive kann angeboten werden, der sich die weniger wichtigen Fragen unterordnen. In diesem Zusammenhang hat eine fachlich kompetente Theologie eine ihrer Aufgaben. Sie hat den Selbstverständigungsprozess voranzutreiben und seine Ergebnisse kommunikabel zu machen. Zugleich gilt es aber, das komplizierte Geflecht dogmatischer Aussagen zu vereinfachen. Das war das berechtigte Anliegen von Karl Rahners Suche nach »Kurzformeln« des Glaubens.[10] Der religiöse Stoff ist als solcher zu würdigen oder religionskritisch zu hinterfragen. Werbung für die Poesie der religiösen Sprache kann sich mit religionskritischer Orientierung verbinden. Areligiöse und Konfessionslose müssen praktizierende Christen als kritisch, nachdenkend und problembewusst erleben können. Wird dies möglich, verliert auch der zweite Einwand seine Kraft, dass nämlich in der Kirche dem Menschen etwas ihm Fremdes aufoktroyiert werden soll. Christen und Christinnen, die mündig und erwachsen ihre Freiheit leben, werden ihren Partnern nicht heteronome Gesetze auferlegen wollen. Ihr Bekenntnis wird erkennbar nicht als etwas, das man unterschreiben muss, sondern als eine Lebensperspektive, die der Auseinandersetzung mit ihr wert ist, und als ein Grund, der ein Leben lang tragen kann.

5.4.2 Bekennen und provozieren

Evangelisches Bekenntnis lebt davon, dass es die Aneignung und Zustimmung nicht voraussetzt, sondern in eigener Verantwortung und im Austausch mit anderen immer neu gesucht und gefunden wird. Es kann bestimmten Lebenserfahrungen zugeordnet werden, diese erschließen und zugleich unerwartete Ausblicke auf das Leben freigeben.

Areligiöse und konfessionsfreie Menschen interessiert das jedoch nicht. Christen werden bei ihnen kaum Fragen erwarten dürfen, die sie beantworten könnten. Aber sie könnten ihrerseits Fragen stellen!

Nicht die Suche nach Anknüpfungsmöglichkeiten führt dann weiter, sondern der Mut zur Provokation. Christsein käme dann als Störfaktor in den Blick, der stutzig macht, zum Nachdenken bringt, Zweifel an der bisherigen areligiösen Weltsicht auslöst.[11] Die Erinnerung an Jesus aus Nazareth würde dann nicht in dogmatischen Formeln versinken, sondern mindestens zu der Frage provozieren, wie sich seine Botschaft zu der von anderen »maßgebenden« Menschen verhält und inwiefern es überhaupt maßgebende Menschen gegeben haben oder noch geben kann.[12] Begriffe wie »Erlösung« und »Versöhnung« würden als utopische Angebote nahelegen, über die Möglichkeit einer Verwirklichung von Versöhnung und Erlösung nachzudenken. Ein fundiertes und verantwortungsvolles Reden von »Verdammnis« und »Hölle« könnte hellhörig machen und die Suche nach dem »eigentlichen« Leben forcieren. Glaube an »ewiges Leben« käme inmitten eines banalen Alltags als aufschreckende Verheißung zu stehen. Die alten religiösen Begriffe bedürften freilich einer sensiblen und sorgsamen Übersetzung. Doch käme christlicher Glaube damit in die Lage, areligiöse Menschen auf Möglichkeiten der Erweiterung ihres Lebenshorizonts aufmerksam zu machen. Kirche als das Ideal einer geschwisterlichen Solidarität würde nach wie vor manche Kritik auf sich ziehen, aber als Impuls für eine Gesellschaft dienen, die sich schwer damit tut, Andersdenkende ernst zu nehmen und Schwache zu stützen. Liebe, die nicht eingefordert wird, sondern aus rätselhaft-geheimnisvollen Quellen sich speist, würde jedenfalls die Sehnsucht nach gelingendem Leben auslösen können. Schließlich ist nach wie vor die Frage ungelöst, wie sich die Würde des Menschen als einzigartig und unantastbar begründen lässt. Dem christlichen Bekenntnis, wenn es denn überhaupt ins Spiel gebracht werden kann, sollte es nicht unmöglich sein, auch auf konfessionsfreie und areligiöse Menschen als attraktiver Denk-Anreiz zu wirken. Die Aussicht, an einem eigenen Standpunkt zu arbeiten und einen Weg der Klärung und Vertiefung gewonnener Einsichten vor sich zu haben, dürfte ihrerseits etwas Einladendes haben.

5.5 Entkonditionalisierung des Bekenntnisses

5.5.1 Identifikation mit dem Text

Dass man ein bestimmtes Bekenntnis zu akzeptieren habe, galt in der Vergangenheit als selbstverständliche Voraussetzung dafür, dass man zur Kirche gehören und ihre geistlichen Angebote nutzen durfte. Aus dem 6. Jahrhundert stammt ein Bekenntnis, das man auf Athanasius zurückführte und das wohl deswegen auch in die lutherischen Bekenntnisschriften aufgenommen wurde. Es formuliert diese Bedingung im schärfsten Ton:»Wer da selig werden will, der muss vor allem den katholischen Glauben festhalten. Wer ihn nicht ganz und unverletzt bewahrt, wird ohne Zweifel ewig verloren gehen.«[13] Dieser Ton begegnet noch in kirchlichen Dokumenten zu Beginn unseres Jahrhunderts, etwa in der Erklärung»Dominus Iesus«:»… muss mit Festigkeit (…) festgehalten werden«;»… muss als Wahrheit des katholischen Glaubens fest geglaubt werden.«[14] Fundamentalisten jeder religiösen Provenienz können sich ähnlich ausdrücken. Derartige Aussagen, obwohl sie in den offiziellen evangelischen Kirchen so kaum noch vorkommen, beeinträchtigen auch den evangelischen Bekenntnisbegriff. Immer noch kann unter der sonntäglichen Predigt der Eindruck entstehen, man»müsse« eben glauben. Das Evangelium und seine Annahme wird damit zur Bedingung, wenn nicht unbedingt für das ewige, so doch für ein sinnvolles Leben. Die Annahme eines Bekenntnisses kommt als Bedingung für die Zugehörigkeit zur kirchlichen Gemeinschaft, zu einer Konfession, zu stehen. Die Kindertaufe gilt als Inbegriff der allem menschlichen Tun zuvorkommenden, voraussetzungs- und bedingungslosen Liebe Gottes; hier tritt der Charakter einer Bedingung zurück. Möchte sich jedoch ein Erwachsener der Kirche anschließen, kann er plötzlich mit dem Bedingungscharakter des Bekenntnisses konfrontiert werden. Anreiz und Attraktivität eines Bekenntnisses schwinden dahin; Verdruss meldet sich, noch dazu wenn sich mit der Zustimmung zu einem Bekenntnis finanzielle Implikationen wie die Kirchensteuer oder gar arbeitsrechtliche Regelungen verbinden.

5.5.2 Identifikation mit der Gemeinschaft

Der Weg in die Kirche war in den ersten Jahrhunderten der Christenheit nicht einhellig geregelt; es gab eine Vielzahl von katechetischen Hinweisen und Taufliturgien. Im Taufritus selbst wurde zwar in Gestalt der Tauffragen auf die Grundinhalte des Bekenntnisses Bezug genommen; doch stellten die Übergabe des Bekenntnisses – einer Urform des Apostolikums – (»traditio symboli«) und seine deklaratorische Rezitation (»redditio symboli«) ursprünglich zwar den Höhepunkt der katechetischen Unterweisung, nicht aber einen konstitutiven Teil der Taufe dar.[15] Die Erinnerung an diese Anfänge könnte – unter freilich völlig veränderten Umständen – als Impuls für die heutige Praxis dienen.

Der Wunsch, sich einer Gemeinschaft anzuschließen, entsteht nicht über der Lektüre oder dem Studium von deren Statuten. Wenn die Gemeinschaft etwas Gewinnendes hat, nimmt man die Statuten notfalls in Kauf. Im Lauf der Zeit mag dann auch ein gewisses Verständnis für sie wachsen. Will man dieser Tatsache Rechnung tragen, darf die Aufnahme in die Kirche, obwohl sie unter mitteleuropäischen Verhältnissen nur über eine Konfession erfolgen kann, nicht von der Zustimmung zu einem formulierten Bekenntnis abhängig gemacht werden. Die Säuglingstaufe macht dies ja ohnehin noch einmal aus einer anderen Perspektive klar. Zugehörigkeit ist zudem kein statischer Zustand; sie verwirklicht sich prozessual. Übergänge und Stadien sind fließend. Gerade im Blick auf Glauben, Religiosität und Areligiosität gibt es Prozesse, die von außen nur wahrgenommen, bedacht, aber kaum beeinflusst werden können. Oft sind sie ausgelöst durch kontingente Ereignisse, die bewältigt sein wollen, wobei Krisen, Lebensalter oder konkrete Herausforderungen durchaus ambivalent zu wirken vermögen. Man kann in ein Bekenntnis hineinwachsen, man kann aber auch über es hinauswachsen. Die Detail-Aussagen verlieren ihr Gewicht, weil ein Fundament erkennbar wird, das sich auch in einer Summe von Einzelbestimmungen nicht fassen lässt. Alle, ob Glaubende oder Nichtglaubende, machen die unterschiedlichsten Erfahrungen, die sie zu verarbeiten haben. Lebenswege, Gipfelerlebnisse und Tiefschläge verändern Haltungen und Befindlichkeiten. Es kann nicht Aufgabe von Christen sein zu beurteilen, ob jemand wirklich als Christ lebt, obwohl er formal keiner Konfession angehört, und ob er eher Chancen hat, auf religiöse oder auf areligiöse Weise zum Glauben zu finden. Gerade in Glaubensdingen sind Selbstzuschreibungen trügerisch und Fremdzuschreibungen unmöglich.

Es meldet sich mit alledem freilich die Frage nach etwaigen Grenzen der Kirche und nach den Kriterien für die Mitgliedschaft in einer Konfession. Fest steht, dass das entscheidende Kriterium nicht die Bejahung eines fixierter Bekenntnisformulierungen sein kann. Den ersten Glaubenden, wie sie im Neuen Testament dargestellt werden, war es genug, eine Beziehung zu dem von ihnen als präsent erlebten Herrn zu haben. Das kurze, aus nur zwei Worten bestehende Bekenntnis, in dem sie das zum Ausdruck brachten, konnte religiös und säkular interpretiert werden: »Jesus – *kyrios*«[16]. Verstand man es vor dem Hintergrund des Alten Testaments, so bezog es sich auf Jesu Verhältnis zu *adonaj*, dem Gott des Alten Testaments. Verstand man es säkular, so bedeutete es schlicht und elementar: Jesus – der Herr.[17] Nicht dieses Bekenntnis als solches, sondern dass sie im Geist Jesu, in der Gewissheit seiner Nähe und in der Erwartung seines Kommens gelebt und gewirkt hat, hat die erste Gemeinde anziehend gemacht.

5.6 Ekklesiologische Konsequenzen

5.6.1 Das falsche Modell

Das Modell der römisch-katholischen Kirche – katholische LeserInnen mögen mir verzeihen, dass ich das so scharf formuliere – hat den christlichen Begriff der Kirche verdorben. Es ist zu bedauern, dass manche evangelische Kirchen im Zug der Ökumenischen Bewegung sich von diesem Modell haben beeindrucken und anstecken lassen. Nach dem Neuen Testament ist die Kirche keine geschlossene Gesellschaft mit klaren Grenzen und einem heilsrelevanten Autoritäts-Anspruch. Aber sie wurde rasch dazu! Die Behauptung »außerhalb der Kirche kein Heil« steht nicht in der Bibel, sondern stammt von dem »Kirchenvater« Cyprian, der ihn im dritten Jahrhundert nach Christus damaligen Häretikern vorhielt.

Wie ist mit biblischen Aussagen umzugehen, die aber doch eine scharfe Grenze zwischen der Gemeinde der Glaubenden und »den anderen« nahezulegen scheinen? »Wer da glaubt und getauft wird, der wird selig werden; wer aber nicht glaubt, der wird verdammt werden« (Mk 16,16)[18]: Solche Aussagen sind an die das Neue Testament lesende Gemeinde selbst gerichtet, die auch über den Umkehrschluss noch einmal begreifen soll, was ihr geschenkt ist. Sie sind nicht dazu da, etwa den Glauben als Bedingung für das Heil zu fordern, zumal sich niemand den Glauben und das Christsein selbst zu geben vermag. Biblische Wendungen, die das Heil von Jesus Christus und dem Glauben an ihn erwarten, wollen nicht die heidnische Umwelt bedrohen und ängstigen. Nach meinem Verständnis wenden sie sich vielmehr an die Glaubenden, oder sie sind problematischer Ausdruck eines Bekenntnisses. Sie weisen auf die Heilsbedeutung Jesu aus Nazareth hin und laden jedermann dazu ein, diese für sich gelten zu lassen und so das Ziel ihres Lebens zu finden.

Schließlich wird jeder Christ, der sich fragt, ob er denn ein Christ ist, nicht anders antworten als der Vater des epileptischen Knaben: »Ich glaube, hilf meinem Unglauben!« (Mk 9,24) Nach einem häufig zitierten Wort Luthers ist der Glaubende immer im Werden: »Wir sind's noch nicht, wir werden's aber.«[19] Man muss theologisch wohl noch weitere Gesichtspunkte berücksichtigen.

Es ist hier nicht der Ort, das Problem einer möglichen All-Erlösung abzuhandeln. Es geht vielmehr um die Frage, wie sich die Kirche im Verhältnis zu denen sehen soll, die ihr nicht angehören. In der Bibel kommen Konfessionsfreie und Religionslose im heutigen Sinn nicht vor. Man würde ihnen durch das Beiziehen von einzelnen Bibelstellen ohnehin nicht gerecht werden. Eine Kirche, die sich zur Wirklichkeit und zum Wirken des dreieinen Gottes bekennt, kann und muss anders vorgehen. Sie wird unter der Perspektive ihres trinitarischen Bekenntnisses die ihr Fernstehenden in einem neuen Licht wahrnehmen: Der Glaube an Gott, den Schöpfer, will alle Menschen und eben auch Konfessionslose, Areligiöse und Atheisten als Gottes Geschöpfe erkennen und würdigen. Der Glaube an Jesus Christus wird sie auf eine uns verborgene Weise in Gottes erlösendes Wirken einbezogen sehen, und der Glaube an den Heiligen Geist wird sie von den unendlichen, fantasiereichen Möglichkeiten der Liebe Gottes umfangen wissen. Im Glauben werden auch große religions- und kulturgeschichtliche Bewegungen, selbst wenn sie sich negativ auf die traditionelle Christenheit auszuwirken scheinen, mit dem Gott in Zusammenhang gebracht, der – wie Karl Barth sich immer wieder ausgedrückt hat –»im Regiment« sitzt. Das muss Konsequenzen für das Selbstverständnis der Kirche haben. Nicht die Konfessionsfreien, Areligiösen und Atheisten sind für die Kirche da, sozusagen zur Bekehrung (»Evangelisierung«) vorgesehen und freigegeben, sondern die Kirche ist für diejenigen da, die nicht zu ihr gehören, sie ignorieren oder ablehnen. Die Kirche wird unverkrampft und ohne Angst vor Bedeutungsverlust ihrem Auftrag nachgehen, das Evangelium von der heilbringenden Nähe Jesu Christi zu bezeugen. Sie wird sich dabei um eine Sprache bemühen, die auch für Religiöse wie für Religionslose und erklärte Atheisten verständlich und jedenfalls intellektuell nachvollziehbar ist.

5.6.2 Kirche mit durchlässigen Grenzen

Eines der Dilemmata gegenwärtiger evangelischer Ekklesiologie dürfte darin bestehen, dass sie konfessionsfreien und vielleicht sogar religionslosen Formen christlichen Engagements das Christsein nicht absprechen wird, andererseits sich von den Grunddaten reformatorischer Auffassungen über die Kirche nicht verabschieden kann. Doch kennt die lutherische Theologie trotz der klaren Bindung an Wort und Sakrament von Anfang an die Unterscheidung zwischen sichtbarer und verborgener Kirche, die neu hilfreich werden könnte. Für Luther lebte die verborgene Kirche innerhalb der Grenzen der sichtbaren Kirche – sozusagen als intensivste Verwirklichung dessen, was Wort und Sakrament auf Erden auszulösen vermögen. Heute legt es sich nahe, verborgene Kirche auch außerhalb konfessioneller Grenzen zu entdecken: Der Geist wirkt, wo und wann er will (»ubi et quando visum est deo«) – auch das ein lutherisches Grundaxiom, das man auf die unverfügbare Entstehung des Glaubens innerhalb und außerhalb einer etablierten Konfession beziehen muss.[20]

Paul Tillich hat diesen doppelten Kirchenbegriff dahingehend modifiziert, dass er zwischen latenter und manifester Geistgemeinschaft unterschied. Er wollte nicht die Grenzen der real existierenden Kirche thematisieren, sondern zeigen, dass es Glauben innerhalb und außerhalb dieser Grenzen gibt. Kirche ist für ihn »Geistgemeinschaft«. Als manifest bezeichnet er die Geistgemeinschaft, wenn ihr »die zentrale Offenbarung in Jesus dem Christus begegnet« ist, als latent, solange dies noch nicht erfolgt ist.[21] Was auch immer er unter manifester Kirche verstanden haben mag (gewiss nicht die formale Mitgliedschaft einer verfassten Kirche), wesentlich war ihm die latente Kirche: Für die Verkündigung und besonders für die Mission sei es »wichtig, dass Heiden, Humanisten, Juden als Glieder der latenten Geistgemeinschaft angesehen werden, und nicht als völlig Außenstehende, die aufgefordert werden, in die Geistgemeinschaft einzutreten.«[22] Dieser Ansatz gibt sich derart weit und inklusiv, dass sich das Profil eines Bekenntnisses zu Jesus dem Christus kaum noch erkennen lässt. Aber das Anliegen ist mehr als berechtigt, weil es mit der Präsenz des Geistes und in gewisser Weise der Kirche außerhalb der Kirche rechnet.

In etwas anderer Hinsicht hat Dorothee Sölle eine ähnliche Überlegung angestellt. Nach ihrer Auffassung lebt Christus, wie auf dem Weg nach Emmaus, »sozusagen inkognito« in der Welt. Sie sieht die latente Kirche dort, »wo Menschen anders als zuvor, wirklicher und befreiter leben«, wo »das Leben der Freigewordenen anbricht und gelebt oder auch nur erwartet wird, wo um dieses neuen Lebens willen gelitten und gehofft wird, wo Menschen es nicht aufgeben, nach diesem neuen Leben zu fragen, und sich nicht einverstanden erklären mit den Lösungen des billigen Glücks (…).«[23] Natürlich kommt hier auch das Gleichnis vom Weltgericht ins Spiel. Die »offizielle Kirche« wird dabei nicht abgewertet. Was den latenten Christen fehlt, sei »der bleibende und während Trost, den das weitergesagte Evangelium vermittelt.« Der Trost des Evangeliums und die Kritik des Kreuzes seien das, was »die offizielle Kirche der latenten schuldet.«[24]

Alle drei Modelle versuchen, damit ernst zu machen, dass es nicht Sache von Kirchen oder gar von einzelnen Christen ist, festzulegen, wo sich Grenzen der Kirche ausmachen lassen. Drastisch hat Luther formuliert:»Gott will die Welt nicht lassen wissen, wenn er mit seiner Braut schläft.«[25] Das heißt, dass sich unsere eher statischen Bilder von der Kirche als unzureichend erweisen und dass auch die aus der Bibel kommenden Symbole dynamisiert werden müssen: auf Fels gegründet, aber im Bau! Gottes Volk ja, aber wandernd! Hirt und Herde ja, aber unterwegs von Weide zu Weide – und vielleicht auch durch tiefes Tal! Weinstock und Reben ja, aber ein Gewirr von wachsenden, grünenden, reifenden, Frucht tragenden Reben, die durchaus der Reinigung bedürfen. Kirche nicht nur verstanden als ein in Analogie zum menschlichen Körper verstandener Organismus, sondern – anderes Bild – als ein offenes System, ein unübersichtliches Flusssystem, gespeist aus vielerlei Quellen und Zuflüssen, von Tau und Regengüssen, mit Stromschnellen, Seitenarmen, Altarmen und Kaskaden. Jede Konfession lebt ihren Stromabschnitt, in irgendeiner Weise verbunden mit allen anderen. Je nach Wetter und Jahreszeit hat sie Feuchtigkeit abzugeben in ihr Umland, aus diesem aber auch Wasser zu beziehen.

Jeder Vergleich hinkt. Jedenfalls: Kirche muss sich als durchlässig, als»osmotisch« entdecken! Die etablierten Konfessionen brauchen, um ihren Auftrag erfüllen zu können, poröse Grenzen! Stehen sie sich dabei mit ihren traditionellen Auffassungen von Taufe und Abendmahl selbst im Wege?

6 Sakramente inmitten eines konfessionsfreien und areligiösen Umfelds

Wenn sich – wovon ich ausgehe – die Botschaft des Evangeliums nicht nur religiös, sondern auch areligiös formulieren lässt und wenn es möglich ist, ohne (jedenfalls die formale) Zugehörigkeit zu einer Konfession oder sogar unter areligiösen Bedingungen Christ zu sein, erhebt sich die Frage nach dem Sinn der Sakramente. Die Konfessionen haben sich gerade in ihrer Sakramenten-Theologie scharf nach außen und gegen einander profiliert; die religiösen Implikationen sakramentalen Handelns stehen außer Frage. In der Sicht konfessionsfreier und areligiöser Menschen erscheinen die Sakramente der Kirchen im besten Fall als Riten, die eine bestimmte psychologische oder soziologische Funktion erfüllen. Auch politische Gruppierungen, Fußball-Clubs oder sonstige Vereine können Riten ausbilden und praktizieren. Sogar im areligiösen Raum fragt man zunehmend nach Ritualen. Die areligiöse Bestattung kennt mitunter das gemeinsame Lied. Andrea Richau stellt Ritualmöglichkeiten am Sterbebett zusammen: den »ritual gepackten Koffer«, das »Platzieren charakteristischer Utensilien«, die »Auswahl des Sargs«, Abschiedsgespräche und Erinnerungsbücher; selbst Kerzen und »jährlich wiederkehrende Gedenkfeiern« werden genannt.[1]

Für die Kirche entstehen Probleme, wenn konfessionsfreie oder areligiöse Menschen – aus welchen Gründen auch immer – sich für die Teilnahme an kirchliche Riten interessieren. Dabei ist eine merkwürdige Ungleichheit, ja Gegensätzlichkeit zu beobachten: Die Taufe wird in der Regel nicht als erstrebenswert angesehen, aber das Mitfeiern und Kommunizieren beim Abendmahl kann als attraktiv empfunden werden. Kann die Kirche auf die Taufe verzichten und zum Abendmahl bedingungslos zulassen und einladen? Gelten ihr die Sakramente als heilsnotwendig? Sollte dies nicht der Fall sein: Worin besteht die Gabe der Sakramente, wenn die Teilnahme am Abendmahl nicht an Bedingungen geknüpft und die Taufe nicht als konstitutiv für die Kirchenmitgliedschaft gewertet werden darf? Was ergibt sich daraus für das Verständnis von Mitgliedschaft in der Kirche? Was folgt konkret für den Umgang mit konfessionsfreien und areligiösen Menschen im Umfeld einer Gemeinde?

6.1 Heilsnotwendigkeit der Sakramente?

Es gibt Kirchen, die auf Sakramente verzichten. Das Kirche-Sein dürfte ihnen nur abgesprochen werden, wenn der Empfang der Sakramente als heilsnotwendig begründbar wäre. Dies ist jedoch, geht man vom biblischen Zeugnis aus, nicht der Fall, es sei denn man argumentiert damit, dass ihr Vollzug im Neuen Testament geboten sei (»necessitas praecepti«). Das würde aber mit dem Gebot der Fußwaschung abzugleichen sein (Joh 13,14), die in manchen mennonitischen Gemeinden[2] und z. B. in der Church of the Brethren geübt wird, wobei dies allerdings nicht als Sakrament, sondern als »Anordnung« (»ordinance«) verstanden wird.[3]

6.1.1 Katholisches Kirchenrecht

Nach römisch-katholischer Auffassung ist der tatsächliche Empfang der Taufe »oder wenigstens das Verlangen danach (…) zum Heil notwendig (…)« (CIC Can. 849). Taufe, Firmung und Eucharistie seien »so eng miteinander verbunden, dass sie zur vollen christlichen Initiation erforderlich sind« (Can. 842 – § 2). Katholische Gläubige, die in diesem Verbund stehen, sind »verpflichtet, wenigstens einmal im Jahr die heilige Kommunion zu empfangen« (Can. 920 – § 1). Die Eucharistie vollziehen kann »nur der gültig geweihte Priester« (Can. 900 – § 1). Heilsnotwendig im engsten Sinn ist somit die Taufe, doch werden deren Implikationen so bestimmt, dass die Heilsnotwendigkeit der Kirche als ganzer in den Blick kommt.

6.1.2 Reformatorische Differenzierungen

Die Behauptung, dass »die reformatorische Theologie (allerdings in Abgrenzung von den sog. Schwärmern) in grundsätzlicher Übereinstimmung mit der römisch-katholischen, orthodoxen und anglikanischen Theologie die Notwendigkeit der (äußeren) Heilsmittel betont«[4], lässt sich in dieser Allgemeinheit nicht halten. Zum einen handelt es sich bei Luther in erster Linie um eine Sachnotwendigkeit und nicht um eine vom Menschen zu erbringende Voraussetzung für die Erlangung des Heils; zum anderen bestehen erhebliche Differenzen zu anderen christlichen Kirchen hinsichtlich dessen, um welche Heilsmittel es sich jeweils handelt. Luther hatte in seinem Schreiben an die Gemeinde in Prag auf deren Anfrage geantwortet, sie solle ggf. auf Priester und damit auch auf die Eucharistie verzichten. Sicherer und heilvoller sei es, wenn Familienväter zu Hause das Evangelium läsen und tauften. Die Taufe durch Laien war ohnehin nach kirchlicher Tradition erlaubt. Die Eucharistie sei nicht heilsnotwendig – Evangelium und Taufe genügten; denn allein der Glaube rechtfertige und allein die Liebe lebe recht.[5] Wo zwei oder drei oder mehr in Jesu Namen versammelt sind, da sei er mitten unter ihnen, und er würde sie zweifellos als seine Kirche anerkennen.[6] An der Heilsnotwendigkeit der Taufe hielt Luther jedoch fest. Im Blick auf die Taufe, insbesondere die Kindertaufe, argumentiert die Confessio Augustana bekanntlich ebenso: Die Taufe sei für die Erlangung des Heils notwendig (»necessarius ad salutem«, CA 9; Apol 9,2). Die Vorstellung Augustins, dass alle Menschen in Sünden geboren werden, legte diese Auffassung nahe, obwohl sie durch das biblische Zeugnis allenfalls indirekt gedeckt war. Calvin lehnte den Gedanken einer Heilsnotwendigkeit der Taufe ab, weswegen auch die Nottaufe von Kindern für ihn nicht infrage kam.[7]

Angesichts einer fehlenden eindeutigen exegetischen Begründung und in Anbetracht der Tatsache, dass Glaube ja gerade bei denen vorausgesetzt werden müsse, die die Taufe begehren, findet Ulrich Kühn, es empfehle sich wohl (!), »die These von der Heilsnotwendigkeit der Taufe zu vermeiden und eher von ihrer Notwendigkeit im Blick auf die Verbindlichkeit und Konkretheit des Glaubens« und »von ihrer Lebens- und Glaubensdienlichkeit« zu sprechen.[8] Heute würde man wohl zusätzlich das Moment der Ganzheitlichkeit ins Spiel bringen.

6.2 Zulassungsbedingungen beim Abendmahl?

Das Abendmahl ist als Symbol auch konfessionsfreien und religionslosen Menschen durchaus verständlich: Es geht in ihm, wenn auch nicht nur, um Gemeinschaft und gemeinschaftliches Verhalten. Wenn damit auch die Beziehung zu Christus noch nicht als solche erfasst ist, lässt sich doch ahnen, dass im Zusammensein der Gemeinschaft im Namen Jesu sich mehr vollzieht als ein unverbindliches privates Miteinander. Das Abendmahl ist das christliche Sakrament der Sozialität.

6.2.1 Codex Iuris Canonici

Paulus hat bekanntlich dazu aufgefordert, man solle »sich selbst prüfen«, ob man bereit sei, am Abendmahl in der angemessenen Haltung teilzunehmen (1 Kor 11,27–29). Aus dem »sich selbst«-Prüfen wurde jedoch in allen Konfessionen ein Prüfen durch die Kirche bzw. deren Repräsentanten. Am klarsten ausgeprägt ist das noch heute im Katholizismus: Gefordert wird eine »hinreichende Kenntnis und eine sorgfältige Vorbereitung« (Can. 913), was dort wie lange Zeit ebenso in den reformatorischen Kirchen zum Ausschluss von Kindern geführt hat. Nicht zugelassen werden »Exkommunizierte« und unter Verhängung einer Kirchenstrafe stehende Gemeindeglieder sowie »andere, die hartnäckig in einer offenkundigen schweren Sünde verharren« (Can. 915) – Letzteres wird ebenfalls von den reformatorischen Kirchen, vor allem denjenigen reformierten Typs, geteilt. »Wer sich einer schweren Sünde bewusst ist, darf ohne vorherige sakramentale Beichte die Messe nicht feiern (…)« (Can. 916). »Katholische Spender spenden die Sakramente erlaubt nur katholischen Gläubigen«, wie denn Katholiken sie »erlaubt« (»licite«) nur von katholischen Priestern empfangen (Can. 844 § 1). Hinzu kommen Einzelbestimmungen, z. B. eine Stunde vor der Kommunion nichts zu sich zu nehmen (mit Ausnahme von »Wasser und Arznei«, Can. 919), sowie weitere Ausnahmeregelungen. All das bezieht sich natürlich auf (katholisch) getaufte Christenmenschen (»christifideles«).

6.2.2 »Leitlinien« der Vereinigten Evangelisch-Lutherischen Kirche in Deutschland

Evangelische Abendmahlstheologie hat sich in den letzten Jahrzehnten von den ursprünglich teilweise ähnlichen Einschränkungen dispensiert. Klar formuliert sind die Regelungen der Vereinigten Evangelisch-Lutherischen Kirche Deutschlands (VELKD):

»(2) Zum Abendmahl zugelassen sind Kirchenglieder, die konfirmiert oder im Erwachsenenalter getauft wurden. (3) Erwachsene Gemeindeglieder, die nicht konfirmiert sind, können (…) zugelassen werden (…) (4) Während des Konfirmandenunterrichts und der Konfirmandenarbeit kann das Abendmahl auch schon vor der Konfirmation gefeiert werden (…). (5) Getaufte Kinder können (…) am Abendmahl teilnehmen, wenn sie entsprechend darauf vorbereitet worden (…) sind (…). (6) Durch Ausschluss vom Abendmahl oder Kirchenaustritt ist die Zulassung zum Abendmahl verloren. Sie wird bei Wiederaufnahme in die Kirche erneut zugesprochen.«[9]

Im Blick auf Kinder werden Einschränkungen gemacht. Doch gibt es, wenn Kinder denn ohne Vorbereitung und näheres Verstehen getauft werden können, keine theologische Begründung, ihnen das Abendmahl vorzuenthalten. Die Begrenzung auf Christen, die der eigenen Konfession angehören, wird, da nicht die Kirche einer bestimmten Konfession, sondern Christus selbst dazu einlädt, nicht aufrecht erhalten. Aber die Taufe gilt üblicherweise noch immer als Voraussetzung zur Teilnahme am Abendmahl. Dies wird infrage gestellt durch die Situation beispielsweise in Gebieten der ehemaligen DDR und überraschender Weise auch in Indien, wo es nicht wenige Ungetaufte gibt, die in guter Beziehung zu einer christlichen Gemeinde leben und gern am Abendmahl teilnehmen würden. Auf Konfessionsfreie wird in den entsprechenden Regelungen bislang nicht Bezug genommen. Doch gibt es Kirchen, die keinerlei Zulassungsbeschränkungen kennen und die Teilnahme allen Menschen gewähren, die »herzutreten«; so etwa die Methodistische Kirche.

6.2.3 Theologische Diskussion

Der Heiligen Schrift selbst sind keine Hinweise darauf zu entnehmen, dass die Taufe eine Voraussetzung für die Teilnahme am Abendmahl darstellen müsste. Ernst Käsemann hat vermutet, dass am Abendmahl der Urgemeinde Katechumenen und sogar Ungläubige teilnehmen konnten.[10] Der – freilich anachronistische – Gedanke, dass Jesus selbst Tischgemeinschaft nur mit einer ausgewählten Schar von Getauften gehalten haben könnte, erscheint abwegig. Auch die Jünger beim ersten Abendmahl waren ja nicht vorher getauft worden. Ulrich Kühn hielt schon in seinem 1985 erschienenen Band über die Sakramente »in besonders notvollen Fällen so etwas wie eine gastweise Teilnahme Ungetaufter am Abendmahl der Gemeinde« für »vertretbar«.[11] Zugleich spricht er sich für die grundsätzliche Zuordnung von Taufe als »Eintritt in den Bund Christi« und Abendmahl als Mahl der Gemeinde aus. Dass ein sorgsamer pastoraler Umgang mit dem Vollzug der Abendmahlsgemeinschaft sich nahe legt, ist ohnehin klar. Unerträgliches Fehlverhalten von Konfirmanden – etwa, dass Jugendliche am Altar einander zuprosten – darf nicht als Alibi dafür dienen, ungetaufte oder ansonsten kirchendistanzierte Erwachsene, die kommunizieren wollen, davon abzuhalten. Trotzdem gilt: Wenn das Abendmahl als Sakrament der Sozialität verstanden wird, ergibt sich von selbst die Rückfrage der Teilnehmenden nach ihrer Identität. Daran ist eine wesentliche Beziehung zwischen Abendmahl und Taufe als dem Sakrament der Identität zu erkennen. Das »belonging« impliziert die Frage nach dem »believing« und die Bemühung um deren Beantwortung. Das Problem der Zulassung zum Abendmahl ist also nicht isoliert zu klären![12]

6.3 Relevanz der Taufe für die Kirchenmitgliedschaft?

Aus der Sicht des Neuen Testaments ist die Ekklesiologie nicht die primäre Perspektive, in der die Taufe gesehen werden muss. Vorrangig geht es vielmehr um Sündenvergebung, Geistbegabung, Christusbezug und Exorzismus, um den »Herrschaftswechsel«.[13] Aber mit alledem war natürlich auch ein ekklesiologischer Tatbestand geschaffen, zumal wenn man die Gemeinde als eschatologische Heilsgemeinde verstand.[14] In der weiteren Geschichte der Tauftheologie dürften die ekklesiologischen Implikationen sich immer deutlicher gezeigt haben, so dass man mit Recht von der Taufe als dem »Missionssakrament« der Kirche sprechen kann.[15] Trotzdem fällt auf, wie sehr die Taufe in der Alten Kirche oft hinausgezögert wurde, so dass es etwas wie eine stille implizite Mitgliedschaft der Katechumenen in der Kirche gegeben haben dürfte.

6.3.1 Begründungsmodelle für die Zugehörigkeit zur Kirche

Es ist offensichtlich, dass Glaube auch vor der Taufe entstehen kann, was ja gerade bei der Erwachsenentaufe vorausgesetzt werden muss. Dann aber stellt sich die Frage, ob der Glaube oder die Taufe die Mitgliedschaft in der Kirche konstituiert. Kirchen, die die sakramentale Taufe überhaupt ablehnen, argumentieren mit Mt 18,20: »Wo zwei oder drei versammelt sind in meinem Namen, da bin ich mitten unter ihnen.« In den großen johanneischen Bildern von der Kirche – Hirt und Herde, Weinstock und Reben – ist die Notwendigkeit einer Taufe nicht im Blick. Die Frage nach dem Verhältnis von Taufe und Gemeindezugehörigkeit wurde offenbar nicht als klärungsbedürftig empfunden. Die großen Bilder, die das Neue Testament für die Taufe bereithält, kommen ohne ekklesiologischen Bezug aus: mit Christus begraben werden in den Tod und in einem neuen Leben wandeln (Röm 6,4), gerettet sein durch das »Bad der Wiedergeburt« (Tit 3,5). Trotzdem ist klar, dass nach neutestamentlicher Auffassung mit der Taufe die Mitgliedschaft in der Kirche gegeben ist (Gal 3,26–28; 1 Kor 12,13; Eph 4,5; Apg), nicht jedoch, dass sie grundsätzlich deren Voraussetzung darstellt. Gerade die Missionsgemeinden der ersten Zeit scheinen sehr offen gewesen zu sein. Möglicherweise haben manche Gemeinden zeitweise aus mehr Ungetauften (Katechumenen) als Getauften bestanden.[16]

6.3.2 Ungetaufte Glaubende

Angesichts der Präsenz und der Mitarbeit von Ungetauften in christlichen Gemeinden heute könnte es sich nahelegen, auch diese in irgendeiner Weise zur Gemeinde zu zählen. So wird seit einiger Zeit intensiv über eine »gestufte« Mitgliedschaft, eine Schnuppermitgliedschaft oder einen Gaststatus von Ungetauften nachgedacht.[17] Ulrich Kühn deutet diese Möglichkeit wenigstens an, und zwar im Zusammenhang mit Erwägungen über die »ungetauften Glieder der Kirche«.[18] Inzwischen wird das Problem innerhalb der Ökumene erörtert. Überraschenderweise teilt das vom Lutherischen Weltbund vorgelegte Papier »Mission im Kontext« mit: »Ob die Einladung zur Taufe integraler Bestandteil der Apostolizität der Kirche ist, wird in Teilen der lutherischen Gemeinschaft eingehend diskutiert. So argumentieren zum Beispiel einige Kirchenleitende in Asien, es sei theologisch richtig, dass ungetaufte Gläubige aufgrund ihres Glaubens zu der einen heiligen, katholischen und apostolischen Kirche gehören.«[19]

6.3.3 Getaufte Konfessionslose

Das Problem stellt sich aber auch in anderer Hinsicht: Wie steht es um die Kirchenmitgliedschaft von Getauften, die ihr Getauft-Sein nicht in Anspruch nehmen oder aus ihrer Kirche austreten? Die klassische lutherische Ekklesiologie antwortet mit CA VIII, dass zur Kirche auf Erden auch viele Heuchler und falsche Christen gehören. Dies beantwortet aber nicht die Frage nach dem Status derer, die nicht »falsche Christen« sind, sondern ehrliche Atheisten sein wollen, obwohl sie einmal getauft wurden. Es dürfte wenig hilfreich sein, hier ontologisch damit zu argumentieren, dass sie durch die Taufe in den Leib Christi eingefügt worden seien und folglich auch gegen ihren Willen noch zu ihm gehören.[20] Dagegen kann festgehalten werden, dass die in der Taufe ihnen gemachte Zusage Christi nach wie vor für sie gilt und sie einlädt, ihr zu trauen. Daher ist die Gemeinde aufgerufen, sie zur Wahrnehmung ihrer Rechte zu ermuntern. Als Getaufte sind sie eingeladen an den Tisch des Herrn. Vorerst aber werden sie durch konfessionelle Regelungen und Ordnungen daran gehindert, die Einladung anzunehmen.

Areligiöse und atheistisch orientierte Menschen haben nur relativ selten das Bedürfnis, sich formell einer Kirchengemeinde anzuschließen. Nur ein bis zwei Prozent der Konfessionslosen in Deutschland äußern, sie dächten darüber nach, in eine Kirche einzutreten.[21] Neben dem Kirchensteuerzwang dürfte es vor allem Forderung, sich taufen zu lassen, sein, was sie dann doch zögern lässt. Die Teilnahme an den Sakramenten ist in den Kirchen umstellt von Regelungen und Konditionen.

6.4 Die Gabe der Sakramente

Nach klassischer evangelischer Auffassung vermittelt das Sakrament nichts »anderes« als das Wort, aber es vermittelt es »anders«.[22] Selbst wenn man davon ausgeht, dass die Verkündigung auf die Teilnahme an den Sakramenten abzielt, muss die Frage gestellt werden, ob Menschen auch dann der Gemeinde Christi zuzurechnen sind, wenn sie nicht getauft sind und nicht am Abendmahl teilnehmen wollen. Kann es theologisch legitim sein, auf die Taufe zu verzichten und das Abendmahl ggf. für Ungetaufte zu öffnen? Wie ist gegenüber solchen Forderungen, wie sie gelegentlich auftreten, zu argumentieren? Warum ist, wenn Taufe und Abendmahl nicht für die Authentizität existenziellen Glaubens konstitutiv sind, dennoch an ihnen festzuhalten?

6.4.1 Gabe, nicht Bedingung

Die Einsicht in die Nichtnotwendigkeit von Taufe und Abendmahl hat zunächst einmal zur Folge, dass beide Sakramente in keiner Weise als eine Bedingung – für die Mitgliedschaft in der Kirche oder gar für das Heil – verstanden werden dürfen. Christlicher Glaube kann sich in religiösen Riten äußern, aber auch ohne sie. Traditionsorientierte Christen werden sich dagegen verwahren, die Sakramente als bloße »religiöse Riten« zu bezeichnen. Für areligiöse und konfessionslose Menschen aber – wie auch unter einem religionsphänomenologischen Blickwinkel – sind sie rituelle Handlungen, die Nichtchristen kaum verstehen können oder jedenfalls nicht teilen wollen. Damit behindern die Sakramente den Zugang zum christlichen Glauben und die Annäherung an eine christliche Kirche. Das Abendmahl ist Ausdruck spiritueller Kommunikation; es hat nicht primär Außenstehende fernzuhalten. Die Taufe ist »Siegel«, nicht Bedingung! In der Alten Kirche galt das Martyrium als Taufe (»Bluttaufe«), und damit als Äquivalent der mit Wasser vollzogenen Taufe. Der indische Konvertit Narayan Vaman Tilak wollte neben der Gemeinde von Getauften eine Gemeinde von »nichtgetauften Christusjüngern« gründen[23] – zwei Bespiele für den Versuch, der Taufe ihren traditionellen Bedingungscharakter zu nehmen. Auch die katholische Vorstellung von einer »Begierdetaufe« geht in diese Richtung. Das Schlimmste, was einem Sakrament passieren könnte, wäre, dass man es als Bedingung für eine volle Zugehörigkeit zu Christus verstünde und behandelte! Es kommt ausschließlich darauf an, die Gabe des Sakraments herauszustellen und groß zu machen.

Im Blick auf die Taufe heißt das: Neben einer Theologie der Kindertaufe brauchen wir dringend eine Theologie der Erwachsenentaufe. Im Blick auf das Abendmahl benötigen wir eine neue Theologie der Kommunikation und der Partizipation. Bei der Erklärung der Erwachsenentaufe muss der Verdacht von Bedingung und Notwendigkeit vermieden werden. Der ekklesiologische Bezug kann zurücktreten; er wird übrigens in Luthers Kleinem Katechismus glatt übergangen. Der Gedanke, getauft zu werden oder getauft werden zu sollen, darf nichts Abschreckendes haben. Die Taufe muss als die große Möglichkeit des Neustarts in den Blick kommen, als ein Ereignis im menschlichen Leben, das seinesgleichen sucht.

6.4.2 Das Sakrament der Identität

Die Taufe ist als das Sakrament der Identität plausibel zu machen: Mir wird die Begründung meiner Identität zugesprochen, ich bin in einem letzten Sinn nicht mehr darauf angewiesen, mich selbst zu begründen, zu profilieren, zu verteidigen und durchzusetzen. Ich darf werden, wer ich bin, und zugleich wissen, dass, was ich bin, nicht in meinem Selbstbewusstsein aufgeht. Für mich und von mir ist mehr zu erwarten, als ich selbst mir vorstellen kann. Ich gerate in einen neuen Horizont. Mein Leben hat ein neues, unzerstörbares

Fundament. Auf dieser Basis darf ich mich selbst verwirklichen, ohne darum bangen zu müssen, ob ich alle meine Möglichkeiten auskaufen kann und alle meine Ziele erreichen werde. Dabei sind auch die psychologischen Implikationen zu nennen und zu nutzen. Der Taufakt ist ein ganzheitliches Geschehen. Er betrifft nicht nur meine Gedankenwelt, sondern er erfasst mich zugleich körperlich. Er schafft Klarheit. Hat man den Sprung einmal gewagt, wird man sich als frei erleben. Zugleich erfährt man sich durch den Schritt, den man gewagt hat, gehalten und orientiert. Ohne sich hier auf die Taufe zu beziehen, findet Frère Roger:»Einmal gesprochen, ist dieses Ja die Hauptstütze, sich ständig mit seinen schöpferischen Kräften zu entfalten; es ist eine Achse, um die sich der Mensch in lebendiger Freiheit bewegt, eine Quelle, in deren Nähe der Mensch tanzen kann.«[24] Der Vergleich mag hinken, aber die Taufe ist eine Art Coming-out. Nun ist es heraus, wer ich bin und wer ich sein darf. In meinem neuen Lebensumfeld, der lokalen Gemeinde und der weltweiten Kirche, entdecke ich neue Aufgaben und Chancen, ein sinnerfülltes Leben zu führen.

6.4.3 Das Sakrament der Sozialität

Diese Identität erfährt und erprobt sich zugleich in und durch Sozialität, womit auf das Abendmahl als das Sakrament der Sozialität verwiesen ist. Der Sinn des Abendmahls als des Sakraments der Sozialität dürfte ohnehin nicht so schwer zu vermitteln sein. Es geht um ein nicht nur ideell gelingendes Miteinander von Menschen. Das im Namen Jesu gehaltene Mahl der Gemeinschaft vermittelt und verwirklicht etwas vom Geist Jesu und macht ihn präsent. In diesem Geist Jesu, des»Menschen für andere«, und in der Gemeinschaft derer, die sich von Jesu Geist und Präsenz anrühren lassen, entfaltet sich die Identität der Einzelnen zu einem gegenseitigen»jeder für jeden« – »alle für alle« (was Luther mit seiner These vom allgemeinen, gegenseitigen und gemeinsamen Priestertum zum Ausdruck gebracht hat).[25]

Auch hier sind die psychologischen Implikationen zu benennen. Gemeinsames Essen verbindet. Essen und Trinken führt über die Welt des bloß Ideellen hinaus. Körperliches Wohlsein kann stärken und aufbauen. Es kann die Basis für Aktivitäten aller Art darstellen, nicht zuletzt für ein Engagement im Blick auf Menschen, die hungern und denen physisch nicht wohl ist. Das gemeinsame Agieren formiert gemeinsame Ziele;»belonging« und»believing« finden einander.

6.5 Differenzierte Mitgliedschaft in der Kirche?

Plädiert man für eine offene,»osmotisch« sich verstehende und sich verwirklichende Kirche, die das Abendmahl für (noch) Nichtglaubende öffnet und nicht die Taufe als Eintrittsbedingung fordert, so muss man die Frage nach der Mitgliedschaft neu stellen.

6.5.1 Formale Mitgliedschaft

Wodurch wird sie begründet? Die Traditionskirchen in Europa antworten bislang dogmatisch: durch die Taufe. Das in Deutschland institutionsbedingte Moment der Kirchensteuer wird dabei großzügig übergangen; es ergibt sich ja auch erst durch das weitere Kriterium: Zugehörigkeit zu einer Konfession bzw. Landeskirche. Der Hinweis auf den bloßen Vollzug der Taufe aber steckt voller Unklarheiten. Bleibt man Mitglied der Kirche,

– wenn man von seiner Mitgliedschaft niemals Gebrauch macht?
– wenn man seine Kirchensteuer nicht bezahlt?
– wenn man aus der Kirche austritt?
– wenn man sich einer anderen Religion anschließt oder Atheist wird?

Nach katholischer Auffassung wird der zu Taufende»durch ein untilgbares Prägemal Christus gleichgestaltet, der Kirche eingegliedert« (CIC Can. 849). Analoge Aussagen finden sich in evangelischen Lebensordnungen. Kategorisch heißt es in einer Synodalvorlage der sächsischen Landeskirche, es sei»ein aus der Alten Kirche stammender Grundsatz, dass die Kirchenzugehörigkeit an die Taufe gebunden ist.« Es gebe also keine gestufte Kirchenmitgliedschaft, aber»verschiedene, auch verbindliche Formen einer gestuften Beteiligung am

Gemeindeleben«.[26] Die EKD-amtliche Lösung lautet, Mitarbeit von Ungetauften sei zu begrüßen; man müsse ihnen »bereichsbezogene Partizipationsrechte einräumen« (in Gestalt von Beauftragungen oder Vereinsengagements). Aber eine »Aufspaltung zweier unterschiedlicher Formen der Mitgliedschaft«, also »>Kirchenmitgliedschaft light<« könne es »nach evangelischem Verständnis nicht geben«.[27] Diese Antwort wirkt fragwürdig und überheblich angesichts der Tatsache, dass in den evangelischen Kirchen millionenfach in anderer Weise »Kirchenmitgliedschaft light« praktiziert und akzeptiert wird. Hier wird mit ungleichem Maß gemessen. Wo die Kirche auf Verbindlichkeit achten sollte, nämlich bei den getauften Mitgliedern, gibt sie sich liberal, und wo sie offen sein sollte, nämlich im Blick auf zu gewinnende Mitglieder, schottet sie sich ab.

Nach dem Mitgliedschaftsgesetz der Evangelischen Kirche in Deutschland sind Taufe, Bekenntnisstand und Wohnsitz »die drei maßgeblichen rechtlichen Kriterien« für Mitgliedschaft, wobei unter Bekenntnisstand die konfessionelle Zugehörigkeit zu einer der EKD angeschlossenen Landeskirchen verstanden wird. Die Kirchenmitgliedschaft besteht »zur Kirchengemeinde und Gliedkirche des Wohnsitzes sowie, durch diese vermittelt, zur EKD.«[28] Wer den Bereich der Evangelischen Kirche in Deutschland verlässt, hängt zwar bis zum Wiedereintritt in eine andere Kirchengemeinschaft in der Luft, er ist konfessionsfrei, verliert aber nicht sein Christsein. Das heißt: In diesen Ausnahmefällen ist selbst nach EKD-Vorstellungen zwischen Christsein und formaler Kirchenmitgliedschaft zu unterscheiden. Die – dogmatisch gesehen – durch die Taufe gewonnene unverlierbare Mitgliedschaft in der universalen Kirche darf nicht auf das Bedeutungsniveau von Mitgliedschaft in einer Landeskirche aufgrund des Wohnsitzes herabgestuft oder gar von dieser abhängig gemacht werden!

Die Kirchen binden sich durch dogmatische Vorentscheidungen und strukturelle Selbstfixierungen. Sie beeinträchtigen damit die Einsicht, dass der Glaube selbst sich als prozessualer Verlauf entwickelt, und versäumen es, Areligiösen und Konfessionsfreien gangbare Wege der Annäherung an den Glauben anzubieten. Sie ignorieren, dass Areligiosität und die faktische Bedeutungslosigkeit der Konfession nicht nur außerhalb, sondern auch innerhalb formaler

Mitgliedschaftsgrenzen gang und gäbe sind. Als Voraussetzung für die Übernahme eines Arbeitsplatzes etwa in einem diakonischen Tätigkeitsbereich den formalen Vollzug der Taufe zu fordern, ist unwürdig und untragbar.

6.5.2 Alternativen

Weltweit gibt es andere Formen von Kirchenmitgliedschaft: die postdenominationale Kirche in China mit ihren Hauskirchen, den Ashram als die der indischen Kultur entsprechende Form von Kirchengemeinschaft, die Basisgemeinde in Lateinamerika, den Verzicht auf formale Zugehörigkeit wie im Non Church Movement und schließlich das Memento von Sadhu Sundhar Singh: »Ich gehöre zu Christus. Das ist genug für mich«.[29] Was ist im Übrigen von den »Medien-Gemeinden« zu halten, von denen das Impulspapier »Kirche der Freiheit«[30] spricht? Gehören zu ihr nur die getauften TV-Zuschauer? Der Gedanke einer »Schnuppermitgliedschaft« wird mit Recht verworfen, weil er zur Unverbindlichkeit einlädt. Man verweist auf die in Schweden zur Vorbereitung auf die Taufe gewährte oder in Österreich mögliche gastweise Kirchenmitgliedschaft. Freilich – ein Gast verabschiedet sich in der Regel wieder. Mitunter wird die »›Förder‹-Kirchengemeinschaft« als eine Form der Kirchenmitgliedschaft empfohlen »für solche Personen, die eine Kirche ideell oder finanziell unterstützen möchten, ohne die Pflichten und Rechte voller Kirchenmitgliedschaft übernehmen zu wollen (…).«[31] Ein an das Kirchensteuersystem gebundenes Mitgliedschaftsdenken kennt nur die klare Unterscheidung zwischen Mitglied und Nichtmitglied; Zwischenstufen sind nicht vorgesehen. Glaube ist jedoch ebenso wenig wie Areligiosität ein Status. In glaubenden, areligiösen und konfessionsfreien Menschen vollziehen sich Prozesse, die durch formale Sanktionen behindert werden oder durch günstige äußere Bedingungen gefördert werden können. Das deutsche Kirchensteuersystem steht jedoch der Flexibilisierung der Mitgliedschaftsgrenzen entgegen. Es zu modifizieren oder gar abzulösen, hätte erhebliche staatsrechtliche Konsequenzen. Es sollte trotzdem darüber nachgedacht werden. Mit dem italienischen System einer Kultursteuer (»otto per mille«) steht ein diskutables Modell bereit. Der Initiativkreis »Kirchensteuerreform«, eine Arbeitsgemeinschaft des »Dietrich-Bonhoffer-Vereins«, sucht nach weiteren Alternativen.[32]

6.5.3 Mitgliedschaft und Gastfreundschaft

Die Zusammengehörigkeit von Taufe und formaler Kirchenmitgliedschaft gilt als Selbstverständlichkeit, ohne dass im Detail geklärt wäre, wie es sich denn mit dem Status von Menschen auf dem Weg zur Taufe oder mit nicht getauften Glaubenden verhalten mag. Wo die Problematik dieser Situation erkannt wird, erinnert man sich seit einiger Zeit an das altkirchliche Katechumenat. Taufkandidaten hatten in der Alten Kirche einen langen und anspruchsvollen Weg zu absolvieren, bevor ihnen die Taufe gewährt wurde.[33] Der Hinweis auf diese Praxis kann nicht überzeugen, weil sie unter heutigen kulturellen Bedingungen nicht realisierbar ist; schon der Begriff würde abschreckend wirken. Wollte man sich an der Alten Kirche orientieren, so müsste man ein dreijähriges Katechumenat mit Vorprüfung und Abschlussprüfung, gestuften liturgischen Akten und moralischer Aufsicht einführen, wie es etwa der »Traditio apostolica«, der früher so gen. »Kirchenordnung des Hippolyt«, entspräche.[34] Ob und inwieweit die damit vorgestellte Ordnung in der gesamten damaligen Christenheit angewandt wurde, ist offen. Jedenfalls aber hatten die Katechumenen bereits bestimmte Mitgliedschaftsrechte. Sie gehörten schon in gewisser Weise zur Gemeinde. Das formale Mitgliedschaftsdenken schließt nicht nur Zwischenstufen aus, wie sie das Leben erfordert. Es konfrontiert mit einem »Alles oder nichts«-Denken. Wer in Mitteleuropa Mitglied einer Kirche werden will, muss »sich entscheiden« (ein problematischer Lieblingsbegriff der religiösen Sprache). Man muss sich entscheiden, ob man in die evangelische oder eine andere Kirche eintreten will. Diese Entscheidung gilt in der Regel für den Rest des Lebens. Eine Revision dieser Entscheidung ist, sofern sie mit der Taufe verbunden ist, nicht vorgesehen, ja nach dem Taufverständnis der Kirchen letztlich gar nicht möglich. Rücktritt oder Konfessionswechsel wären zwar nicht lebensgefährlich wie nach einer Konversion zum Islam, aber doch mit gewissen Schwierigkeiten verbunden. Einen Gaststatus gibt es nicht.

Ein solcher Gaststatus müsste erfunden werden. Man muss ohne Probleme und unbehelligt wieder gehen dürfen. Abschiede sind in der Regel für alle Beteiligten schmerzlich, aber sie müssen möglich sein. Ulrike Wagner-Rau vermisst in den Kirchen »Kulturen der Gastfreundschaft«. Die Mission kenne nur die »Bewegungsrichtung«, »hinauszugehen in die Welt, um hineinzuziehen in die Gemeinschaft der Kirche«; in der Gastfreundschaft dagegen schwingen die Türen »in beide Bewegungsrichtungen«: »Man kann kommen, und man kann gehen.« In diesem Konzept hätten die Pfarrer und Pfarrerinnen oder andere Repräsentanten der Gemeinde die Aufgabe, nicht nur einzuladen, sondern auch zu entlassen.[35] Gäste sollen sich wohlfühlen. Rilke: »Gast sein einmal. Nicht immer selbst seine Wünsche bewirten mit kärglicher Kost. Nicht immer feindlich nach allem fassen; einmal sich alles geschehen lassen und wissen, was geschieht, ist gut. (…)«[36] Wie sieht eine Gemeinde aus, in der Agnostiker, Areligiöse und Atheisten sich wohlfühlen? Dabei geht es nicht nur um das Wohlsein von Gästen. Die Gemeinde selbst braucht Gäste, die sich gern bei ihr aufhalten. Eine Gemeinde, eine Familie, oder einzelne Menschen, zu denen keine Gäste mehr kommen, vereinsamen und laufen Gefahr, schrullig zu werden. Gastgeber zu sein, kann Freude machen und überraschen: Einige »haben ohne ihr Wissen Engel beherbergt« (Hebr 13,2).

207

7 Konsequenzen für kirchliches Denken und Handeln

Kirche muss sich ändern. Kirchenleute wundern sich, dass der angebliche religiöse Boom an den Kirchen vorübergegangen ist. Religiöse Menschen vermissen die Religiosität in der Kirche, Areligiöse dagegen halten die Kirche für ein religiöses Phänomen, und beide empfinden sie somit als uninteressant. Dieser merkwürdige Befund könnte ihr als Impuls dienen, ihren Ort zwischen Religion, Areligiosität und Religionslosigkeit neu zu suchen. Kirche und Kultur, sei sie religiös oder areligiös, haben sich – jedenfalls in Mitteleuropa – auseinandergelebt. Die Kirchen stehen hilflos einer sich immer weiter von ihnen entfernenden Kultur gegenüber. Wollen sie nicht, wie es offenbar der katholischen Kirche naheliegt[1], das Rad der Geschichte zurückdrehen und die Kultur zu ihren Gunsten verändern, so bleibt nur der entgegengesetzte Weg: Es bedarf einer Inkulturation des Evangeliums in der westlichen Welt wie entsprechend in anderen Missionsgebieten der Erde. Das heißt: Die Kirche muss sich ändern, wenn sie innerhalb der sich wandelnden kulturellen Situation verstanden werden will. Sie muss auf die neuen Kontexte eingehen. Kontextualisierung heißt das Gebot der Stunde. Zu den neuen Kontexten in Europa gehört neben dem Verblassen der konfessionellen Grenzen und der Präsenz nichtchristlicher Religionen gewiss auch eine zunehmende Areligiosität. Theologisches Denken darf sich nicht mehr allein an traditionellen Fragestellungen abarbeiten; es muss sich in einer mindestens dreifachen Hinsicht entfalten, nämlich ökumenisch, interreligiös und im Gegenüber zu Areligiosität und Religionslosigkeit.[2] Die Geschichte der Christenheit ist eine Geschichte von Kontextualisierungen, jeweils regional abgewandelt. Im Blick auf Konfessionslosigkeit und Areligiosität muss der Versuch gewagt werden, die inzwischen notwendig gewordene Kontextualisierung und Inkulturation voranzutreiben, zumal es einer Kirche nicht um Selbsterhalt, sondern um die Menschen gehen muss, denen das Evangelium hilfreich wäre, wenn sie es nur erfassen könnten. Mit ihnen ist der Kontakt zu suchen – durch Wahrnehmung der aktuellen Partner, durch Bemühung um den Dialog mit ihnen, in der Suche nach für sie gangbaren Wegen. Damit dürfte sich auch das Selbstverständnis der Kirche verändern und die Dynamik des Evangeliums in einem religiös-areligiösen Umfeld neu zeigen.

7.1 Beziehungsaufnahme

Die Kirche muss sich zu ihren konfessionsfreien und areligösen Gesprächspartnern ins Verhältnis setzen. Das hat eine institutionelle Seite und ist zugleich eine Aufgabe für ihre einzelnen Mitglieder.

7.1.1 Institutionelle und persönliche Beziehungen

Institutionell sollte sie das Instrumentarium nutzen, das ihr auch für die Begegnung mit anderen gesellschaftlichen Gruppen zur Verfügung steht: Analysen, Umfragen, Denkschriften, Impuls-Papiere. Die Evangelische Zentralstelle für Weltanschauungsfragen leistet in diesem Bereich gute Dienste – durch ihren Materialdienst sowie durch einzelne Publikationen und Veranstaltungen. Vielleicht bedarf dieser Ansatz noch stärker der Regionalisierung. Noch fehlt auch eine Sammelstelle für Untersuchungen zur Konfessionslosigkeit und für areligiös-atheistisch orientierte Literatur. Wie leben konfessionsfreie, areligiöse oder atheistisch orientierte Menschen? Dazu gibt es soziologische Erhebungen und psychologische Beobachtungen. Sie sind hilfreich, aber sie ersetzen nicht die konkrete Nachfrage.

Was sagen religiös desinteressierte Menschen in meinem Umfeld über ihre Arbeit, ihre Familien, ihre Ziele, ihre Probleme? Wie verbringen sie ihre Freizeit, wohin fahren sie in den Urlaub? Woraus ist auf ihre Hoffnungen, aber auch ihre Schwierigkeiten zu schließen? Worin berühren sich ihre Sorgen mit den meinen, wo denken wir ganz ähnlich? Wie bewältigen sie ihr Leben? Worin sehen sie die Chancen eines Lebens außerhalb einer Konfession, ohne Religion? Ist es nicht verständlich, dass sie »am Wochenende ausspannen« wollen, sich den Menschen, die am Gottesdienst teilnehmen, »nicht zugehörig« fühlen, dass sie »am Sonntagmorgen Besseres zu tun« haben, ja dass es ihnen »peinlich« sein kann, einen Gottesdienst zu besuchen?[3] Manche PastorInnen bemerken erst im Ruhestand, wie naheliegend es sein kann, am Sonntagmorgen nicht zu einem Gottesdienstbesuch aufzubrechen.

7.1.2 Einfühlung

Warum leben konfessionsfreie, areligiöse Menschen, wie sie leben? Die Motive, aus der Kirche auszutreten, sind sorgfältig untersucht.[4] Aber welches Schicksal mag im Einzelnen dahinter stehen? Habe ich, obwohl Pfarrer oder Theologin, nicht auch schon manchmal gedacht, man müsste die institutionalisierte Kirche verlassen? Worin kann ich den Menschen, der meiner Gemeinde den Rücken zukehrt, wenn ich seine Situation bedenke, nicht sogar ein bisschen verstehen? Oder liegen schlicht strukturelle Gründe vor, wenn sich jemand nicht für Kirche und Religion interessiert: Tradition, angesichts derer man es merkwürdig fände, plötzlich »zur Kirche zu gehen«? Berufliche Überlastung oder gar eine alle Kräfte raubende Krankheit? Der christliche Gesprächspartner wird sich auch fragen, ob hochreligiöse Gemeindeglieder, die sich verbissen über die »richtige« Auslegung der Schöpfungsgeschichte streiten oder denen es im Gebet nur um eigene Belange geht, vom Evangelium wirklich mehr begriffen haben als Areligiöse, die zum Evangelium kein Verhältnis haben oder haben wollen. Offenbar kann »Religiosität« dafür nicht das geeignete Kriterium sein!

Solche Nachfragen wollen mit großer Empathie gestellt werden, absichtslos, oder – in der Sprache der Seelsorge – partnerzentriert. Diese Empathie dürfte leichter zu erbringen sein, wenn man weiß, dass Areligiosität und Indifferentismus anthropologisch gesehen nichts »Anormales« sind. Es ist nicht »normal«, religiös oder gar Christ zu sein. Religiosität ist ebenso wie Areligiosität im Menschen angelegt; sie treten aber kulturgeschichtlich oder durch andere Umstände bedingt zu unterschiedlichen Zeiten unterschiedlich auf.[5] Christliche Gesprächspartner sollten nicht für religiöses (und das schließt ein: kirchliches) Verhalten plädieren, nicht einmal für »die Kirche«, sondern für den christlichen Glauben. Deswegen werden sie erst einmal versuchen, die religiös-areligiöse Situation des Partners zu verstehen und ernst zu nehmen.

7.1.3 Selbstkritik

Der empathischen Wahrnehmung des Partners entspricht ein kritischer Blick auf die eigene Position. Wo hat die Kirche selbst Missverständnisse produziert oder sich um deren Beseitigung nicht genügend bemüht? Sie muss sich nicht auf die Vergangenheit fixieren lassen, aber sie wird im Bewusstsein behalten, dass vor allem der atheistische Partner die Verletzungen und Leiden vor Augen haben wird, die seinen Gesinnungsgenossen insbesondere die damalige katholische Kirche zugefügt hat. Mag Giordano Bruno auch nicht der freie Geist gewesen sein, als den manche Mitglieder der Giordano Bruno Gesellschaft ihn wohl sehen – was ihm zugefügt wurde, ist schrecklich und unentschuldbar.[6] Theologische Arroganz und offensichtliche Lieblosigkeit kirchlicher Stellungnahmen können auch in jüngster Zeit konfessionslose und areligiöse Menschen aufgebracht haben. Berichte über Missbrauch und Finanzskandale auch in den Kirchen machen keine Werbung für das Evangelium. Was in der einen Kirche an Schlimmem passiert, fällt notwendig auch auf die andere zurück. Vielleicht stehen aber auch persönliche Verletzungen im Hintergrund. Nicht wenige konfessionsfreie oder areligiöse Menschen können von unerfreulichen Kontakten mit Kirchenleuten erzählen.

Am besten wäre es, entsprechende Fragen im direkten Gespräch zu diskutieren. Wenn das nicht möglich ist, so sollten Christen sie wohl »im stillen Kämmerlein« bedenken. Allerdings muss das Gespräch auch öffentlich gesucht werden. Die von einer Kirche ggf. ausgesprochene Bitte um Vergebung ist nicht immer überzeugend; nötig ist sie in bestimmten Fällen trotzdem.

7.2 Interoptionaler Dialog

Indifferentismus äußert sich in der Regel, wie es seinem Ansatz entspricht, nicht direkt, während atheistisch orientierte Areligiosität in gewisser Weise »missionarisch« auftritt und für den Austritt aus der Kirche wirbt. »Verlasst das Gotteshaus – geht ins Freudenhaus!«[7] Nicht alle atheistische Propaganda äußert sich derart unqualifiziert.

Einzelne Atheisten wenden sich explizit gegen »Krawall-Atheismus«. Will christlicher Glaube Indifferentismus und Atheismus ansprechen, muss er die öffentliche Auseinandersetzung suchen. Wie es seit langem einen ökumenischen Dialog zwischen verschiedenen christlichen Konfessionen und seit einiger Zeit einen interreligiösen Dialog zwischen Christentum und nichtchristlichen Religionen gibt, muss an der Entstehung einer Plattform für den Dialog zwischen Christentum und Areligiosität, Religionslosigkeit und Atheismus gearbeitet werden. Es ist charakteristisch, dass es dafür noch nicht einmal einen eigenen Begriff gibt. »Dialog der Weltanschauungen« trifft nicht voll, da sich die Religionen nicht als »Weltanschauungen« begreifen. Die in der Ökumene verwendete englische Bezeichnung »ideologies« ist in deutscher Übersetzung nicht brauchbar und wäre auch zu unscharf. Das gilt leider auch für den von mir favorisierten Begriff »interoptional«, den ich trotzdem im Folgenden verwende.

7.2.1 Dialog-Ebenen

Der interoptionale Dialog muss auf allen Ebenen geführt werden, von der »offiziellen« Kirche, auf akademischer Ebene und im persönlichen Einsatz einzelner dazu befähigter Christen. Erste Erfahrungen gibt es dazu.[8] Der Dialog muss auf gleicher Augenhöhe geführt werden, »herrschaftsfrei« und ergebnisoffen sein. Es wird ihm gut bekommen, wenn die Gesprächspartner ihre Intentionen von vornherein klar markieren und dann die bestehenden Differenzen herausarbeiten. Neben dem philosophischen steht dabei der gesellschaftliche Aspekt. Es ergibt allerdings ein Ungleichgewicht, wenn Interessen auf unterschiedlichen Ebenen verfolgt oder miteinander vermischt werden. Sofern es der areligiös-atheistischen Seite um größeren gesellschaftlichen Einfluss geht, genügt es für den kirchlichen Part nicht, philosophisch oder theologisch zu argumentieren. Es müssen dann Grundlage und Kriterien gesellschaftlicher Normen thematisiert werden.

7.2.2 Dialog-Regeln

In einem Dialog geht es darum, den Partner zu verstehen und ihm die eigene Position verständlich zu machen. Das verlangt für die Darstellung der eigenen Position, sie möglichst so zu präsentieren, dass der Partner verstehen kann, was gemeint ist. Wenn er »religiös unmusikalisch« ist, kann man ihm nicht mit religiösen Vorstellungen kommen. Man muss entweder die Besonderheiten religiöser Sprache erläutern[9] oder versuchen, sich nichtreligiös auszudrücken.[10] Dabei wird deutlich werden, dass es im Glauben nicht um Religiosität oder Areligiosität geht, auch nicht um die Anerkennung von Dogmen, sondern um eine existenzielle Beziehung zum Ursprung und Ziel des Lebens.[11] Interpretationsspielräume sind zu eröffnen oder offen zu halten. Natürlich ist darauf zu achten, wie der Partner meine Position versteht und welche Anfragen er deshalb an mich hat. Doch muss die Interpretationshoheit bei dem bleiben, der seine Position vertritt; das gilt für beide Seiten. Es geht nicht an, dass ich meinen areligiös-atheistischen Partner religiös vereinnahme[12], oder dass er mir erklärt, was eigentliches Christentum ist. Er muss, wenn er mit mir diskutieren will, die Sicht des Christentums, wie ich sie vertrete, erst einmal akzeptieren und sich auf sie einlassen. Das gilt natürlich auch umgekehrt.

Ich darf mich auch seinen moralischen Urteilen, die oft als »Killer-Argumente« dienen, nicht unterwerfen. Wenn er eine andere Vorstellung von »intellektueller Redlichkeit« hat als ich, brauche ich mir »mangelnde intellektuelle Redlichkeit« nicht vorwerfen zu lassen. Er hat eine bestimmte Meinung, aber nicht das Interpretationsmonopol. Es ist dann vielmehr – vielleicht mithilfe eines Moderators – zu klären, wieso wir hier zu unterschiedlichen Einschätzungen gelangen.

Ich werde mich meinerseits nicht scheuen, von mir beobachtete Defizite in der gegnerischen Position zu benennen, etwa die sich selbst blockierende Haltung eines »selbstgenügsamen Atheismus«. Ich werde diejenigen Elemente des christlichen Glaubens ins Spiel bringen, die trotz ihrer religiösen Gewandung auch dem areligiösen Menschen verständlich zu machen sein könnten: etwa die Vorstellung von umfassender Erlösung und Versöhnung oder die Erwartung des Reiches Gottes, das in die Gegenwart hinein- und über sie hinausgreift. Beides sind hoffnungsträchtige Störfaktoren[13] für das Denken religiöser wie areligiöser Menschen.

7.2.3 Grenzen und Chancen des Dialogs

Bei einem von beiden Seiten sachgemäß geführten Dialog können sich auch Gemeinsamkeiten zeigen. Das ist im Blick auf atheistisch orientierte Areligiosität leichter als hinsichtlich des Indifferentismus. Das Problem des religiös Indifferenten – aus der Sicht von Glaubenden – besteht darin, dass er kein Anliegen hat. Er hält das Nachdenken über Glaubensfragen für überflüssig. Oder er hat nicht den Mut, eine Position zu beziehen. In diesem Sinn areligiöse Menschen können einerseits in ihrer Denkunwilligkeit verunsichert, andererseits angesichts ihrer Positionslosigkeit ermutigt werden, Stellung zu beziehen. Manche von ihnen lassen sich wohl nur infrage stellen durch deprimierende Schicksalsschläge oder überwältigende glückhafte Einbrüche in ihren Lebenszusammenhang – oder durch Menschen, die ihnen eine Alternative vorleben. Möglicherweise ist es dann sinnvoll, in einer bestimmten Dialogphase nicht zu diskutieren, sondern zu erzählen.»Die Sprachwelt der Erzählung kann so zur Denkwelt der Hörer werden, wenn diese sich in die Erzählung hineinziehen lassen.«[14]

Atheistisch orientierte Areligiosität kann respektable Ziele haben. In ihr können humanistische Tendenzen leben, die denen des Christentums ähnlich sind. Humanismus darf weder dem Wort noch der Sache nach atheistischen Autoren und Gruppen überlassen werden oder gar zum Markenzeichen von Atheismen avancieren. Die unaufgebbare Verbindung zwischen Humanismus und Christentum ist für Christen in Jesus aus Nazareth, in der Menschlichkeit Gottes gegeben. Das Christentum wird sich auch nicht in den Bereich von Magie und Aberglauben abdrängen lassen, sondern sein Engagement für Aufklärung, Vernunft und Klarheit in die Waagschale werfen. Der Atem der Freiheit und der Einsatz für Emanzipation und Entfaltung menschlicher Möglichkeiten sind Sache auch der Christenheit. In konkreten politischen und gesellschaftlichen Situationen können so Allianzen möglich werden, die durchaus genutzt werden sollten. Dazu gehört im übrigen gerade auch der Kampf gegen den Missbrauch der Religion und gegen eine den Menschen unmündig machende Religiosität.

7.3 Konkrete Aufgaben

Will die Kirche konfessionsfreie, religiös desinteressierte oder atheistisch orientierte Menschen ernst nehmen, so stellt sich ihr eine Reihe von konkreten Aufgaben. Dies betrifft ihren Umgang mit der Sprache, mit ihrem nonverbalen Gebaren und mit ihren äußeren Strukturen.

7.3.1 Sprache und Bildung

Die Kirche muss als Institution dafür Sorge tragen, wie sie sich innerhalb einer areligiös-atheistischen Welt äußert. Sie muss klären, was sie sagen will und wie sie es sagen will. Dies gilt nicht nur für Verlautbarungen und Handreichungen. Sie muss inhaltlich und hinsichtlich der sprachlichen Gestalt an ihrem Bekenntnis arbeiten. Was an theologischen Formulierungen dient der binnenkirchlichen Selbstverständigung und ist möglicherweise als missionarischer Text ungeeignet? Muss das Apostolikum, das mit einigen seiner Aussagen auf nicht wenige Menschen abschreckend wirkt, im Fernseh-Gottesdienst, ja überhaupt in jedem Gottesdienst vorkommen? Die Kirche sollte durch Einladung zu Feedback-Äußerungen ihre Sprache daraufhin überprüfen, worin sie sich verständlich macht und wodurch sie Missverständnisse produziert. Bis in die Sonntagspredigt hinein muss klar werden, inwiefern sich die religiöse Sprache der Bibel oder der Tradition von der positivistisch geprägten Alltagssprache unterscheidet. Es bedarf einer Sprachschulung aller, die in Gemeinde, Schule oder Öffentlichkeit den christlichen Glauben vertreten. Das Übersetzbare muss übersetzt werden, das Unübersetzbare in seinem poetischen Mehrwert und in seinem Erfahrungsgehalt erfasst werden.

Damit ist das Thema Bildung angesprochen. Viel Streit bereits innerhalb der Kirche ist dadurch entstanden, dass Diskussionspartner zu wenig geschult waren, um Alternativen zu der ihnen vertrauten Auffassung erkennen zu können. Die Auseinandersetzungen um das Verhältnis von Schöpfungsbericht und Evolutionstheorie mag als Beispiel dafür dienen. Der Fundamentalismus ist u. a. auch ein Bildungsproblem. Aber ebenso können Religionslosigkeit und Areligiosität ein Bildungsproblem darstellen. Es gilt, die Vielfalt von Denkwegen anzubieten, wie sie christliche Tradition und gegenwärtige theologische Diskussion doch reichlich zur Verfügung haben. Auf wie unterschiedliche Weise kann Gott wenigstens annäherungsweise gedacht werden (trotz der – theologischen – Einschränkung, dass er letztlich nicht gedacht werden kann)? Auch die theologische Ausbildung an Universitäten und anderen Institutionen ist auf die Auseinandersetzung mit Areligösen, Religionslosen und Atheisten hin auszurichten. Das seit Karl Barth verschrieene Fach »Apologetik« sollte wieder aufleben, nicht im Sinn einer kurzschlüssigen Verteidigung des Christentums, sondern als Sprachschule des Glaubens. Praktisch-theologisch sollte an Fallbeispielen und im Rollenspiel eingeübt werden, wie Gesprächssituationen mit entsprechenden Partnern sachgemäß aufgenommen werden können.

7.3.2 Liturgisches und sakramentales Handeln

Areligiöse Menschen kommen in der Regel mit Liturgie und Choral, mit Taufe und Abendmahl nicht in Berührung. Nur gelegentlich ergibt sich ein Kontakt. Entwürfe und Vorschläge für neue Agenden, Trauformulare und Bestattungsanweisungen sind in reichlichem Maße vorhanden. Inwieweit sie Areligiöse ansprechen, die aus welchen Gründen auch immer einen kirchlichen Dienst miterleben oder gar selbst in Anspruch nehmen, steht dahin. Am schwierigsten dürfte sich der Umgang mit den Sakramenten gestalten; sie kommen als Grenzmarken zu stehen. Eine missionarische Gemeinde muss die Freiheit haben, hier nicht nach traditionellen oder kirchenrechtlichen Regeln zu verfahren. Erlebte Gemeinschaft kann zum Bekenntnis des Glaubens führen; seltener dürfte der umgekehrte Weg sein, dass die Anerkennung eines Glaubensbekenntnisses den Eintritt in eine Glaubensgemeinschaft zur Folge hat. Wenn konfessionsfreie, nicht getaufte Menschen das Bedürfnis verspüren, mit Menschen, mit denen sie auch sonst zusammen leben und arbeiten, das Abendmahl zu feiern, sollten sie dazu eingeladen werden. In der heutigen Situation führt der Weg für Erwachsene – wenn überhaupt – vom Abendmahl zur Taufe, nicht umgekehrt. In der Alten Kirche hatte man das Bedürfnis, das Arkanum zu schützen. Man soll die Perlen nicht vor die Säue werfen! Insbesondere das Sakrament der Eucharistie wurde mit immer höheren Hürden umgeben. Schließlich durfte der getaufte Laie den Altarraum nicht mehr betreten, wie es noch heute in der Orthodoxie der Fall ist. Bonhoeffer hat bekanntlich für das Arkanum viel Verständnis aufgebracht. In der Tat ist das Abendmahl nicht als Missionsveranstaltung gedacht. Von daher fragt es sich auch, ob es seinen Platz am Fernsehschirm haben sollte. Auch die Liturgie sollte man von missionarischer Verzweckung frei halten. In den Medien wäre aufklärende Information über den christlichen Glauben viel wichtiger als liturgische Reproduktion. Der gewöhnliche Sonntagsgottesdienst muss von missionsstrategischen Zielen entlastet werden. Das Arkanum des christlichen Glaubens, das ja nicht einzig im Abendmahl als solchem besteht, erschließt sich in der Intimität von Gemeinschaft. Es muss nicht primär geschützt, sondern gelebt werden. Eine Abendmahlsgemeinschaft, die in eine Lebensgemeinschaft eingebettet ist, kann zur Taufe führen. Der Weg zur Taufe muss geistlich begleitet, aber seiner eigenen Dynamik überlassen werden. Die Sakramente sind zu entkonditionalisieren! Die Möglichkeit für Glaubende, die Unmündigen-Taufe weiterhin als Inbegriff der voraussetzungslosen Liebe Gottes zu verstehen und zu feiern, bleibt damit voll erhalten.

7.4 Sich wandelndes Selbstverständnis von Kirche und Konfession

Wenn die Kirche als Institution ihren Platz im Kontext einer zunehmend areligiösen, religionslosen Kultur behalten oder neu gewinnen will, wird sie ihre Gestalt und ihre Binnenstrukturen verändern müssen. Vor allem braucht sie ein frisches, unverbrauchtes Verständnis ihrer selbst, in dessen Mittelpunkt nicht mehr sie selbst als Institution steht, sondern das Evangelium.

7.4.1 Mitgliedschaftsprobleme

Dies berührt, wie gesehen, bereits das Kirchenmitgliedschafts-Recht, und es hat staatskirchenrechtliche Implikationen. Will die Kirche sich öffnen, so genügt es nicht, auf einige vom Kirchenrecht unberührte Schlupflöcher zu verweisen. Ein Kirchenrecht, das nur die Alternative Zugehörigkeit oder Nichtzugehörigkeit kennt, wird dem missionarischen Auftrag angesichts der heutigen Situation nicht gerecht; es erschwert Annäherungsprozesse, sofern es sie nicht sogar verhindert. Das Kirchensteuersystem basiert auf einem eindeutigen Zugehörigkeitsstatus. Wenn es nicht möglich sein sollte, die Steuerverpflichtung der Mitglieder zu flexibilisieren, muss daran gearbeitet werden, wie das Kirchensteuersystem von geeigneteren Finanzierungsmodellen abgelöst werden kann.

Zulassung zum Abendmahl und – vorläufiger – Verzicht auf die Taufe dürften eher in Einzelfällen ein Problem darstellen. Aufs Ganze gesehen wird es wichtiger sein, Überschneidungszonen zu entdecken oder einzurichten, in denen Christen und Areligiöse jeder Couleur miteinander in Kontakt kommen können. Es fehlt ein »Areopag«! Vielleicht bietet der kürzlich in Berlin eröffnete »Treffpunkt Religion und Gesellschaft« einen Ansatzpunkt. Man verweist vielleicht auf die Schule, die mehr und mehr zur Begegnungszone von Religionen wird, und auf christliche Bestattungen, an denen in der Regel auch Menschen teilnehmen, die keiner Kirche angehören. Für die Schule gilt dies jedenfalls hinsichtlich des Religionsunterrichts nur mehr teilweise, seit ein Teil der Schülerschaft in den Ethik-Unterricht ausweicht. Bei einer christlichen Bestattung werden Religion und Religiosität in ihrer Ambivalenz deutlich. Hier dominieren die religiöse Form und eine entsprechende Sprache, die auf das Eigentliche des Glaubens hin erst geöffnet werden müsste. Aber auch hier darf der Missionsgedanke nicht im Mittelpunkt stehen; zu einem fruchtbaren Austausch über Tod und Leben könnte es eher bei Nachgesprächen kommen. Pfarrer und Pfarrerinnen sollten sich Rechenschaft darüber geben, wie viele Kontakte über ihre Gemeinde hinaus sie zu Areligiösen und »Atheisten« haben! Wo wird im Alltag über Grundfragen des Lebens und Sterbens diskutiert? Lässt sich an säkulare oder religiöse Feste anknüpfen? Dabei geht es nicht eigentlich um Anknüpfung, sondern um die schlichte Herstellung von Kontakt. Helfen gemeinsame – vielleicht sogar politische oder diakonische – Initiativen weiter? Wie könnte das Internet stärker für einen solchen Austausch genutzt werden? Der Kirche ist es in einer bestimmten Situation gelungen, Runde Tische zur Lösung politischer Probleme einzurichten; an Runden Tischen für Glaubensfragen fehlt es aber! Die Gemeinden sollten Foren erfinden, die für potenzielle Sympathisanten attraktiv sind, zugleich aber frei von jeder Absicht, diese irgendwie »einzubinden«.

7.4.2 Ansprechende Konfessionalität

Die institutionelle Kirche handelt in Gestalt von einzelnen Konfessionen. Die angesprochenen Konsequenzen können nur vollzogen werden, wenn sich das derzeitige institutionelle Selbstverständnis der jeweiligen Konfessionskirche verändert, denn innerhalb von deren Strukturen sind die geforderten Veränderungen vorzunehmen. Dies dürfte angesichts des Beharrungsvermögens etwa deutscher Landeskirchen, besonders aber im Blick auf die blockierende Kraft der römisch-katholischen und der orthodoxen Kirchen nicht ganz leicht sein. Der Protestantismus sollte sich nicht scheuen, tapfer eigene Wege einzuschlagen.

Eine Konfession ist keine transzendente, sondern eine historische Größe. Das gilt auch im Blick auf Katholizismus und Orthodoxie, wenn sich beide auch nicht als Konfession verstehen wollen. Entstehungsgeschichte und derzeitige Gestalt der Konfessionen macht ihre historische Bedingtheit nur allzu deutlich. Die Konfessionen stehen in der Verantwortung für ihre Tradition, aber zugleich laufen um sie her und teilweise in ihnen selbst soziokulturelle Prozesse ab, die kritisch beobachtet und in irgendeiner Weise berücksichtigt werden müssen. Ängstliche Hüter des konfessionellen Status quo werden rasch befürchten, dass sich die konfessionelle Gestalt mit ihren spezifischen Einsichten inmitten all solcher Prozesse auflösen könnte. Die Angst ist berechtigt, aber angesichts des Auftrags einer Konfession in der Gesamtkirche und an der Welt sollte sie überwunden werden. Will eine Konfession unter den Bedingungen des gegenwärtigen Europa ihre Botschaft an Menschen heranbringen, muss sie ihre Binnenorientierung reduzieren und sich ihrer areligiösen Umwelt zuwenden und öffnen. Zaghafte Versuche in dieser Richtung gibt es, etwa in der Anglikanischen Kirche, die versucht, den Fragen missionarischer Verkündigung den Vorrang vor internen Kirchenfragen einzuräumen.[15]

Dies betrifft freilich auch das Geflecht binnengemeindlicher Ungleichzeitigkeiten in Denken und Verhalten. Mindestens phasenweise sind auch überzeugte Christen von religiöser Stumpfheit oder atheistischen Zweifeln erfüllt. In einer Gemeinde leben immer angefochtene, partiell ungläubige und eher glaubensstarke Menschen neben- und miteinander. Das ist ja gerade die Chance einer Gemeinde, dass ihre unterschiedlichen Glieder sich gegenseitig inspirieren, motivieren oder auch infrage stellen können. Wie sollte es da nicht möglich sein, dass eine Gemeinde ebenso »Learner« und »unsichere Kandidaten« erträgt, begleitet und fördert? Bekäme es nicht gerade einer traditionell orientierten Gemeinde sehr gut, wenn sie ein paar waschechte Atheisten in ihrer Mitte hätte? Der Gedanke einer gestuften Mitgliedschaft passt in der Tat nicht zum christlichen Leitbild von Gemeinde, aber könnte man sich nicht eine differenzierte Mitgliedschaft vorstellen, die nicht hierarchisch gegliedert wäre? Es käme dann zu einer Gemeinschaft, in der unterschiedliche Menschen unterschiedliche spirituelle Prozesse durchlaufen. Alle könnten das Abendmahl, das Mahl der Gemeinschaft, das Sakrament der Sozialität miteinander feiern. Einige würden, weil sie die Gabe der zugesprochenen Identität nutzen wollen, die Taufe in Anspruch nehmen. Die Taufe Unmündiger würde auf lange Sicht wohl eher die Ausnahme, aber bei entsprechenden Voraussetzungen nicht ohne Zukunft sein. Religiöse und nichtreligiöse Sprache und Formen stünden nebeneinander. Der spezifische Traditions- und Erfahrungsschatz einer Konfessionskirche würde der fruchtbare Ausgangspunkt für die Vermittlung christlichen Glaubens sein, nicht aber dessen Konditionierung.

7.4.3 Offene Katholizität

Was die Leitungsgremien, aber auch die einzelnen Mitglieder einer Konfessionskirche sich immer wieder in Erinnerung rufen lassen sollten, ist die Tatsache, dass die »ecclesia universalis« größer ist als die Konfession. Es ist hier nicht der Ort, die Ekklesiologie systematisch-theologisch zu entfalten. Doch einige in unserem Zusammenhang wichtige Aspekte seien genannt.

Die Kirche wird üblicherweise als der »Leib Christi« verstanden. Zwar ist der Leib Christi mit all seiner Dynamik in der Konfession präsent, aber die Konfession ist nicht der Leib Christi. Die Konfession darf mit dem Anspruch auftreten, Kirche zu sein, aber sie muss sich zugleich relativieren in dem Wissen, dass die Kirche weit über ihre Grenzen hinausreicht, ja sogar weit über die Grenzen der verfassten Ökumene. Das Bild vom Leib Christi, so sprechend es auf der einen Seite ist, so hat es doch auf der anderen Seite auch seine Schwächen. Es lässt den irdischen Leib Christi assoziieren und schärft damit die Vorstellung einer geschlossenen Größe ein. Denkt man im Sinn der klassischen Dogmatik konsequent christologisch, so müsste man aber von der sogen. Zweinaturenlehre ausgehen und auch das Göttliche, menschlich nicht Fassbare an Jesus Christus in Betracht ziehen, was das Bild einer klar umgrenzten Gemeinschaft sofort aufsprengen würde.

Eine zweite Fehl-Assoziation, die dieses Bild auslösen kann, besteht darin, dass es nahelegt, nur an den Leib Christi in seiner Gegenwart auf Erden zu denken. Darüber wird leicht vergessen, dass – nach Überzeugung der Christenheit – Jesus Christus »im Kommen« ist. Das Bild vom Leib Christi kann dazu verleiten, die Kirche nicht mehr in ihrer Vorläufigkeit wahrzunehmen und jeglichen eschatologischen Vorbehalt zu überspielen. Will man eine christologische Engführung vermeiden, die sich auch angesichts anderer biblischer Bilder für die Kirche nahelegen könnte, so ist es günstiger, von der umfasssenden »missio Dei« auszugehen, wie sie in den letzten Jahrzehnten missionstheologisch entfaltet wurde.[16] Gott interessiert sich nicht nur für die Kirche (und ihr Wachstum), sondern er hat einen umfassenden Heilsplan, der die Grenzen der empirischen Ökumene bei weitem, nämlich universal überbietet.

7.4.4 Universales religionstranszendentes Zeugnis

Die Christenheit hat ihren Platz und ihren Auftrag inmitten der sich globalisierenden Welt, was sich heute fast phänomenologisch beschreiben lässt. Gottes liebendes, heilvolles Wirken bezieht sich nicht nur auf Kirchen und Konfessionen und deren Mitglieder, sondern auf die Menschheit und die gesamte Schöpfung. Dies im Bewusstsein zu behalten, entlastet. Für die einzelnen Christen und die Konfessionen insgesamt heißt das: Sie dürfen sich »leichter nehmen«. Sie dürfen in einem umfassenden Sinn »katholisch« denken.

Das wirft noch einmal ein besonderes Licht auf die Frage der Mission. In den letzten Jahren wurde sie ja regelrecht wiederentdeckt. In der Fachliteratur begegnet man Titeln wie »Mission in pluralistischer Gesellschaft«[17], »Missionarische Perspektiven für eine Kirche der Zukunft«[18], »Theologie der Evangelisation«[19] oder »Wie finden Erwachsene zum Glauben?«[20], »Wachsende Kirche. Wie Gemeinde den Weg zu postmodernen Menschen finden kann«[21], oder das oft zitierte »Wachsen gegen den Trend«[22]. Solche Studien sind unverzichtbar. Doch den häufig vorkommenden Begriff »Wachstum« halte ich für verräterisch. Die Marburger Praktische Theologin Ulrike Wagner-Rau gibt zu bedenken: »Die subjektive Anverwandlung evangelischer Frömmigkeit über langjährige Bildungsprozesse, die das Profil der großen evangelischen Kirchen in Mitteleuropa bestimmt und ihre Akzeptanz als bedeutsamen Gesprächspartner in den demokratischen Austauschprozessen der modernen Gesellschaft ausmacht (…), ist auf rasches Wachstum der Mitgliedschaft und eine umfassende Beteiligung an kirchlicher Praxis nicht angelegt.« Mission und Dialog seien daher »nur als langsame, die Andersartigkeit des Gegenübers achtende Prozesse denkbar«.[23] Hinter dem plötzlich aufgeflammten Missionseifer scheint – neben einem legitimen Bedürfnis, das christliche Zeugnis weiterzugeben – eine gewisse Angst um die Zukunft der Institution Kirche zu stehen, wie die Formulierung mancher einschlägiger Titel vermuten lässt.[24]

Quantitatives Wachstum der institutionellen Kirche bedeutet nicht wie von selbst eine Mehrung des Reiches Gottes. Christlicher Glaube erschöpft sich nicht in Kirchlichkeit, ja, er äußert sich nicht einmal primär darin. Kichlichkeit kann dem Mitglied einer Kirche zwar dazu verhelfen, den Glauben immer tiefer zu erfassen, ihn zu bewähren und im Alltag zur Entfaltung zu bringen. Aber die formale Kirchenmitliedschaft sagt wenig über den Glauben eines Christen aus. Ebensowenig lässt fehlende formale Mitgliedschaft auf den Unglauben eines Menschen schließen. Glaube kann auch über kulturelle Partizipation an der christlichen Tradition entstehen, und es muss offen bleiben, ob solcher Glaube zum Eintritt in eine Konfessionskirche führen wird. Das Hören, aus dem der Glaube erwächst (Röm 10,16), bezieht sich ja nicht nur auf die gottesdienstliche Predigt. Wieso sollte sich die Botschaft nicht auch kulturell vermitteln können, über Musik und Talkshow, über ethische Prinzipien oder einen vom Christentum geprägten Lebensstil?

Wenn sich angesichts der flächendeckenden Areligiosität und Religionslosigkit in Mitteleuropa tatsächlich die angedeutete religionsgeschichtliche Bifurkation abzeichnet[25], geht es primär nicht um die Zukunft der Kirche, sondern um die Zukunft des Glaubens in eine neue Menschheits-Epoche hinein. Neben der Welt der mehr oder weniger glücklich weiterlebenden Religionen mit ihren traditionellen religiösen Angeboten formiert sich ein Bereich von Areligiosität und Indifferentismus, in dem man nicht mehr religiös denkt und empfindet: eine neue Stufe der Religionsgeschichte! Eine Kirche, die sich dieser Situation öffnete, hätte eine menschheitsgeschichtliche Aufgabe. Pfarrer und Pfarrerinnen einer solchen Kirche dürften sich dann nicht nur als Hüter und Betreuer ihrer religiösen Restgemeinden verstehen, sondern als Vorboten und Helfer auf dem Weg zu der wahrhaft universalen Katholizität eines religionstranszendenten Christentums.

8 Auf dem Weg zu einem religionstranszendenten Christentum

Die Kirche hat nicht das Recht, sich in ihrer Glaubensverkündigung auf religiöse oder aber areligiöse Formen zu fixieren. Areligiöse Menschen werden zwar von sich aus ein religionstranszendentes Christentum kaum attraktiver finden als das traditionelle, und religiöse werden sich vielleicht nicht recht mit ihm anfreunden können – ganz abgesehen von den institutionellen Veränderungen, die es langfristig mit sich brächte. Doch hat sich die Kirche nicht an der Frage nach Erfolg oder Misserfolg zu orientieren. Empirisch vorgehende Anthropologie, bei Untersuchungen zur Psychosomatik angefangen, über neuere religionsgeschichtliche Perspektiven bis hin zu Religionspsychologie und Religionssoziologie legen es nahe, den Menschen nicht einseitig als religiöses Wesen zu bestimmen. Vielmehr haben Menschen, wenn nicht von Haus aus, so jedenfalls durch die kulturelle Entwicklung inzwischen die Möglichkeit gewonnen, sich entweder als religiös oder als areligiös zu verstehen, selbstverständlich mit ungezählten Zwischenstufen. Ob jemand sich als religiös oder areligiös einschätzt, ist heute eine Sache der Option, die sich natürlich auch oft durch die Sozialisation zu erledigen scheint. Es ist jedenfalls nicht einfach »normal«, religiös zu sein. Dieser Erkenntnis hat die Verkündigung des Evangeliums zu entsprechen. Das Evangelium weist aber auch selbst die Tendenz auf, nicht in »Religion« und »Religiosität« aufzugehen, wie dies vor allem Karl Barth und im Blick auf die säkulare Welt Dietrich Bonhoeffer herausgearbeitet hat. Religiös Glaubende müssen über die ihnen gewohnte Religiosität hinausgeführt werden; areligiöse Menschen dürfen nicht durch die einseitig religiöse Gestalt kirchlicher Verkündigung daran gehindert werden, dem Evangelium zu begegnen. Vielleicht ist der gegenwärtige mitteleuropäische Protestantismus sowohl in religiöser als auch in areligiöser Hinsicht defizitär: Er führt in die Religion weder genügend hinein noch zureichend über sie hinaus. Er kann daher nicht deutlich zeigen: Für religiöse wie areligiöse Menschen liegt der Ort, von dem her sie ihre Existenz begründet und gehalten sehen können, jenseits ihrer religiösen und areligiösen Vorstellungen und Vorurteile.

8.1 Jenseits von Religiosität und Areligiosität

Religion kann erhebend und hilfreich sein, aber auch verführen und schlimme Folgen auslösen. Liebe und Hoffnung vermögen auf ihre Weise religiöse Vorstellungen zu transzendieren. Hinsichtlich unserer religiösen Vorstellungswelt gilt es, im Namen Gottes Gottes-Bilder zu überschreiten. Das Bilderverbot des Alten Testaments zu beachten, ist für Glaubende nötig und im Blick auf die Verkündigung an Nichtglaubende unerlässlich. Christliche Lehraussagen wie »Inkarnation Gottes in Jesus Christus« oder »Selbstentäußerung Jesu Christi« enthielten im Kontext von Judentum und spätantiker Religiosität ihrerseits ein erhebliches religionskritisches Potenzial. Christlicher Glaube kann und muss sich immer neu als religionstranszendent profilieren.

Robert N. Bellah hat bereits 1970 einen Sammelband (eigener Beiträge) mit dem Titel »Beyond Belief« herausgegeben, ohne allerdings zwischen »Glauben« und »Religion« zu differenzieren.[1] In den 70er Jahren des vorigen Jahrhunderts diskutierte man das »Ende aller Religion«.[2] Inzwischen engagiert sich der Dalai Lama für ein »Beyond Religion«.[3] Gianni Vattimo thematisiert das »Jenseits des Christentums«.[4] Für nicht wenige Autoren lohnt es sich offenbar, nach dem zu fragen, was jenseits heute wahrnehmbarer Religion liegen könnte.

Der Begriff »religionstranszendent« ist unüblich. Er knüpft nicht an Karl Barth an, dessen Religionsbegriff zwischen Ablehnung und Usurpation pendelt: Einerseits ist ihm Religion Ausgriff des sündigen Menschen, andererseits kommt bei ihm »die christliche Religion« als »die wahre Religion« zu stehen.[5] Auch ein Transzendieren der Religion durch die Vernunft oder in Richtung Vernunft ist nicht gemeint.[6] Vielmehr geht es um die dem Christentum und besonders dem Protestantismus eigene Transzendierens-Richtung, nämlich über die konkrete Gestalt des Religiösen hinaus. Es gilt, auch die Riten und liturgischen Wendungen, die religiöse Sprache und die Gesänge, die in den evangelischen Kirchen verblieben sind, zu transzendieren: Sie benennen das Eigentliche, Letztgültige des Glaubens nur auf eine vermittelte, indirekte Weise. Religion ist mit ihrem Vokabular und ihren Riten allein nicht in der Lage, das Evangelium in seiner befreienden und froh machenden Kraft adäquat zu erfassen. Sie ist nicht Voraussetzung dafür, dass das Evangelium als lebensrettend und -orientierend wahrgenommen werden kann. Umgekehrt ist auch Areligiosität hierfür kein unüberwindbares Hindernis. Eine areligiöse Interpretation des Evangeliums hat neben der traditionellen religiösen ihre eigene Aufgabe. Für den, der sich das klar macht, vermindert sich die scheinbar so große Distanz zwischen den primär religiös und den eher areligiös geprägten Menschen.

8.2 Religionstranszendente Elemente der biblischen und kirchlichen Tradition

Der Rückverweis auf biblische Tradition darf nicht zu Anachronismen verführen. Sie ist sorgfältig zu befragen. Sie kennt Menschen, die von der Religionsphänomenologie als »religiös« oder als »fromm« eingestuft werden würden. Der Hebräerbrief nennt viele von ihnen und betont: Nicht durch ihre Frömmigkeit und ihre Religiosität wurden sie für die christliche Gemeinde zur »Wolke der Zeugen«, sondern durch den Glauben (Hebr 11f). Nach einer im Alten Testament vertretenen Vorstellung redete Gott mit Mose »wie ... mit einem Freund« (Ex 33,11). Doch schärft die Hebräische Bibel bekanntlich das Bilderverbot ein. Der Gottesname wird nicht ausgesprochen, und noch in moderner jüdischer Literatur deutscher Sprache wird der Gottesname mit »G"tt« wiedergegeben. Gott wird nicht religiös fassbar und verfügbar.[7]

War Jesus religiös? Natürlich hat er in den Bahnen des damaligen Judentums gedacht und empfunden. Aber er setzt sich seinerseits mit der dort vorgefundenen Religiosität auseinander; die Gespräche mit seinen Gegnern enthalten nicht wenige religionskritische Elemente, wenn es hier auch zunächst um religionsimmanente Religionskritik geht. Bei seinen Gleichnissen benötigt er keine religiösen Vorgaben: Die Erzählung vom Barmherzigen Vater oder die Parabel vom Barmherzigen Samariter ist auch für areligiöse Menschen verständlich. Bei vielen Gleichnissen Jesu ist es so. Sie müssen nicht im Nachhinein ins Religiöse zurückübersetzt werden. Wenn es bei manchen von ihnen heißt: »So ist es mit dem Reich Gottes ...«, ist leicht zu verstehen, was gemeint ist:»So soll es sein, so muss es sein, so wird es sein!« (frei nach Wolf Biermann).

Es könnte der Eindruck entstehen, die Kirche habe sich durch ihre komplizierte Theologie gegen diese ihre schlichten Anfänge versündigt. Dieser Eindruck trügt nicht, wo immer die Theologie behauptet hat, dass es »*so* ist«, wie sie sagt. Die Geschichte der Theologie kennt aber auch nicht wenige Aufbrüche im Sinne einer »theologia negativa«, die sich dessen bewusst ist, dass unsere theologischen Erkenntnisse und Aussagen transzendiert werden müssen. Nach einem Diktum Augustins reden wir nur, um nicht schweigen zu müssen. Die Legende erzählt, vor ihm, dem großen Trinitätstheologen, sei am Meeresstrand unvermittelt ein kleines Kind aufgetaucht, das mit einer Muschel das Meer ausschöpfen wollte: ein Bild für das notwendige Scheitern christlicher Theologie angesichts ihrer übergroßen Aufgabe. Die Trinitätslehre selbst ist ein unübersehbares Memento daran, dass im Glauben alle irdischen religiösen Vorstellungen transzendiert werden müssen. Christlicher Glaube im eigentlichen Sinn beginnt daher auch nicht mit dem trinitarischen Dogma, sondern in der Begegnung mit Jesus aus Nazareth, seiner Botschaft und seinem Geschick. Weder religiöse noch areligiöse Menschen können die Frage umgehen, wie sie ihr Leben in den ihnen vorgegebenen Grenzen gestalten wollen. Werden sie sich an jeweiligen religiösen, publizistischen, politischen Trends oder eigenen Idealen ausrichten – oder es zulassen, dass sich ihnen die Botschaft von Jesus nahelegt: Es gibt ein Leben, das sich in Vertrauen, Liebe und Hoffnung erfüllt!?

Jesu Vertrauen, sein Verhalten in Liebe und Hoffen stecken an bis auf den heutigen Tag. Das hat ihn für die ersten, die ihm nachfolgten, zum »Christus« gemacht. Nach den Berichten der Evangelien hat er ein Vertrauen gelebt, das sich noch im Sterben »per Du« aussprechen konnte, wie es dem personalen Denken des Menschen angemessen ist, und wie dies auch areligiöse Menschen erahnen. Ihn motivierte eine Liebe, die keiner metaphysischen Begründung bedarf und doch als verpflichtend erfasst werden kann. Er kannte ein Hoffen, das konkrete Ziele vor Augen zu haben und doch die Erfüllung gänzlich offen zu lassen vermag.

8.3 Nachfolge Jesu als Inbegriff von Religionstranszendenz

Worin besteht religionstranszendentes Christentum? Kann man von Gott reden, ohne von »Gott« zu reden, ohne dass man das Wort »Gott« in den Mund nimmt? Der Gott des christlichen Bekenntnisses kann einerseits nur als seinstranszendent gedacht werden, somit auch nur als religionstranszendent, da Religion und Religiosität offensichtlich zum Bereich des empirisch Greifbaren gehören. Andererseits wird er in Jesus Christus als radikal immanent verstanden, somit involviert in alles Menschliche, einschließlich Religion und Religiosität. Glaube muss sich daher sowohl religiös als auch areligiös realisieren und artikulieren können, wobei weder Religiosität noch Areligiosität ihn voll zu erfassen vermögen. Er transzendiert sowohl Religiosität als auch Areligiosität. Er kann religiöse Vorstellungen verwenden, soweit es ihm gelingt, diese zu durchstoßen. Er kann areligiöse Einstellungen nutzen, soweit sie sich für Vertrauen, Liebe und Hoffnung öffnen. Christlicher Glaube, der auf beiderlei Weise lebendig sein kann, erwächst aus der Begegnung mit dem Vertrauen, Lieben und Hoffen, wie es in Jesus aus Nazareth verkörpert ist. Weil von Jesu Vergegenwärtigung in Zeugnis und Nachfolge auf eine ansteckende, menschliche Selbsteinschätzung verwandelnde Weise Vertrauen, Hoffnung und Liebe ausgehen, wurde er von den ersten Glaubenden »Christus« genannt. Darum können Christen heute von seiner Autorität und seiner Relevanz für Leben und Sterben sprechen. Die Botschaft an die Menschheit, die in Jesu Gestalt und Geschick verborgen gegenwärtig und wirksam ist, erschließt sich in einem Leben, das sich unter religiösen oder areligiösen Vollzugsweisen, ohne metaphysische Verankerung, in Vertrauen, Hoffnung und Liebe hineinziehen lässt. Glaube, Liebe und Hoffnung ergänzen und motivieren sich gegenseitig. Ein glaubender Mensch erlebt sich als jemanden, der sich trotz manchen Scheiterns und vieler Brüche zum Hoffen und Lieben befähigt sieht. Obwohl die Liebe, die er verwirklichen möchte, immer wieder von Versagen begleitet ist, erfährt er sich als »gerechtfertigt« und bejaht. Seine Hoffnung lässt sich nicht auf die ihn umgebende Wirklichkeit begrenzen. Sein Glaube transzendiert Religiosität und Areligiosität.

Religionstranszendentes Christsein realisiert sich in der Nachfolge Jesu, die nicht von religiösen Gefühlen und Bedürfnissen lebt. Es mag die religiöse Sprache verstehen, aber es ist ihm bewusst, dass sie kritisch wahrgenommen werden muss und nicht verführerisch wirken darf. Religiöse Sprache ist verfehlt, wo sie der Durchsetzung kirchlicher oder politischer Herrschaftsansprüche dienen oder als Ersatz für verantwortliches Handeln gebraucht werden soll. Sie muss so gebraucht werden, dass sie nicht fundamentalistisch missverstanden werden kann. Sie hat hinter ihre äußere Gestalt zurückzutreten und die Bahn zu ihrem existenziellen Gehalt frei zu machen. Glaube, der Religiosität und Areligiosität transzendiert, lässt sich nicht funktionalisieren. Er empfiehlt sich nicht dadurch, dass er »hilft«. Er gilt. Er kann sich als Hoffnung auf konkrete Hilfe artikulieren, aber er ist zugleich ein Hoffen ohne und wider alle konkrete Hoffnung. Er zeigt sich nicht nur im gedanklichen Durchstoßen von religiösen Vorstellungen, sondern im faktischen Vollzug der Nachfolge Jesu, als ein Leben und Wirken in Jesu Geist. So kann er auch von areligiösen Menschen verstanden werden.

Religiös geprägte Christen und Christinnen können vertrauten Worten, Riten und Symbolen viel abgewinnen. Ein Choralvers, eine Wendung aus dem 23. Psalm, das Bild des Gekreuzigten oder der Madonna mit dem Christuskind – all das vermag ihnen elementar und ganzheitlich Trost und Zuversicht zu vermitteln. Sie bedauern vielleicht, dass ihre »religiös unmusikalischen« Partner diese Medien von innerer Energie und Lebensmut nicht zu nützen vermögen. Aber es wird ihnen gut tun, die poetisch-symbolische Welt der Religion von Zeit zu Zeit zu verlassen und sich ihres Glaubens in profanen Formen und ohne alle religiöse Einkleidung zu versichern. Umgekehrt müssen areligiöse Menschen nicht programmatisch auf alle religiösen Ausdrucksformen menschlichen Lebens verzichten. Vielleicht wird es ihnen hin und wieder möglich, Glaubensaussagen als weiterführend zu entdecken, obwohl diese in religiösem Gewand begegnen – oder vielleicht gerade deswegen. Die Kirchen sollten sich bemühen, für dieses Herüber und Hinüber zwischen religiöser und areligiöser Welt Brücken zu schaffen. Christliche Gemeinden sollten alles unterstützen, was nach ihrer Erfahrung den Menschen gut tut, auch wenn es sich dabei noch nicht um die ganze Fülle dessen handelt, was das froh und frei machende Evangelium von Jesus Christus anzubieten hat. Die Stille eines Kirchenraums, die Möglichkeit, in einem Chor mitzusingen oder der Orgel zuzuhören, die Ausstrahlung der großen christlichen Feste zu goutieren – all das steht Glaubenden wie Nichtglaubenden zur Verfügung.

Ein traditioneller Einwand gegen das Konzept eines religionstranszendenten Christentums könnte in der Frage liegen, ob hier nicht alles »nur« auf Ethik hinauslaufe. Wie kann religionstranszendentes Christentum vermeiden, gesetzlich zu werden? Wie kann sich in ihm die schöpferische Kraft der Einladung Jesu, ihm und seinem Lebenskonzept zu folgen, bemerkbar machen? Wie kann die Aufforderung, der Ruf zur Nachfolge überhaupt ohne Zuhilfenahme religiöser Kategorien begründet werden?

Traditionelle dogmatische Begründungsversuche, die mit Jesu »Sendung durch den Vater« oder gar mit der Zweinaturenlehre arbeiten, verschleiern die Tatsache, dass es sich dabei nur um Elemente einer binnenkirchlichen Argumentation handelt, die der Selbstverständigung einer Kirche oder Konfession dienen sollen. Für Außenstehende haben sie keinerlei Gewicht. Einer empiriebezogenen Plausibilisierung der biblischen Botschaft vermögen sie nicht zu dienen. Eine solche ergibt sich vielmehr nur durch die Fakten selbst: Die Aufforderung zur Nachfolge Jesu wurde und wird weltweit von Menschen gehört und als entlastend, orientierend und letztmotivierend angenommen. Solange dies »passiert«, ist Nachfolge Jesu ohnehin über Begründungsversuche durch religiöse und areligiöse Spekulation erhaben.

Wer sich trotzdem dieses Geschehens reflektierend vergewissern will, mag Überlegungen des italienischen Religionsphilosophen Gianni Vattimo als hilfreich empfinden. Vattimo geht davon aus, dass ein allgemein anerkannter metaphysischer Rahmen unserem Argumentieren nicht mehr vorgegeben ist. Die Konsequenz, die er daraus zieht, lautet: Wir können »das Sein ausschließlich als Ereignis denken und die Wahrheit nicht mehr als Widerspiegelung einer ewigen Struktur des Realen, sondern als geschichtliche Botschaft, die es zu hören gilt und auf die zu antworten wir aufgerufen sind.«[8] Vattimo findet, man bleibe »dem Ereignis preisgegeben«, nämlich der »als Ereignis gefassten Positivität der Schöpfung und der Offenbarung überantwortet.«[9] Er wendet sich gegen »die Sünde der objektivierenden Metaphysik«, im Gegensatz zu der man »das Hören auf das Sein wiederfinden« müsse.[10] Er plädiert nicht für eine naive Übernahme von Offenbarungsinhalten, sondern für ein Hören, das nicht anders erfolgen kann denn als ein achtsames Hinhören auf das, was mir begegnet, auf den Ruf, der mich erreicht. Auch ein religionstranszendentes Christsein wird von diesem Ruf leben, ob er über freie Bibellektüre, traditionelle Verkündigung oder über das Beispiel derer wahrgenommen wird, die ihm folgen. Der Ruf in die Nachfolge wird vernehmbar in der Auseinandersetzung mit der Gestalt des Jesus aus Nazareth, seiner Botschaft und seinem Geschick. Er wird befolgt, wenn er in die psychosomatische Konstitution und die soziokulturelle Situation potenzieller Hörer und Hörerinnen hineingreift – ein kontingentes Ereignis, das »vorkommt« und von der Christenheit – in religiöser Sprache ausgedrückt – auf das Wirken des heiligen Geistes zurückgeführt wird. Religion kann als gefährdend oder beglückend, Religionslosigkeit als deprimierend oder befreiend erlebt werden. Es gibt aber »was Bessres in der Welt« als Religion oder Religionslosigkeit. Es gibt einen Halt und eine Orientierung, die aus der Konfrontation mit der biblischen Botschaft erwachsen, ganz gleich, ob sie in traditioneller religiöser oder in übersetzter, auch Areligiösen verständlicher Weise präsent und wirksam werden. Solche Orientierung lässt sich letztlich nicht mehr durch die üblichen Kriterien von »gut« und »böse« absichern; dieser Halt fragt nicht mehr nach Halt.

8.4 Glaube, der nichts als Glaube ist

Religionstranszendenter Glaube kann sich in religiösen Bildern wiederfinden, indem er sie auf ihre existenzielle Tiefe hin durchstößt. Er ist Aufbruch, ohne zu wissen, wohin (Gen 12,1). Er ist Unterwegs-Sein im finsteren Tal, in dem die Nähe des guten Hirten nur am Aufklopfen seines Steckens und Stabs erkennbar bleibt (Ps 23,4). Er sieht nicht und glaubt »dennoch« (Joh 20,29). Es ist »noch nicht offenbar geworden«, wie das alles ausgehen wird (1 Joh 3,2). Solcher Glaube entzündet sich immer wieder an biblischen Erzählungen (1 Joh 1,1–4) und ihrer Wirkungsgeschichte, ohne sie historistisch-positivistisch so zu nehmen, wie sie präsentiert werden. Bei Mark Twain sagt ein Schuljunge:»Glaube ist, wenn man etwas glaubt und weiß, dass es nicht so ist.«Im Sinne dieses Schuljungen[11] ist das wohl negativ gemeint. Aber es drückt sich echte Glaubensweisheit darin aus: Ich glaube, obwohl ich weiß, dass »es nicht *so* ist« (oder jedenfalls nicht *so* sein muss), wie ich es mir denke oder vorstelle. Glaube lebt in dem Frieden, der »höher ist als alle Vernunft« (Phil 4,7). Mit Luther gesprochen: Voll Zuversicht vermag der Glaube im Dunklen zu »tappen«. Mit dem Choral gesprochen: »… nach Erd und Himmel frag ich nicht, wenn ich nur dich kann haben. / Und wenn mir gleich mein Herz zerbricht, so bist doch du mein Zuversicht« (EG 397,1), auch ohne dass ich dieses Du beschreiben kann. Es ist der Glaube derer, die »werden wie die Kinder« und ins Reich Gottes kommen (Mt 18,3). Es ist der Glaube dessen, dem in extremis scheint, dass sein Gott ihn verlassen hat, und der dies dem abwesenden Gott klagt. Es ist der Glaube Jochen Kleppers, der in einer letzten Zuversicht es wagt, die irdische Existenz der Seinen und sich selbst Gott auszuliefern und die Gaszuleitung zu öffnen.[12] Der greise Simeon kann nun »in Frieden fahren«, denn seine Augen haben »deinen Heiland gesehen« (Lk 2,29f).

In diesem liebenden und hoffenden Glauben vergegenwärtigt sich eine Lebensgrundlage, die über alles religiöse Imaginieren und Handeln hinausgeht. Martin Luther hat das in die Formel gebracht: Unser Glaube, unsere Theologie ist gewiss, weil sie uns von uns selbst losreißt und uns an einem Ort außerhalb von uns selbst konstituiert, »so dass wir uns nicht auf unsere Kräfte, Gewissen, Sinn, Person, auf unsere Werke stützen, sondern auf das, was außerhalb unser ist, nämlich auf die Verheißung und Wahrheit Gottes (…).«[13] Es ist der Glaube, den man in der Situation der Verzweiflung braucht, in der »Gott über Gott« erscheint – und natürlich über aller Religion und Religiosität.[14] Es ist der Omega-Glaube, der zwar von den Alpha-Gedanken und Vollzügen herkommt und sie doch alle transzendiert.[15] Der italienische waldensische Theologe Sergio Rostagno formuliert es so: »La *fides* non è nient' altro che se stessa – der Glaube ist nichts anderes als er selbst.«[16]

Wo bleibt bei alledem die Kirche, die Konfession? Sie bildet sich, indem Menschen den Ruf vernehmen und ihm folgen. Sie bietet eine »hermeneutische Ontologie«[17] an, durch die sich Ereigniszusammenhänge, den Erfahrungen der Nachfolge konfrontiert, als erträglich, ermutigend und zukunftsträchtig erleben lassen. Mitglieder einer konfessionellen Gemeinschaft verstehen den Ruf unterschiedlich aufgrund ihrer unterschiedlichen Konstitution und Sozialisation. Sie dienen einander, indem sie in Kritik und Zeugnis sich miteinander austauschen. Das mag Streit und Ausgrenzungstendenzen zunächst nicht verhindern, aber indem alle Beteiligten, Religiöse und Areligiöse, sich immer neu dem Ruf aussetzen, bleiben sie einander nah. Religionstranszendentes Christentum schließt konfessionstranszendentes Christentum ein. Eine »Konfession« stellt eine Suchgemeinschaft dar, die in ihrem Bekenntnis eine hermeneutische Vorgabe für das in ihrer jeweiligen Situation notwendige neue Bekennen sieht. Sie macht dabei bestimmte Erfahrungen, die sie sammelt und in das Gesamt der Christenheit einbringt. Auf diese Weise wird sich ihr spezifisches Charisma herausbilden, wie sie zu dem Glauben führt, der nichts als Glaube ist. Für den einzelnen Glaubenden ist die Konfession gleichsam der Heimathafen, von dem aus er aufbrechen und andere Küsten und Gewässer erkunden, zu dem er aber auch zurückkehren und in dem er vertrauten Schutz finden kann.

Religionstranszendentes Christentum begegnet religiösen und areligiösen Traditionen, ist bereit von ihnen zu lernen und strebt doch über alle hinaus. Was folgt daraus für die nichtchristlichen Religionen, was bedeutet es für den interreligiösen Dialog?

Säkular soziologisch kann man argumentieren, Konflikte zwischen Religionen seien nur in Grenzen zu halten, wenn ein gemeinsamer rechtlicher Rahmen anerkannt wird. Die juristischen Regelungen des Westfälischen Friedens haben bekanntlich die Basis für ein (relativ) friedliches Miteinander der Konfessionen geschaffen. Heute würden sich dafür die Menschenrechte anbieten.[18] Dieser Ansatz ist unverzichtbar und gleichwohl nicht auseichend, zumal die säkular verfassten Menschenrechte keineswegs von allen Religionen anerkannt werden. Die Religionen müssen von innen her begreifen, dass ihre Lehren und Riten nur Medien für das darstellen, was ihnen als die Wahrheit schlechthin gilt. Religionstranszendentes Christentum könnte zu einem gemeinsamen Lernprozess einladen und damit helfen, religiöse Konflikte von innen her zu entschärfen und Fanatismus zu verhindern. Es würde für nichtchristliche Religionen und areligiöse Positionen einen Impuls darstellen, auch die eigenen Vor-

233

stellungen daraufhin zu überprüfen, wo sie über vordergründige Selbstdarstellungen und gewohnte Vollzüge hinausdrängen. Der Dialog aller Beteiligten miteinander bekäme damit eine zusätzliche Aufgabe. Er hätte nicht nur Konvergenzen zu konstatieren und, wo es möglich ist, Divergenzen zu reduzieren. Er hätte dazu beizutragen, dass keine Religion oder Weltanschauung ihre detaillierte Sicht absolut setzt. Je mehr das gelänge, desto deutlicher entspräche der Dialog einem Ziel, das in ihm angelegt ist. Ganz selbstverständlich würden die Religionen neue Wege zueinander finden. Die Mauern und Barrieren nicht nur zwischen den Religionen, sondern auch zwischen der religiösen und der areligiösen Welt könnten durchlässig werden. Eine wahrhaft offene Katholizität würde entstehen, wie sie der einen Menschheit entspricht, von der die Christenheit glaubt, dass sie ihre Bestimmung finden wird.

8.5 Die Transzendenz religionstranszendenten Glaubens

Der Glaube ist damit in gewisser Weise unanschaulich geworden. Der Blick zurück mag wehmütig stimmen: Die mittelalterliche Vorstellung des »Gnadenstuhls« – der bärtige Gottvater, die Taube des Geistes über ihm, reicht den gekreuzigten Christus dar – ist gleichsam ersetzt durch das Symbol der Aufklärung: Trinität als gleichschenkliges Dreieck mit dem alles sehenden Auge Gottes in der Mitte, ja letztlich durch die leere Wand, vor der der Zen-Buddhist meditiert. Doch das wäre noch immer eine Unterbestimmung des religionstranszendenten Glaubens. Die rationale Abstraktion und die areligiöse Leerstelle müssen ebenso durchstoßen werden wie die vorkritische Gottesvorstellung eines unreflektierten Kinderglaubens.

Dies wiederum gibt einer zweiten Naivität des Glaubens ihr Recht, die sich freilich nicht mit erster Naivität verwechseln darf. Glaube muss sich unter irdischen Bedingungen immer wieder inkarnieren, religiös oder areligiös, in Haltung und Verhalten. In solchen Inkarnationen vermittelt sich das Unverfügbare, ohne verfügbar zu werden. So ist auch das Konzept eines religionstranszendenten Christentums selbst ein begrenztes irdisches Denk- und Lebensmodell. Auch ihm gilt: »Unser Wissen ist Stückwerk, und unser prophetisches

Reden ist Stückwerk. Wenn aber kommen wird das Vollkommene, so wird das Stückwerk aufhören.« (1 Kor 13,9f). Religionstranszendenter Glaube bleibt angefochten. Er lässt sich nicht »durchhalten«. Aber er kann sich immer wieder einstellen. Er ist kein Ausweichmanöver in die stillen Gefilde der Mystik. Er ist nüchtern, wachsam und erwartungsvoll. Er kann religiöse und areligiöse Ausdrucksformen der christlichen Botschaft in Anspruch nehmen. Er erahnt eine Wahrheit, die keiner religiösen oder areligiösen Abstützungen bedarf.

Das Evangelium des Johannes beschreibt eine Szene, die ich nicht im Sinn einer absichernden Legitimation heranziehen will. Doch hilft sie mir, etwas von dem Weg zu einem religionstranszendenten Christentum zu erfassen und vielleicht auch zu veranschaulichen. In einer Sequenz des Gesprächs Jesu mit einer samaritanischen Frau tritt die religiöse Spannung zwischen Juden und Samaritanern, zwischen Jerusalem und Garizim zutage (Joh 4, 19–24). Jesus steht durchaus zu seiner jüdischen Tradition. Zugleich kündigt er eine Zeit an, in der »die wahren Anbeter den Vater anbeten werden im Geist und in der Wahrheit« (Joh 4,23). Er scheint nicht auszuschließen, dass dies auch in Jerusalem und auf dem Garizim möglich ist. Aber er spricht von einer Zukunft – und Gegenwart! –, in der sich das Gebet »in Geist und Wahrheit« vollzieht, unabhängig von religiöser Geographie. In Jesus vergegenwärtigen sich »Geist und Wahrheit«, Sinnfülle des Lebens. Die erfüllte Zeit ist »schon jetzt« und doch verweist der johanneische Jesus auf die kommende Stunde von »Geist und Wahrheit«. Der Weg des Glaubens beginnt mit Jesu Gegenwart und führt zugleich über Jerusalem und Garizim hinaus ins Offene, in »alle Wahrheit« (vgl. Joh 16,13). Glaubenden kann oder muss sogar, um eine Formulierung Feuerbachs zu gebrauchen, »Palästina zu eng« werden, wie dies denn bei vielen Menschen heute der Fall ist. Sie haben Jerusalem und den Garizim bereits verlassen. Die Verheißung, die Zukunftsperspektive einer noch kaum vorstellbaren »Anbetung im Geist und in der Wahrheit« gilt für alle, ob sie noch in Jerusalem oder auf dem Garizim siedeln – oder bereits unterwegs sind in »alle Wahrheit«. Gottes Plan mit der Menschheit ist nicht auf die Geschichte der institutionalisierten Kirchen beschränkt. Gott sei Dank!

Anmerkungen

A Areligiosit und Religionslosigkeit als Herausforderung von Theologie und Kirche

1 Worum es geht

1. Martin Walser, Über Rechtfertigung. Eine Versuchung, Reinbek bei Hamburg 2012, 32.
2. Wie stabil ist die Kirche? (1974); Was wird aus der Kirche? (1984); Fremde Heimat Kirche (1993). Vgl. bes. Klaus Engelhardt u. a. (Hg.), Fremde Heimat Kirche. Die dritte EKD-Erhebung über Kirchenmitgliedschaft, Gütersloh 1997; darin:»Der Blick von außen: Die Konfessionslosen«, 306–342. Vgl. ferner: Jan Hermelink/Thorsten Latzel (Hg.), Kirche empirisch. Ein Werkbuch zur vierten EKD-Erhebung über Kirchenmitgliedschaft und zu anderen empirischen Studien, Gütersloh 2008, 425. Vgl. auch Rainer Höfelschweiger, Mitglied, wer bist du? Eine kirchentheoretische Studie zur differenzsensiblen Inklusion der religionssoziologisch pluralen Mitglieder evangelischer Kirchen, Leipzig 2011.
3. Klaus-Peter Jörns, Die neuen Gesichter Gottes. Die Umfrage»Was die Menschen wirklich glauben« im Überblick, Neukirchen-Vluyn 1997, 58–67; ders./ Carsten Großenholz (Hg.), Was die Menschen wirklich glauben. Die soziale Gestalt des Glaubens – Analysen einer Umfrage, Gütersloh 1998.
4. Jörns/Großenholz 1998, 105ff.
5. Gert Pickel, Areligiosität, Antireligiosität, Religiosität. Ostdeutschland als Sonderfall niedriger Religiosität im osteuropäischen Rahmen?, in: Christel Gärtner (Hg.), Atheismus und religiöse Indifferenz, Opladen 2003, 247–269; Detlef Pollack/Gert Pickel (Hg.), Religiöser und kirchlicher Wandel in Ostdeutschland 1989–1999, Opladen 2000; Monika Wohlrab-Sahr, Religionslosigkeit als Thema der Religionssoziologie, in: PTh 90 (2001), 152–167.
6. M. Domsgen (Hg.), Konfessionslos – eine religionspädagogische Herausforderung. Studien am Beispiel Ostdeutschland, Leipzig 2005; M. Widl/M. Kaplánek (Hg.), Jugend – Kirche – Atheismus. Brückenschlag zwischen Ostdeutschland und Tschechien, České Budějovice/Erfurt 2006; H. Kiesow, Jugendliche zwischen Atheismus und religiöser Kompetenz, Jena 2003.
7. J. Horstmann (Hg.), Katholisch, evangelisch oder nichts? Konfessionslose in Deutschland, Schwerte 2000.
8. Lutherisches Kirchenamt (Hg.), Handreichung zur seelsorgerlichen Begleitung Ausgetretener, erarbeitet vom Ausschuß für Fragen des gemeindlichen Lebens der VELKD, Hannover 1973 (!); Kirchenamt der EKD (Hg.), Taufe und Kirchenaustritt. Theologische Erwägungen der Kammer für Theologie

zum Dienst der evangelischen Kirche an den aus ihr Ausgetretenen, Hannover 2000; Kirchenamt der EKD (Hg.), Schön, dass Sie (wieder) da sind! Eintritt und Wiedereintritt in die evangelische Kirche, Hannover 2009.

9. Johannes Zimmermann u. a. (Hg.), Kirchenmitgliedschaft. Zugehörigkeit(en) zur Kirche im Wandel, Neukirchen-Vluyn 2008.

10. Vgl. z. B. Jörg Ennuschat, Kirchenzugehörigkeit ohne Kirchenmitgliedschaft?, in: ZevKR 55 (2010), 275–289.

11. Vgl. Matthias Rein, »Ich kann auch ohne Kirche Christ sein!« Systematische und theologisch-praktische Überlegungen zum Zusammenhang von Taufe, Kirchengliedschaft und Kirchenaustritt, in: DtPfrBl 111 (2011), 527–531.

12. Deutsche Übersetzung in: Benedikt Kranemann u. a. (Hg.), Mission – Konzepte und Praxis der katholischen Kirche in Geschichte und Gegenwart, Würzburg 2009.

13. Bischofssynode. XIII. Ordentliche Generalversammlung, Die neue Evangelisierung für die Weitergabe des christlichen Glaubens, Vatikanstadt 2012.

14. Bischofssynode. XIII. Ordentliche Generalversammlung, Die neue Evangelisierung für die Weitergabe des christlichen Glaubens. Instrumentum Laboris, Vatikanstadt 2012, Zitat: Nr. 6.

15. Z. B. Detlef Pollack/Gert Pickel (Hg.), Religiöser und kirchlicher Wandel in Ostdeutschland 1989–1999, Opladen 2000, 15f.

16. So eine Studie der Universität Hohenheim nach Ulrich Schnabel, Die Vermessung des Glaubens. Forscher ergründen, wie der Glaube entsteht und warum er Berge versetzt, München 2008, 473.

17. Vgl. H.-G. Ziebertz u. a., Religiöse Signaturen heute, Gütersloh/Freiburg i. Br. 2003, 383–407.

18. Wichtige Hilfestellung gibt eine Reihe von Beiträgen in: Ingolf U. Dalferth/Hans-Peter Grosshans (Hg.), Kritik der Religion. Zur Aktualität einer unerledigten philosophischen und theologischen Aufgabe, Tübingen 2006.

19. Hans-Ferdinand Angel u. a. (Hg.), Religiosität. Anthropologische, theologische und sozialwissenschaftliche Klärungen, Stuttgart 2006.

20. Schnabel 2008, 185; dort auch die Adresse.

21. Schnabel 2008, 83, verweist auf: www.beliefnet.com.

22. K. Helmut Reich, »Neurowissenschaften und Religiosität – Stand der Forschung«, eine Einführung, im Internet: http://www.helmutreich.ch/V 5.pdf (abgerufen am 22.10.2010).

23. Schnabel 2010, 207, 340. Schade, dass ein so kenntnisreicher Autor sich zu solchen Formulierungen hinreißen lässt.

24. Peter Widmer, Die angelsächsische Mystikdebatte. Eine Einführung, in: Karl Baier (Hg.), Handbuch Spiritualität. Zugänge, Traditionen, interreligiöse Prozesse, Darmstadt 2006, 49–67.

25. Tiefensee, in: Kranemann 2009, 155–181.

26. Eberhard Tiefensee, Die Frage nach dem »homo areligiosus« als interdisziplinäre Herausforderung, in: Kranemann 2009, 155–185.

27. Sekretariat für die Nichtgläubigen, Le dialogue avec les non-croyants, Rom

1968. Zwei Jahre später publizierte das Sekretariat die »Nota circa studium atheismi et institutionem ad dialogum cum non credentibus habendum« (Rom 1970). Die Bemühungen der katholischen Kirche um Evangelisierung und Neuevangelisierung hat weitere einschlägige Literatur zum Thema hervorgebracht.
28. Einzelnachweise jeweils in den Fußnoten.

2 Terminologische Probleme

1. Zum theologischen Verständnis von Konfession siehe unten B 2.1!
2. Radio Vatikan 24.10.2010.
3. Christoph Elsas (Hg.), Religion. Ein Jahrhundert theologischer, philosophischer, soziologischer und psychologischer Interpretationsansätze, München 1975; Jens Schlieter (Hg.), Was ist Religion? Texte von Cicero bis Luhmann, Stuttgart 2010.
4. Schlieter 2010, 21.
5. So meint Sylvia Thonak feststellen zu können, dass in den Shell-Jugendstudien ein Trend zur Marginalisierung des Themas Religion zu beobachten ist, in: dies., Religion in der Jugendforschung. Eine kritische Analyse der Shell-Jugendstudien in religionspädagogischer Absicht, Münster u. a. 2003.
6. Die Definitionsproblematik wird erörtert von Manfred L. Pirner, Religiosität als Gegenstand empirischer Forschung, in: Hans-Ferdinand Angel u. a., Religiosität. Anthropologische, theologische und sozialwissenschaftliche Klärungen, Stuttgart 2006, 30–52.
7. Schlieter 2010, 121; 186, 190; 211.
8. Vgl. Bertram Schmitz, »Religion« und seine Entsprechungen im interkulturellen Bereich, Marburg 1996, sowie Hans-Michael Haußig, Der Religionsbegriff in den Religionen. Studien zum Selbst- und Religionsverständnis in Hinduismus, Buddhismus, Judentum und Islam, Mainz 1999.
9. Schlieter 2010, 247–270; hier: 267f (»Gedankenspiel«). Literaturhinweise: 269f.
10. Gegen die bekannte Definition von Milford E. Spiro: »I shall define ›religion‹ as ›an institution consisting of culturally patterned interaction with culturally postulated superhuman beings‹.« Zitiert nach Axel Michaels (Hg.), Klassiker der Religionswissenschaft. Von Schleiermacher bis Mircea Eliade, München [2]2004, Einleitung, 10.
11. Penny Long Marler/C. Kirck Hadaway, Being »Religious« or Being »Spiritual« in America, in: Journal for the Scientific Study of Religion 4 (2002), 289–300.
12. Ama Toshimaro, Warum sind Japaner areligiös?, München 2004.
13. Martin Petzoldt, Überhaupt religiös? Zur Frage nach der Vorfindlichkeit von Religion, in: Ingolf U. Dalferth/Hans-Peter Grosshans (Hg.), Kritik der Religion. Zur Aktualität einer unerledigten philosophischen und theologischen Aufgabe, Tübingen 2006, 329–349 (hier: 329–339).

14. So der Religionswissenschaftler Hartmut Zinser, Art. Esoterik, in: RGG[4] 2,1580f.
15. Charles Y. Glock/R. A. Srak, Religion and Society in Tension, Chicago 1965.
16. So eine Formulierung von Michael Blume.
17. Sie wurde teilweise übernommen und später um die Dimension der Materialisierung von Religion in Architektur, bildender Kunst usw. erweitert von Ninian Smart; siehe Schlieter 2010, 211. Vgl. Ursula Boos-Nünning, Dimensionen der Religiosität, München 1972; Cornelius P. G. Tilanus, Empirische Dimensionen der Religiosität. Strukturen, Fragen, Modelle, Augsburg u. a.1972
18. Hemel, in: Angel 2006, 102.
19. Hemel, in: Angel 2006, 100.
20. Mircea Eliade, Das Heilige und das Profane. Vom Wesen des Religiösen (1957/1965), Frankfurt a. M. 1990, 174–175.
21. Richard Rorty, Antiklerikalismus und Atheismus, in: Santiago Zabala/Richard Rorty/Gianni Vattimo (Hg.), Die Zukunft der Religion, Frankfurt a. M. 2006, 33–47; Zitate: 39, 34.
22. Karl Rahner, Meditation über das Wort »Gott«, in: H. J. Schultz (Hg.), Wer ist das eigentlich – Gott?, München 1969, 13–21; Zitat: 18.
23. Bischofssynode. XIII. Ordentliche Generalversammlung, Die neue Evangelisierung für die Weitergabe des christlichen Glaubens. Instrumentum laboris, Vatikanstadt 2012, Nr. 53.
24. Vgl. z. B. M. Domsgen (Hg.), Konfessionslos – eine religionspädagogische Herausforderung. Studien am Beispiel Ostdeutschlands, Leipzig 2005.
25. Päpstlicher Rat für die Kultur, »Wo ist dein Gott? – Der christliche Glaube vor der Herausforderung religiöser Indifferenz«, in: Kranemann u. a. (Hg.) 2009, 187–228.
26. Ulrich Hemel, Religionsphilosophie und Philosophie der Religiosität. Ein Zugang über die Typologie religiöser Lebensstile, in: Angel u. a. 2006, 92–115; Zitat: 97.
27. Christian Danz, Religionsbegriff und Religionskritik in der Theologie der Religionen, in: Ingolf U. Dalferth/Hans-Peter Grosshans (Hg.), Kritik der Religion. Zur Aktualität einer unerledigten philosophischen und theologischen Aufgabe, Tübingen 2006, 259–284; Zitate: 275f.
28. Andreas Feldtkeller, Religion, Atheismus und conditio humana, in: Aufklärung und Kritik 17 (2010), 153–164; Zitate: 161f.
29. Eberhard Tiefensee, Die Frage nach dem »homo areligiosus« als interdisziplinäre Herausforderung, in: Kranemann u. a. (Hg.) 2009, 155–185; hier: 172.
30. So die Kurzformel eines österreichischen Forscherteams, bei der wohl zu ergänzen wäre: »mit *bewusstem* Bezug«; Manfred L. Pirner, Religiosität als Gegenstand empirischer Forschung, in: Angel 2006, 30–52; Zitat: 45.

31. Ernst Bloch, Atheismus im Christentum: Zur Religion des Exodus und des Reichs, Frankfurt a. M. 1968, 98, 311.
32. Ernst Tugendhat, Anthropologie statt Metaphysik, München 2007, 13, 15.
33. Tugendhat 2007, 199.
34. Ludwig Feuerbach, Das Wesen des Christentums. Nachwort von Karl Löwith, Stuttgart 1969, 200.

3 Die Situation

1. Peter. L. Berger, Desecularization of the World. Resurgent Religion and World Politics, Washington, DC 1999.
2. Jürgen Habermas/Joseph Ratzinger, Dialektik der Säkularisierung. Über Vernunft und Religion, Freiburg i. Br. [7]2005, 17.
3. Vgl. Santiago Zabala, in: ders./Richard Rorty/Gianni Vattimo (Hg.), Die Vernunft der Religion, Frankfurt a. M. 2006,12.
4. Zur Literatur siehe Eberhard Tiefensee, Die Frage nach dem »homo areligiosus« als interdisziplinäre Herausforderung, in: B. Kranemann u. a., Mission – Konzepte und Praxis der katholischen Kirche in Geschichte und Gegenwart, Würzburg, 2009, 181–185.
5. BertelsmannStiftung, Religionsmonitor 2008, Gütersloh 2007.
6. M. Onfray, Wir brauchen keinen Gott. Warum man jetzt Atheist sein muß, München/Zürich 2006.
7. A. Comte-Sponville, Woran glaubt ein Atheist? Spiritualität ohne Gott, Zürich 2009.
8. Georges Minois, Geschichte des Atheismus. Von den Anfängen bis zur Gegenwart, Weimar 2000, 8.
9. Christopher Hitchens, Der Herr ist kein Hirte. Wie die Religion die Welt vergiftet, München u. a. 2009
10. Richard Dawkins, Der Gotteswahn, Berlin [8]2007.
11. Paul Schulz, Atheistischer Glaube. Eine Lebensphilosophie ohne Gott, Wiesbaden 2008. Informativ die Sammelrezension von J. Kahl, Aktuelle Atheismus-Debatten. Ein strukturierter Überblick, in: Information Philosophie 2010, 66–72.
12. Herbert Schnädelbach, Religion in der modernen Welt, Frankfurt a. M. [3]2009, 127; vgl. 138f.
13. Schnädelbach [3]2009, 27.
14. http://fowid.de/fileadmin/datenarchiv/Religionszugehoerigkeit/Religionszugehoerigkeit_Bevoelkerung (24.10.2011)
15. Diese Sicht wird aufgrund der Beobachtung lang- und mittelfristiger Strukturen allerdings bestritten. Vgl. Gert Pickel, Areligiosität, Antireligiosität, Religiosität: Ostdeutschland als Sonderfall niedriger Religiosität im osteuropäischen Raum?, in: Christel Gärtner u. a., Atheismus und religiöse Indifferenz, Opladen 2003, 247–269.

16. Gert Pickel, Konfessionslose in Ost- und Westdeutschland, in: Detlef Pollack/ Gert Pickel (Hg.), Religiöser und kirchlicher Wandel in Ostdeutschland 1989– 1999, Opladen 2000, 206–235; Zitat: 233.

17. Eberhard Tiefensee, wie oben Anm. 4, 161.

18. Monika Wohlrab-Sahr, Das stabile Drittel: Religionslosigkeit in Deutschland, in: BertelsmannStiftung (Hg.), Woran glaubt die Welt? Analysen und Kommentare zum Religionsmonitor 2008, Gütersloh 2009, 151–168; s. besonders 164f.

19. Monika Wohlrab-Sahr, Forcierte Säkularität oder Logiken der Aneignung repressiver Säkularisierung, in: Gert Pickel/Kornelia Sammet (Hg.), Religion und Religiosität im vereinigten Deutschland. Zwanzig Jahre nach dem Umbruch, Wiesbaden 2011, 145–163; s. 146f.

20. Ehrhart Neubert, Kirche und Konfessionslosigkeit. Kommentar, in: Pollack/ Pickel 2000, 377–391: bes. 387f.

21. Sabine Schröder, Religionslos glücklich? – Die größte Konfession in Ostdeutschland. Oder: Warum es normal ist, nicht zu glauben, in: Theologisches Gespräch. Freikirchliche Beiträge zur Theologie 34 (2010), 159–177; Zitat: 170.

22. Monika Wohlrab-Sahr, in: BertelsmannStiftung 2009, 154, 159.

23. So: Humanistischer Verband Deutschlands 1994, 5; zitiert nach Neubert in: Pollack/Pickel 2000, 378.

24. Tiefensee, in: Kranemann 2009, 168.

25. Vgl. Ina Schmied, Jenseits der Grenze – Todesnäheerfahrungen in Ost- und Westdeutschland, in: Pollack/Pickel 2000, 328–347.

26. Vgl. Neubert in: Pollack/Pickel 2000, 379–382.

27. Detlef Pollack, Säkularisierung – ein moderner Mythos? Studien zum religiösen Wandel in Deutschland, Tübingen 2003. Er unterscheidet:»Vitale Religiosität«,»Religiöse Routine«,»Religiöse Suche« – und Pragmatismus.

28. Sofern es nicht um in Prozenten gemessene repräsentative Ergebnisse geht, darf Klaus-Peter Jörns, Vergleichende Beobachtungen zu Menschen ohne Religionszugehörigkeit, in: ders./Carsten Großenholz (Hg.), Was die Menschen wirklich glauben. Die soziale Gestalt des Glaubens – Analysen einer Umfrage, Gütersloh 1998,105–126, genutzt werden; siehe bes. 119, 123.

29. Comte-Sponville 2009, 57ff.

30. Jörns/Großenholz 1998, 122f.

31. Monika Wohlrab-Sahr, in: Pickel/Sammet 2011, 162.

32. Marliese Weißmann/Daniel Bergelt/Timmo Krüger, Arbeit als Sinnstiftung in prekären Lebenslagen in Ostdeutschland, in: Pickel/Sammet 2011, 263– 278.

33. Christel Gärtner/Kornelia Sammet,»Wir machen weiter«. Krisenbewältigung unter der Bedingung der Religionslosigkeit, in: Christel Gärtner u.a. (Hg.), Atheismus und religiöse Indifferenz, Opladen 2003, 289–313; Zitate: 306.

34. BertelsmannStiftung 2009, 163.

35. Matthias Petzoldt, in: BertelsmannStiftung 2009, 126, 131ff.

36. Monika Wohlrab-Sahr, in: Pickel/Sammet 2011, 146. »Deutungen aus dem Fundus der Religionskritik gehören dazu ebenso wie solche aus dem religiösen Fundus und der sich auf das eine oder andere – oder beides – berufenden Bewegungen.« Ebd., 160.
37. HVBB Satzung § 2 (1). www.hvbb-online.de (abgerufen am 24.7.2012).
38. Humanistisches Selbstverständnis, Stand 20.02.2011: http://www.humanismus.de/sites/humanismus.de/files/Humanistisches%20Selbstverst%C3%A4 ndnis_%202011.pdf (abgerufen am 24.7.2012).
39. Ebd.
40. In: Chrismon 07/2011, 36.
41. BertelsmannStiftung (Hg.), Woran glaubt die Welt? 2008, 182.
42. Margarete Mitscherlich und Alice Schwarzer im Gespräch, in: Margarete Mitscherlich, Die Radikalität des Alters. Einsichten einer Psychoanalytikerin, Frankfurt a. M. 2010, 259.
43. Zitiert nach Charles Taylor, Ein säkulares Zeitalter, Frankfurt a. M. 2009, 1009.
44. Sigrid Damm, Wohin mit mir, Berlin 2012.
45. Vgl. z. B. Sebastian Murken, Ohne Gott leben. Religionspsychologische Aspekte des »Unglaubens«, Marburg 2008. Murken untersucht die Antworten auf die Initiative von Werner Höbsch und Bernhard Riedl/Bischöfliches Ordinariat Köln: www.ohne-gott.de
46. Paul Schulz, Atheistischer Glaube. Eine Lebensphilosophie ohne Gott, Wiesbaden 2008. Ihm wurden nach einem Lehrbeanstandungsverfahren die mit der Ordination verbundenen Rechte entzogen. Er schildert diesen »Glaubensprozess der VELKD« a.a.O., 174f. Dort auch weitere Nachweise. Sein Hauptproblem bestand im Gottesverständnis; vgl. dazu ders., Ist Gott eine mathematische Formel? Ein Pastor im Glaubensprozeß seiner Kirche, Reinbek bei Hamburg 1977.
47. André Comte-Sponville, Woran glaubt ein Atheist? Spiritualität ohne Gott, Zürich 2009.
48. Joachim Kahl, Weltlicher Humanismus. Eine Lebensphilosophie für unsere Zeit, Marburg, 4., erneut korrigierte Auflage 2009.
49. Schulz 2008, 77f.
50. A.a.O., 243ff.
51. A.a.O., 264.
52. A.a.O., 266.
53. A.a.O., 267ff.
54. A.a.O., 266.
55. Comte-Sponville 2009, 10.
56. A.a.O., 88.
57. A.a.O., 50f. Beim israelischen Innenministerium haben mehrere Hundert Bürger beantragt, als »Bürger ohne Religion« geführt zu werden. Siehe Hans-Christian Rößler, Israelisch ja, jüdisch nein, FAZ 11. Oktober 2011, Nr. 236, S. 6.
58. Comte-Sponville 2009, 10.

59. A.a.O., 160.
60. A.a.O., 213.
61. A.a.O., 215.
62. A.a.O., 221.
63. A.a.O., 161.
64. Kahl 2009, 66ff, 85ff.
65. A.a.O., 76ff.
66. A.a.O., 90f.; erörtert an Bonhoeffers »Von guten Mächten …« und an Psalm 23 in der Luther-Übersetzung.
67. A.a.O., 89.
68. A.a.O., 88.
69. A.a.O., 4.
70. A.a.O., 94f.
71. A.a.O., 194ff, 183ff; vgl. den Vorschlag einer verpflichtenden Elternschulung und -fortbildung, 211.
72. Harvey Cox, »Spiritual But Not Religious?«, in: Wall Street Journal 2011.
73. Schnädelbach 2009, 80.
74. Karl Barth, KD I/2, 350–356; Zitat: 355.
75. Charles Taylor, Ein säkulares Zeitalter (2007), Frankfurt a. M. 2009, vgl. 957f.
76. Vgl. Charles Taylor, Quellen des Selbst. Die Entstehung der neuzeitlichen Identität, Frankfurt a. M. ²1996.
77. Taylor 2009, 42 (die innerhalb des Textes angegebenen Seitenzahlen beziehen sich auf diese Ausgabe).
78. Vgl. Charles Taylor, Die Formen des Religiösen in der Gegenwart, Frankfurt a. M. 2002, 38f.
79. A.a.O., 53.
80. Vgl. Charles Taylor, Die Formen des Religiösen in der Gegenwart, Frankfurt a. M. 2002, 57–96: Man habe die »paläo-durkheimianische« Identität von religiöser und gesellschaftlicher Wirklichkeit, wie sie in den katholischen oder lutherischen Ländern geherrscht habe, aufgegeben. Dem sei eine »neo-durkheimianische« Phase gefolgt, in der man im Rahmen einer deistisch orientierten Gesamtgesellschaft die eigene religiöse Zugehörigkeit im Sinn von Denominationen selbst bestimmen konnte. Schließlich ergab sich die »post-durkheimianische« Ära, in der man, ohne irgendeinen Anpassungsdruck zu kennen, nur noch das eigene Feeling gelten lässt. Diesen beiden Strängen habe auf merkwürdige Weise die »REFORM« entsprochen, die vom Nominalismus bis zum II. Vatikanum und der Entstehung der Pfingstkirchen die Entwicklung begleitet habe.
81. Vgl. Karl-Heinz Ohlig, Religion in der Geschichte der Menschheit. Die Entwicklung des religiösen Bewusstseins, Darmstadt 2002.
82. Gianni Vattimo macht einige Andeutungen dazu, inwiefern Heilsgeschichte und die Geschichte der Moderne samt ihrer Krise zusammengedacht werden können. Vattimo 2004, 59, 63, 65.
83. Tiefensee, in: Kranemann u. a. 2009, 155–181.

84. Tiefensee, in: Kranemann 2009, 176–818. »Das Defizienzmodell hat als Leit-
    frage: ›Was fällt bei der anderen Seite aus?‹, das Alteritätsmodell: ›Was ist
    dort anders?‹« A.a.O., 177.
85. Neubert in: Pollack/Pickel 2000,385f. Vgl. Matthias Morgenroth, Weihnachts-
    Christentum. Moderner Religiosität auf der Spur, Gütersloh ³2003.
86. DBW 8, 404.
87. Matthias Petzoldt, Zur religiösen Lage im Osten Deutschlands: Sozialwissen-
    schaftliche und theologische Interpretationen, in: BertelsmannStiftung 2009,
    125–150; Zitat: 146.

4 Philosophisch-theologische Theorien über ein »religiöses Apriori«

1. Alfred Schindler, Von Tertullian bis Drewermann. Ist die Seele von Natur aus
   christlich? Ein ungewohntes Stück Theologiegeschichte, in: Fritz Stolz (Hg.),
   Homo naturaliter religiosus. Gehört Religion notwendig zum Mensch-Sein?,
   Bern u. a. 1997 (= Studia religiosa helvetica. Jahrbuch Vol. 3), 167–191; s. bes.
   176–180 (mit Bezug auf Tertullian, Apol. 17,4–18,4).
2. Zur Argumentation mithilfe des »consensus gentium« im 17. und 18. Jahrhundert vgl. Hans-Martin Barth, Atheismus und Orthodoxie. Analysen und Modelle christlicher Apologetik im 17. Jahrhundert, Göttingen 1971, 183–197.
3. DH 3026.
4. KKK Nr. 44; vgl. Nr.27f.
5. Emerich Coreth, Gott im philosophischen Denken, Stuttgart 2001, 257.
6. Vgl. Klaus Müller, Wieviel Vernunft braucht der Glaube? Erwägungen zur
   Begründungsproblematik, in: ders. (Hg. mit G. Larcher), Fundamentaltheo-
   logie – Fluchtlinien und gegenwärtige Herausforderungen, Regensburg 1988;
   vgl. auch Hansjürgen Verweyen, Gottes letztes Wort. Grundriß der Funda-
   mentaltheologie, Düsseldorf ²1991.
7. Referiert nach Alfred Gläßer, Religionskritik, Glaubensbegründung und in-
   terreligiöser Dialog. Vom deutschen Idealismus zu Nietzsche und zur Postmoderne, Regensburg 2000, 293f (Anm. 959); dort die Nachweise.
8. Friedrich Schleiermacher, Über die Religion. An die Gebildeten unter ihren
   Verächtern. In ihrer ursprünglichen Gestalt (…) neu hg. von Rudolf Otto,
   Göttingen ⁶1967, 51 (= Schleiermacher 1799)
9. Schleiermacher 1799, 52.
10. Schleiermacher 1799, 58 (sic).
11. Schleiermacher 1799, 40.
12. Schleiermacher 1799, 102.
13. Kurt Nowak, Schleiermacher, Leben, Werk und Wirkung, Göttingen 2001,
    104.
14. Nowak 2001, 100, 111.
15. Goethe Gedichte. Hamburger Ausgabe. Hg. und kommentiert von Erich
    Trunz, I, ⁷1964, 384.

16. Dazu gibt es inzwischen vielerlei Literatur. Vgl. z. B. Jörg Lauster, Fußball – Spiel des Lebens? Anmerkungen zum Zusammenhang von Fußball und Religion, in: Andreas Hütig/Johannes Marx: Abseits denken, Kassel 2004, 69–78.

17. Vgl. Wilhelm Gräb, Sinnfragen. Transformationen des Religiösen in der modernen Kultur, Gütersloh 2006. Religion bleibt für Gräb »ein mächtiger Kulturfaktor« (16), worauf sich die Kirchen einzustellen hätten durch ein Voranschreiten »I: Von der Religion zur Religionstheologie«, »II: Von der Ästhetik zur Kunst gottesdienstlicher Inszenierung«, »III: Von der Verkündigung zur religiösen Lebensdeutung« (Inhaltsverzeichnis).

18. GW VII, 15.

19. GW VII, 62.

20. Vgl. GW VIII, 142.

21. KD I/2, 330.

22. KD I/2, 348ff.

23. Vgl. Eberhard Busch, Die große Leidenschaft. Einführung in die Theologie Karl Barths, Gütersloh 1998, 150–154; Hans-Martin Barth, Dogmatik. Evangelischer Glaube im Kontext der Weltreligionen, Gütersloh [3]2008, 59, Anm. 52; Benkt-Erik Benktson, Christus und die Religion. Der Religionsbegriff bei Barth, Bonhoeffer und Tillich, Stuttgart 1967.

24. Otto Hermann Pesch, Katholische Dogmatik aus ökumenischer Erfahrung Bd. 1/1, Ostfildern 2008, 495.

25. So schon Wolfhart Pannenberg, Was ist der Mensch? Die Anthropologie der Gegenwart im Lichte der Theologie, Göttingen 1962; breit ausgeführt, ergänzt und verteidigt in: ders.: Anthropologie in theologischer Perspektive, Göttingen 1983.

26. Pannenberg 1962, 6.

27. Pannenberg 1962, 10.

28. Pannenberg ST 1, 171.

29. Pannenberg ST 1, 171.

30. Pannenberg ST 1, 172.

31. Wolfhart Pannenberg, Gottesgedanke und menschliche Freiheit, Göttingen 1972, 24.

32. Wolfhart Pannenberg, Reden von Gott angesichts atheistischer Kritik, in: ders., Gottesgedanke und menschliche Freiheit, Göttingen 1972, 29–47; Zitat: 37.

33. So in: Wolfhart Pannenberg (Hg.), Die Erfahrung der Abwesenheit Gottes in der modernen Kultur, Göttingen 1984, 9–24.

34. Pannenberg, ST 2, 330.

35. Karl Rahner, Grundkurs des Glaubens. Einführung in den Begriff des Christentums, Freiburg i. Br. u. a.,[8]1976, 31.

36. A.a.O., 32.

37. A.a.O., 42.

38. Karl Rahner, Art. Atheismus III. Theologisch, in: LThK[3] 1, 985–989; dort eine

Fülle interessanter Gesichtspunkte zum Umgang mit dem Atheismus; Zitate: 987.

39. Otto Hermann Pesch, Katholische Dogmatik aus ökumenischer Erfahrung Bd. 1/1, Ostfildern 2008, 495.

40. Siehe nächstes Kapitel!

41. Vgl. Barth Hans-Martin 1971, 172–280.

42. Jan Rohls, Die Aufhebung der religiösen Vorstellung in den philosophischen Begriff. Hegels These und die Theologie der Junghegelianer, in: Dalferth/ Grosshans 2006, 17–51.

43. Vgl. Werner Elert, Der Kampf um das Christentum. Geschichte der Beziehungen zwischen dem evangelischen Christentum in Deutschland und dem allgemeinen Denken seit Schleiermacher und Hegel, München 1921.

44. Ernst Troeltsch, Zur Frage des religiösen Apriori, in: GS II, 754–768.

45. GS II, 228.

46. Rudolf Otto, Das Heilige, Nachdruck München 1991, 31; diesen Ansatz versucht Reinhard Leuze, Religion und Religionen. Auf der Suche nach dem Heiligen, Münster 2004, erneut fruchtbar zu machen. »Der Mensch, der per definitionem genötigt wird, die Negation seiner selbst zu denken, ist von vornherein angelegt auf die Erfahrung des Andersseins. (…) Wenn die Religion in einer vorläufigen Definition als die Erfahrung des ganz Anderen bestimmt wird, dann begründet sich diese Erfahrung auf die in der Negation der eigenen Person implizierte Andersartigkeit, die mit der Wahrnehmung der eigenen Vergänglichkeit konvergiert. So gesehen gehört die Religion zur existentialen Grundbefindlichkeit des Menschen (…).« Ebd., 14. Dieser Ansatz ist m. E. religionsphilosophisch nur haltbar um den Preis einer unsachgemäßen Ausweitung bzw. einer erheblichen Unschärfe des Religionsbegriffs. Doch enthält das Buch viele interessante Beobachtungen.

47. So Günter Lanczkowski in: TRE 14, 696.

48. Vgl. Christoph Elsas (Hg.), Religion. Ein Jahrhundert theologischer, philosophischer, soziologischer und psychologischer Interpretationsansätze, München 1975, 130ff (IV. Rudolf Otto).

49. Gerd Theißen, Glaubens Sätze. Ein kritischer Katechismus, Gütersloh 2012. Aus technischen Gründen kann ich das in dieser Ausgabe vorliegende Druckbild nicht übernehmen. Theißen verfolgt den Gedanken der »Resonanz« bereits seit: ders., Argumente für einen kritischen Glauben oder: Was hält der Religionskritik stand?, TEH 202, München 1978.

50. Theißen 2012, 55. Zum »als ob« vgl. unten S. 153; 258, Anm. 50.

51. A.a.O., 78f.

52. A.a.O., 89f. (kursiv: H.-M. B.)

53. Siehe oben A 3.3.3 (b).

54. Vgl. Elsas 1975, 267ff (XIV. Karl Heim).

55. Hermann Lübbe, Kontingenzerfahrung und Kontingenzbewältigung, in: Gerhart von Graevenitz/Odo Marquard, Kontingenz, München 1998, 35– 47.

56. Sarkastisch formuliert der griechische Schriftsteller Nikos Kazantzakis im

Zusammenhang der Beschreibung eines dem Opium verfallenen chinesischen Kulis: »Opium – Religion, Kunst, Liebe, Ruhm, Ideen«, all das könne
als »Tor zur Rettung« verstanden werden. »Der Wert der Seele bemisst sich
nach der Qualität des Opiums, das sie einsaugt. Wehe der Seele, die nicht
raucht.« Nikos Kazantzakis, Der Felsengarten. Ein autobiographischer Roman, Berlin 1997, 238; 239.

57. Nach Hans Waldenfels, Phänomen Christentum. Eine Weltreligion in der
Welt der Religionen, Freiburg i. Br. 1994, 68.

58. Vgl. TRE 30, 89f.

59. David Hume, A Treatise of Human Nature, Buch I, Teil II, Abschn. VI. (David
Hume, Ein Traktat über die menschliche Natur. Buch I. Über den Verstand.
Übersetzt, mit Anmerkungen und Register versehen von Theodor Lipps. Mit
neuer Einführung hg. von Reinhard Brandt, Hamburg 1989, 92).

60. Johann Auer, Gott der Eine und Dreieine (= ders./Joseph Ratzinger, Kleine
Katholische Dogmatik Bd. II), Regensburg 1978, 360.

61. Walter Hirsch, Mensch X. Philosophisch, in: TRE 22, 567–577; Zitate: 570f.

62. Pierre Teilhard de Chardin, Briefe an eine Nichtchristin, Olten und Freiburg
i. Br. 1971, 98.

63. Vgl. Ernst Bloch, Atheismus im Christentum. Zur Religion des Exodus und
des Reichs, Frankfurt a. M. 1969, 111, 287.

64. Vgl. Wolfgang N. Kremani, Emmanuel Lévinas. Denker des Anderen, Frei-
burg/München 1992, bes. § 24.

65. Peter Noll, Diktate über Sterben und Tod mit Totenrede von Max Frisch,
Zürich 1984, 78; 136.

66. Dorothee Sölle, Mutanfälle, Texte zum Umdenken, München 1996, 21.

67. Erich Fromm, Die Kunst des Liebens, Frankfurt a. M./Berlin [44]1992, 62.

68. John Hick, Religion. Die menschlichen Antworten auf die Frage nach Leben
und Tod, München 1996, 21.

69. Nach Hick 1996, 21.

70. Dieter Henrich, Fluchtlinien. Philosophische Essays, Frankfurt a. M. 1982,
12, 22.

71. Henrich 1982, 119.

72. Henrich 1982, 42.

73. Henrich 1982, 122f.

74. G. Benn, Ges. Werke III, 78, zit. nach A. Schöne, Säkularisation als sprach-
bildende Kraft. Studien zur Dichtung deutscher Pfarrersöhne, Göttingen
[2]1968, 235.

75. André Comte-Sponville, Woran glaubt ein Atheist? Spiritualität ohne Gott,
Zürich 2009, 160. Leider kam mir das für diese Fragestellung höchst interessante Buch von Alain de Botton, Religion für Atheisten. Vom Nutzen der Religion für das Leben, Frankfurt a. M. 2013; erst nach Abschluss des Manuskripts
in die Hände. Ich werde es im Materialdienst der Evangelischen Zentralstelle
für Weltanschauungsfragen (EZW) vorstellen.

76. Henrich 1982, 121.

5 Empirische Untersuchungen zur Religiosität

1. Burkhard Gladigow, zitiert bei: E. Hermsen, Faktor Religion. Geschichte der Kindheit vom Mittelalter bis zur Gegenwart, Köln/Weimar 2006, 232.

2. Rudolf Otto, Das Heilige. Über das Irrationale in der Idee des Göttlichen und sein Verhältnis zum Rationalen. Nachdruck 1991 (50.–53. Tausend) der ungekürzten Sonderausgabe 1979, 5–12; Zitate: 7 (sic), 11. Vgl. oben S. 74.

3. Mircea Eliade, Das Heilige und das Profane. Vom Wesen der Religion (1957/1965), Frankfurt a. M. 1990, 13–15.

4. Mircea Eliade, Schamanismus und archaische Ekstasetechnik, Zürich 1957, 287.

5. Rudolf Otto 1991, 8.

6. William James, Die Vielfalt der religiösen Erfahrung. Eine Studie über die menschliche Natur (1901/02), Frankfurt a. M. 1997.

7. Zitiert nach Christoph Elsas (Hg.), Religion. Ein Jahrhundert theologischer, philosophischer, soziologischer und psychologischer Interpretationsansätze, München 1975, 181, 182.

8. Vielfältige und hilfreiche Literaturhinweise zu dieser gesamten Fragestellung finden sich bei Hans-Ferdinand Angel u. a. (Hg.), Religiosität. Anthropologische, theologische und sozialwissenschaftliche Klärungen, Stuttgart 2006, 87–91, und Ulrich Schnabel, Die Vermessung des Glaubens. Forscher ergründen, wie der Glaube entsteht und warum er Berge versetzt, München 2010, 543–561.

9. Schnabel 2010, 57f, leider ohne Beleg. Es gibt zu diesem Problemfeld sehr unterschiedliche Voten. Siehe http://www.acperesearch.net/Res_Alzheimers_and_Spirituality.pdf (abgerufen 4.2.2013).

10. Vgl. Leo Navratil, Schizophrenie und Religion, Berlin 1992, bes. 94–100; ferner Peter Kaiser, Religion in der Psychiatrie. Eine (un)bewusste Verdrängung?, Göttingern 2007, bes. 449–496 (Lit.!). Vgl. ferner Ronald Mundhenk, Sein wie Gott. Aspekte des Religiösen im schizophrenen Umfeld und Denken, Neumünster 1999; Isabel Clarke (ed.), Psychosis and Spirituality. Exploring the new Frontier, London 2001.

11. Wibke Bergemann, Verrückt oder erleuchtet?, in: Psychologie Heute 2006, Heft 6, 58ff.

12. Navratil 1992, 67.

13. Navratil 1992, 103; vgl. 100..

14. Navratil 1992, 74; 117f.

15. Andrew Newberg/Eugene d'Aquili/Vince Rause, Der gedachte Gott. Wie Glaube im Gehirn entsteht, München/Zürich ²2003; Zitat: 215.

16. Eberhard Tiefensee, in: Benedikt Kranemann u. a. (Hg.), Mission – Konzepte und Praxis der katholischen Kirche in Geschichte und Gegenwart, Würzburg 2009, 173.

17. In: Kranemann 2009, 168.

18. Vgl. Justin L. Barrett, Born Believers. The Science of Children's Religious Belief, The Free Press 2012; Konika Banerjee/Paul Bloom, Would Tarzan believe in God? Conditions of the emergence of religious belief, in: Trends in Cognitive Sciences 17 (2013), H. 1; Christine Legare, The Coexistence of natural and supranatural explanations across cultures and development, in: Child Development, 83 (2012), H. 3; Paul Harris, Trusting what you're told. How children learn from others, Harvard University Press 2012, Ara Norenzayan, Will M. Gervais, The origins of religious disbelief, in: Trends in Cognitive Sciences 17 (2013), H. 1. Diese Literaturhinweise entnehme ich, ohne sie noch prüfen zu können, dem Artikel von Manuela Lenzen, Glaubte Tarzan an Gott? Die Kognitionswissenschaft der Religion sucht den Ursprung von Glauben und Unglauben, in: FAZ 13.3.2013, Nr. 61, S. N 4. Vgl. ferner Todd Tremlin, Gods and Minds. The Cognitive Foundations of Religion, Oxford University Press: Oxford 2006; Antonio Damasio, Ich fühle, also bin ich. Die Entschlüsselung des Bewusstseins, Berlin [8]2009.

19. Angel 2006, 69–91.

20. Angel 2006, 75f.

21. »Sich mit sich selbst versöhnen«. Ein Gespräch mit dem Hirnforscher Wolf Singer über seine Erfahrungen in der Päpstlichen Akademie und bei der Meditation, in: Schnabel 2010, 266–281.

22. Dean Hamer, The God Gene, New York 2004.

23. Rüdiger Vaas und Michael Blume, Gott, Gene und Gehirn. Warum Glaube nützt. Die Evolution der Religiosität, Stuttgart 2009, 107–109.

24. Donald W. Winnicott, Vom Spiel zur Kreativität, Stuttgart [11]2006.

25. Irenäus Eibl-Eibesfeldt, Liebe und Hass. Zur Naturgeschichte elementarer Verhaltensweisen, München [6]1976.

26. U. Lüke, Das Säugetier von Gottes Gnaden, Freiburg 2006.

27. Karl-Heinz Ohlig, Religion in der Geschichte der Menschheit. Die Entwicklung des religiösen Bewusstseins, Darmstadt 2002.

28. Alister Hardy, Der Mensch – das betende Tier. Religiosität als Faktor der Evolution, Stuttgart 1979, 54.

29. »… man the religious animal.« So der englische Titel.

30. Gerhard Baudy, Religion als »szenische Ergänzung«. Paläoanthropologische Grundlagen religiöser Erfahrung, in: Fritz Stolz (Hg.), Homo naturaliter religiosus. Gehört Religion notwendig zum Mensch-Sein?, Bern u. a. 1997, 65–90; bes. 79, 78.

31. Otto H. Urban, Religion der Urgeschichte, in: Johann Figl (Hg.), Handbuch der Religionswissenschaft. Religionen und ihre zentralen Themen, Darmstadt 2003, 88–103; Zitate: 89.

32. Rüdiger Vaas/Michael Blume, Gott, Gene und Gehirn. Warum Glaube nützt. Die Evolution der Religiosität, Stuttgart 2009, 65–106.

33. Franz M. Wuketits zu den evolutionären Ursprüngen der Metaphysik, in: Hans-Peter Dürr u. a., Gott, der Mensch und die Wissenschaft, Augsburg 1997, 201–212.

34. De natura deorum I,17; zum Folgenden Hans-Martin Barth, Atheismus und Orthodoxie. Analysen und Modelle christlicher Apologetik im 17. Jahrhundert, Göttingen 1971, 183–197.
35. Z. B. Tobias Pfanner, Systema Theologiae Gentilis, Basel 1679.
36. Vgl. Jan Gonda, Die Religionen Indiens I. Veda und der ältere Hinduismus, Stuttgart u. a. ²1978, 313f.
37. Hermann Ley, Geschichte der Aufklärung und des Atheismus, Bd. I, Berlin (DDR) 1966, 103–128 (129–153).
38. Georges Minois, Geschichte des Atheismus. Von den Anfängen bis zur Gegenwart, Weimar 2000, 31.
39. Vgl. Minois 2000, 13–16.
40. Jean Gebser, Ursprung und Gegenwart, München 1973.
41. Minois 2000, 19–22; Zitat: 19.
42. Minois 2000, 24.
43. Übersichtliches Schema in: Minois 2000, 27.
44. Minois 2000, 29.
45. Minois 2000, 641–658.
46. Jacques Waardenburg, Religionen und Religion. Systematische Einführung in die Religionswissenschaft, Berlin/New York 1986,81 (kursiv: H.-M. B.).
47. Waardenburg 1986, 91.
48. Siehe oben A 3.4.
49. Hartmut Lehmann, Das Christentum im 20. Jahrhundert. Fragen, Probleme, Perspektiven, Leipzig 2012, 175–181; Zitat: 180.
50. Gesammelte Werke XIII, 365.
51. A.a.O., VII, 138f.
52. Sigmund Freud, Die Zukunft einer Illusion, 1927, VI.
53. GW 11, 5.
54. Antoine Vergote, Religionspsychologie, Olten und Freiburg i. Br. 1970, 334.
55. Erich Fromm, Psychoanalyse und Religion, Zürich 1966, 17.
56. Julius Kuhl, Der kalte Krieg im Kopf. Wie die Psychologie Naturwissenschaft und Religion verbindet, Freiburg usw. 2005, 319f.
57. Kuhl 2005, 318f; 320. Kuhl ergänzt »(oder umgekehrt)«, was aber heute nicht die Hauptgefahr darstellen dürfte. Auch E. Thomas Lawson/Robert N. McCauley, Rethinking religion. Connecting cognition and culture, Cambridge University Press, Cambridge 1990, argumentieren kognitionspsychologisch: »Humans are *compulsive* symbol producers (just as they are compulsive language users). (...) When not completely preoccupied by the demands of our environment human beings constantly tell jokes, play with words, tell stories, draw pictures, doodle, day-dream, and josh one another, in a veritable spate of symbolic creativity. (…) Dionysus dances not in heaven but in our heads.« A.a.O., 184.
58. Antoine Vergote, Religionspsychologie, Olten und Freiburg i. Br. 1970, 326–348; Zitat: 327.
59. Vergote 1970, 330.

60. Vergote 1970, 338f.
61. Oskar Pfister, Die verschiedenen Arten des Unglaubens in psychoanalytischer Beleuchtung. Vortrag am 1. internationalen religionspsychologischen Kongress, Wien 1931, in: Zeitschrift für Religionspsychologie 8 (1935), 20–31.
62. David M. Wulff, Psychology of Religion. Classic and Contemporary Views, John Wiley and Sons, New York u. a. 1991, 312f. (unter Verweis auf G. Zilboorg und P. Vitz).
63. Peter Lüssi, Atheismus und Neurose. Das Phänomen GL → N. Eine Untersuchung im Bereiche der Tiefenpsychologie über die (Mit-)Verursachung neurotischer Krankheitszustände durch religiöse Glaubenslosigkeit, Göttingen 1979.
64. Da er ein mechanisches Kausalitätsdenken vermeiden will, kleidet er seine Fragestellung in die Form, ob »GL → N«, ob Glaubenslosigkeit Auswirkungen in Richtung auf Neurose haben kann. Lüssi 1979, 39. Er unterscheidet zwischen »›integraler‹« Glaubenslosigkeit, wenn nämlich ein Individuum gar keinen Begriff eines Glaubensobjekts habe, und »partieller« Glaubenslosigkeit, für die er drei Varianten nennt: nur »bewusste«/nur »unbewusste« Glaubenslosigkeit; einseitig »intellektuelle«/»affektive« Glaubenslosigkeit; Unkenntnis oder Ablehnung bestimmter Glaubensobjekte, a.a.O., 41.
65. Lüssi 1979, 212–269.
66. Guter Überblick über den Forschungsstand in: Resilienz und psychologische Schutzfaktoren im Erwachsenenalter, Bundeszentrale für gesundheitliche Aufklärung (BZgA) Bd. 43 (2013), 73–77. Diesen Hinweis verdanke ich Andreas Barth. Vgl. ferner Godwin Lämmermann, Einführung in die Religionspsychologie: Grundfragen, Theorien, Themen, Neukirchen-Vluyn, 2006.
67. »…Ideo nostra theologia est certa, quia rapit nos a nobis et ponit nos extra nos: non debeo niti in conscientia mea, sensuali persona, opere, sed in promissione divina (…)«. Martin Luther, WA 40/1, 589, 8–10 (Hs.).
68. Antoine Vergote, Religion, Belief and Unbelief. A Psychological Study, Leuven/Amsterdam/Atlanta 1997 (französische Ausgabe 1996). (Übersetzung der Zitate: H.-M. B.).
69. A.a.O., 15f; vgl. 208.
70. A.a.O., 37.
71. A.a.O., 229f.
72. A.a.O., 39.
73. A.a.O., 265.
74. A.a.O., 263; vgl. 39.
75. A.a.O., 277.
76. A.a.O., 207.
77. A.a.O., 213f.
78. »Indeed, the psychical elements are but the humus of one's faith, and they undoubtedly await the religious call which directs it.« A.a.O., 265.
79. A.a.O., 266f.

80. A.a.O., 278.
81. »...a religious experience without God.« A.a.O., 182.
82. A.a.O., 183.
83. A.a.O., 183–187.
84. Hans-Joachim Höhn, Postsäkular. Gesellschaft im Umbruch – Religion im Wandel, Paderborn 2007, 32, beobachtet:»Es gibt im Säkularen einen ›Trend zur Religion‹, der religiöses Traditionsgut im Säkularen antreffbar macht, wobei allerdings fraglich ist, ob hier Religion *als* Religion präsent wird.« S. auch a.a.O., 25–32.
85. Karl Marx/Friedrich Engels, Über Religion, Berlin 1958, 59.
86. Ebd.
87. Georg Klaus/Manfred Buhr (Hg.), Philosophisches Wörterbuch Bd. 2, Leipzig 1971, 939.
88. Karl Marx/Friedrich Engels 1958, 211.
89. A.a.O., 30f.
90. Helmut Gollwitzer, Die marxistische Religionskritik und der christliche Glaube, München/Hamburg 1967, 22, 30, 32.
91. Zitiert nach Karl-Heinz Weger, Religionskritik, Graz u. a. 1991, 150; vgl. 148.
92. Hans Peter Müller, Emile Durkheim (1858–1917), in: Dirk Kaesler (Hg.), Klassiker der Soziologie 1. Von Auguste Comte bis Norbert Elias, München ²2000, 150–170; Zitat: 164. (⁶2012 mit geändertem Titel: Klassiker der Soziologie 1. Von Auguste Comte bis Alfred Schütz).
93. Thomas Luckmann, Schrumpfende Transzendenzen, expandierende Religion, in: ders., Wissen und Gesellschaft. Ausgewählte Aufsätze 1981–2002, hg. von H. Knoblauch u. a., Konstanz 2002, 139–154; 142.
94. Thomas Luckmann, Das Problem der Religion in der modernen Gesellschaft, Frankfurt a. M. 1963.
95. Joachim Matthes, Religion und Gesellschaft. Einführung in die Religionssoziologie I, Reinbek bei Hamburg 1967, 87 (bei Beschreibung der Position Luckmanns).
96. Siehe oben A 2.2.
97. Niklas Luhmann, Die Religion der Gesellschaft. Hg. von André Kieserling, Frankfurt a. M. 2000, 13.
98. Luhmann 2000, 44.
99. Luhmann 2000, 147ff, vgl. bes. 154.
100. Niklas Luhmann, Funktion der Religion, Frankfurt a. M. 1977, 78f.
101. Luhmann 2000, 145.
102. Luhmann 2000, 128.
103. Rolf Schieder, Civil Religion. Die religiöse Dimension der politischen Kultur, Gütersloh 1987.
104. Ernst-Wolfgang Böckenförde, Staat, Gesellschaft, Freiheit. Studien zur Staatstheorie und zum Verfassungsrecht, Frankfurt a. M. 1976, S. 60.
105. Hans Joas, Braucht der Mensch Religion?, Freiburg i. Br. 2004, 17.

106. Joas 2004, 17–23; Zitat: 23.
107. Joas 2004, 62. Vgl. ders., Glaube als Option. Zukunftsmöglichkeiten des Christentums, Freiburg i. Br. 2012, 213–218.
108. Peter L. Berger, Sehnsucht nach Sinn. Glauben in einer Zeit der Leichtgläubigkeit, Gütersloh 1999, 25.
109. Thomas Luckmann, Schrumpfende Transzendenzen, expandierende Religion, in: ders., Wissen und Gesellschaft. Ausgewählte Aufsätze 1981–2002, hg. von H. Knoblauch u. a., Konstanz 2002, 139–154; 142.
110. Luhmann 2000, 139.
111. Max Weber, Schriften 1894–1922. Ausgewählt und hg. von Dirk Kaesler, Stuttgart 2002, 599.
112. A.a.O., 136.
113. A.a.O., 510f.
114. A.a.O., 240. Vgl. a.a.O., 599. Deutlicher fasst er sich im Brief vom 19.2.1909 an seinen Kollegen Ferdinand Tönnies:»... ich bin zwar religiös absolut ›unmusikalisch‹ und habe weder Bedürfnis noch Fähigkeit irgendwelche seelische ›Bauwerke‹ religiösen Charakters in mir zu errichten (....). Aber ich bin nach genauer Prüfung, weder antireligiös noch irreligiös. Ich empfinde mich auch in dieser Hinsicht als einen Krüppel, als einen verstümmelten Menschen, dessen Schicksal es ist, sich dies ehrlich eingestehen zu müssen (...).« Zitiert nach Dirk Kaesler,»Religiös unmusikalisch«. Anmerkungen zum Verhältnis von Jürgen Habermas zu Max Weber, in: literaturkritik.de »Nr. 6, 2009« Schwerpunkt I. Jürgen Habermas. Bezieht sich »in dieser Hinsicht« auf »religiös ›unmusikalisch‹« oder auf »antireligiös«/»irreligiös« oder auf alles zusammen? Kaesler meint (private Mitteilung), dass sich das »auch« auf weitere, ganz andere Bereiche beziehe, z. B. Webers soziale Fähigkeiten allgemein.
115. Vgl. Dirk Kaesler,»Religiös unmusikalisch«. Anmerkungen zum Verhältnis von Jürgen Habermas zu Max Weber, in: literaturkritik.de »Nr. 6, 2009« Schwerpunkt I Jürgen Habermas.
116. Knapper Überblick über die diesbezügliche Entwicklung Habermas' bei Edmund Arens, Was ist Religion? Analytische Differenzierungen – theoretische Zugänge – theologische Reflexion, in: Religion und Gesellschaft. Theologische Berichte XXX. Hg. im Auftrag der Theologischen Hochschule Chur von M. Durst und der Theologischen Fakultät der Universität Luzern von H. J. Münk, Freiburg Schweiz 2007 (35–93), 69–72.
117. Jürgen Habermas, Zwischen Naturalismus und Religion. Philosophische Aufsätze, Frankfurt a. M. 2005, 115.
118. Habermas 2005, 149.
119. Jürgen Habermas, Ein Bewusstsein von dem, was fehlt. Über Glauben und Wissen und den Defätismus der modernen Vernunft, in: Knut Wenzel (Hg.), Die Religionen und die Vernunft. Die Debatte um die Regensburger Vorlesung des Papstes, Freiburg i. Br. 2007, 47–56; Zitate: 50, 49.
120. Habermas in Wenzel 2007, 52. Florian Schuller (Hg.), Jürgen Habermas,

Joseph Ratzinger, Dialektik der Säkularisierung. Über Vernunft und Religion, Freiburg i. Br. [7]2007. Vgl. auch Roland Löffler, Die erkaltete Moderne – Religion als Sinnressource? Jürgen Habermas' Überlegungen zum Wechselspiel von Philosophie und Theologie in einer postsäkularen Gesellschaft, in: Volker Bernius u. a., Religion und Gesellschaft. Zur Aktualität einer unbequemen Beziehung, Berlin 2010, 83–97: Lit.: 97.

121. Monika Wohlrab-Sahr, Religionslosigkeit als Thema der Religionssoziologie, in: PTh 90 (2001), 152–167; Zitat: 166.

B Religionstranszendenter Glaube als Antwort auf Religions- und Konfessionslosigkeit

2 Konfessionsfrei religionslos Christ sein?

1. Karl Jaspers, Der philosophische Glaube angesichts der Offenbarung, München [2]1963, 53f.
2. Im Auftrag des Rates der Evangelischen Kirche in Deutschland hg. vom Kirchenamt der EKD, Glauben heute. Christ werden – Christ bleiben, Gütersloh 1988.
3. Hg. vom Kirchenamt im Auftrag des Rates der Evangelischen Kirche in Deutschland, Christsein gestalten. Eine Studie zum Weg der Kirche, Gütersloh [3]1986.
4. Glauben heute (wie Anm. 2), 11f.
5. Christsein gestalten (wie Anm. 3), 23–36.
6. Zitiert nach: Hans Küng, 20 Thesen zum Christsein, München 1975,5.
7. WA 10/3, 1ff.
8. BSLK 449, 12f (Die Schmalkaldischen Artikel III/4).
9. Vgl. CIC Can. 208–210.
10. O. Hofius, Art. homologeo, in: EWNT II, 1255–1263.
11. Friedrich Schleiermacher, Dogmatische Predigten der Reifezeit. Ausgewählt und erläutert von Emanuel Hirsch (= Friedrich Schleiermacher, Kleine Schriften und Predigten Bd, 3), Berlin 1969,13–154; die römischen Ziffern beziehen sich auf die Nummerierung der Predigten.
12. Siehe Hans-Martin Barth, Art. Apostolisches Glaubensbekenntnis II. Reformations- und Neuzeit, in: TRE 3, 554–566; bes. 560–562.
13. Vgl. Erklärung über die Taufanerkennung christlicher Kirchen in Deutschland (2005). Die Erklärung verschleiert allerdings die unterschiedliche Reichweite der Anerkennung der Taufe in den verschiedenen Kirchen.
14. Vgl. Kirchengesetz der Vereinigten Evangelisch-Lutherischen Kirche Deutschlands zur Neuordnung des Disziplinarrechts (2009) und die dort genannten Verweis-Stellen.
15. Reinhold Bernhardt, Christentum ohne Christusglaube. Die Rede von un-

bewusstem Christentum und »latenter Kirche« im 19. und 20. Jahrhundert, in: ThZ 66 (2010),119-147.
16. Nachweis ebd., 124, Anm. 14.
17. Ebd., 125.
18. Nachweis ebd., 124.
19. Nachweis ebd., 133.
20. Ebd.
21. Nachweis a.a.O., 134.
22. Vgl. G. Wünsch, Art. Freies Christentum, in: RGG³ II, 1099.
23. Vgl. Herbert Hoefer, Churchless Christianity, Pasadena, CA: William Carey Library, 2001 edition. Bei Google zu »Churchless Christianity« z. Z. (5.7.2011) 47.800, zu »Churchless Faith« 63.300 Ergebnisse!
24. Vgl. Hannelore Kimura-Andres, Mukyokai. Fortsetzung der Evangeliumsgeschichte, Erlangen 1984.
25. Armin Nassehi, Erstaunliche religiöse Kompetenz. Qualitative Ergebnisse des Religionsmonitors, in: BertelsmannStiftung, Religionsmonitor 2008, Gütersloh 2007, 113-132; Zitat: 118.
26. Das exakte Zitat lautet: »… der Fromme von morgen wird ein ›Mystiker‹ sein, der etwas ›erfahren‹ hat, oder er wird nicht mehr sein (…).« Karl Rahner, Schriften zur Theologie VII (² 1971), 22 (1966).
27. Hans-Joachim Kraus, Theologische Religionskritik, Neukirchen-Vluyn 1982.
28. A.a.O., 226-246.
29. Vgl. unten B 8.2!
30. Justin; Michael Fiedrowicz, Christen und Heiden. Quellentexte zu ihrer Auseinandersetzung in der Antike, Darmstadt 2004, Nr. 204. Den Hinweis auf diese Quellensammlung verdanke ich Prof. Dr. Peter Gemeinhardt.
31. A.a.O., Nr. 208.
32. Theodoret von Cyrus, a.a.O., Nr. 104.
33. Minucius Felix, a.a.O., Nr. 208.
34. A. Harnack, Der Vorwurf des Atheismus in den drei ersten Jahrhunderten, Leipzig 1905, 12.
35. Michael Fiedrowicz 2004, Nr. 208, 205.
36. Vgl. auch Richard Schröder, Abschaffung der Religion? Wissenschaftlicher Fanatismus und die Folgen, Feiburg i. Br. 2011, 161-169.
37. Hans-Joachim Kraus 1982, 113ff.
38. WA 56, 423,19-22. Übersetzung: H.-J.Kraus.
39. WA 40/1, 589. Übersetzung H.-J. Kraus.
40. Greg M. Epstein, good without God. What a Billion Nonreligious People Do Believe, New York etc.: Harper 2009.
41. DBW 8, 535.
42. DBW 8, 537.
43. DBW 8, 404.
44. Vgl. die - freilich sehr einseitige - Kritik bei Rainer Mayer, Christuswirk-

lichkeit. Grundlagen, Entwicklungen und Konsequenzen der Theologie Dietrich Bonhoeffers, Stuttgart 1969, 275–283.

45. Vgl. Hans-Martin Barth, Tod-Gottes-Christologie. Der christologische Ansatz der nordamerikanischen Tod-Gottes-Theologie, in: KuD 17 (1971), 258–272.

46. Dorothee Sölle, Atheistisch an Gott glauben. Beiträge zur Theologie, Olten/Freiburg i. Br. 1968.

47. A.a.O., 92.

48. A.a.O., 79.

49. A.a.O., 82.

50. Dorothee Sölle, Das Recht, ein anderer zu werden. Theologische Texte, Neuwied und Berlin 1971, 47.

51. A.a.O., 57.

52. »Dort werden wir den mathematischen Punkt erreichen, indem wir die Gerechtigkeit ergreifen, wo an unserer Gerechtigkeit nichts an Gebrechen haften, keinerlei Furcht festhängen wird.« (»Illic attingemus punctum mathematicum arripiendo iustitiam, ubi nihil herens vitii in nostra iustitia, nihil herebit formidinis.« WA 40/2, 527,9f; Übersetzung: H.-M. B.).

53. Unsere Theologie ist gewiss, ».. weil sie uns von uns losreißt und uns aufstellt außerhalb von uns, so dass wir uns nicht stützen auf Kräfte, Gewissen, Gefühl, Charakter, unsere Leistungen, sondern auf das uns stützen, was außerhalb von uns ist, nämlich die Verheißung und die Wahrheit Gottes, die nicht täuschen kann.« (»… Quia rapit nos a nobis et ponit nos extra nos, ut non nitamur viribus, conscientia, sensu, persona, operibus nostris, sed eo nitamur, quod extra nos, Hoc est promissione et veritate Dei, quae fallere non potest.« WA 40/1, 589,26–28; Druckfassung; Übersetzung: H.-M. B.).

3 Religionslosigkeit und nichtreligiöse Interpretation

1. Ich zitiere nach Dietrich Bonhoeffer Werke Bd. 8 (=DBW).

2. Ralf K. Wüstenberg, Eine Theologie des Lebens. Dietrich Bonhoeffers »nichtreligiöse Interpretation« biblischer Begriffe, Leipzig 2006, 22.

3. A.a.O., 28.

4. A.a.O., 22.

5. Clifford J. Green, Bonhoeffer's Quest for Authentic Christianity. Beyond Fundamentalism, Nationalism, Religion, and Secularism, in: John W. de Gruchy/Stephen Plant/Christiane Tietz (Hg.), Dietrich Bonhoeffers Theologie heute. Ein Weg zwischen Fundamentalismus und Säkularismus?, Gütersloh 2009, 335–353; Zitat: 349.

6. Wilhelm Dilthey, Ges. Schr. Bd. VIII, 86. Zitiert nach Wüstenberg 2006, 93.

7. Wüstenberg 2006, 92f.

8. Vgl. Ernst Feil, Die Theologie Dietrich Bonhoeffers. Hermeneutik Christologie Weltverständnis, München ²1971, 99.

9. DBW XIV, 575–579. Zitat: 576. Vgl. Hans-Jürgen Abromeit, »Wie kann Christus der Herr auch der Religionslosen werden?« Von der Volkskirche zur Missionskirche, in: Michael Herbst u. a. (Hg.), Missionarische Perspektiven für eine Kirche der Zukunft, Neukirchen-Vluyn 2005, 68–84.

10. DBW 8, 402f.

11. Wüstenberg 2006, 253.

12. Eberhard Bethge, Dietrich Bonhoeffer. Eine Biographie, München 1970, 979–986.

13. Zitiert nach Hans-Jürgen Abromeit, Das Geheimnis Christi. Dietrich Bonhoeffers erfahrungsbezogene Christologie, Neukirchen-Vluyn 1991, 220.

14. DBW 8, 405.

15. Zitiert nach Ferdinand Schlingensiepen, Dietrich Bonhoeffer 1906–1945. Eine Biographie, München 2005, 369.

16. Vgl. Rainer Mayer, Christuswirklichkeit. Grundlagen, Entwicklung und Konsequenzen der Theologie Dietrich Bonhoeffers, Stuttgart 1969, 275, sowie Feil 1971, 387.

17. Mayer 1969, 281.

18. DBW 8, 533.

19. Vgl. die bei Mayer 1969, 22f genannte Literatur (Paul van Buren, Thomas J. Altizer, William Hamilton).

20. Gerhard Ebeling, Die »nicht-religiöse Interpretation biblischer Begriffe«, in: MW II, München 1956, 12–73; Zitat: 20f.

21. Bethge 1970, 994.

22. Ebeling 1956, 47f.

23. Ebeling 1956, 54.

24. Jochen Bohn, Bonhoeffer's Religionlessness: Foundation of an *as-if* Theology, in: Stephen Plant/Ralf K. Wüstenberg, Religion, Religionlessness and Contemporary Western Culture, Frankfurt a. M. 2008, 59–76, bes. 75f.

25. Axel Denecke, »Das Leben nicht-religiös interpretieren«. Bonhoeffers »nicht-religiöse Interpretation biblischer Begriffe« – im 21. Jahrhundert?, in: PTh 93 (2004), 33–55; Zitate: 45, 47.

26. Mindestens missverständlich ist es, wenn Denecke von einer Form nichtreligiöser Interpretation biblischer Wahrheit »durch das stimmige ganzheitliche Leben von uns Christen« spricht (ebd., 53); denn gerade Bonhoeffer wusste um das »Fragment« und das Ungenügen unserer »Stimmigkeit«. Im Übrigen war auch Ebelings Ansatz bei Gesetz und Evangelium ein Versuch ganzheitlicher Lebensdeutung.

27. Vgl. Abromeit 1991, 224.

28. Wüstenberg 2006, 148.

29. DBW 8, 405.

30. DBW 8, 415.

31. DBW 8, 415.

32. GS V, 518.

33. GS V, 520.

34. DBW 8, 226.
35. GS IV, 65f.
36. Denecke 1991, 49f.
37. Andreas Pangritz, Dietrich Bonhoeffers Forderung einer Arkandisziplin, Köln 1988, 216.
38. Zum Ganzen Pangritz 1988. Dort auch Referat über die Geschichte der Arkandisziplin und deren Interpretation durch F. Cohrs und G. v. Zezschwitz.
39. Christine Lienemann-Perrin (Hg.), Taufe und Kirchenzugehörigkeit. Studien zur Bedeutung der Taufe für Verkündigung, Gestalt und Ordnung der Kirche, München 1983, 129–145.
40. GS II, 238.
41. GS II, 213.
42. Zitiert nach Abromeit 1991, 162.
43. Pangritz 1988, 485.
44. DBW 8, 436.
45. Gerhard Ebeling 1956, 48
46. Bohn 2008, 75.
47. DBW 8, 197.
48. Ebeling 1956, 50.
49. Bohn 2008, 74.
50. Heinz Zahrnt hat seinen Katechismus-Versuch unter den Titel »Leben als ob es Gott gibt« gestellt (München ⁵1994): »Wer Gottes gewiss werden will, muss – wie auch sonst im Leben – auf etwas setzen, was er vorher nicht weiß. Er muss glauben, denken und handeln – ›als ob es Gott gibt.‹« (A.a.O., 13). Pfr. E. Wurst/Neukölln macht mich darauf aufmerksam, dass Joseph Ratzinger in einer Radiosendung 1971 vorgeschlagen hat: »(…) Auch der Skeptiker und der Atheist sollten leben etsi deus daretur, als ob es Gott wirklich gäbe (…)«. (Privater Mitschnitt der Radiosendung).

4 Die sprachliche Gestalt des Evangeliums

1. Zum Folgenden vgl. besonders Manfred Kaempfert, Einige Thesen zu einer vielleicht möglichen allgemeinen Theorie der religiösen Sprache, in: ders. (Hg.), Probleme der religiösen Sprache, Darmstadt 1983, 257–272, sowie Klaus Bayer, Religiöse Sprache. Thesen zur Einführung, Berlin ²2009.
2. Vgl. z. B. EWNT s.v. kardia.
3. Vgl. Kaempfert 1983, 263–265.
4. Bayer 2009, 13.
5. Ich vermeide die komplizierende Begrifflichkeit »emisch/etisch«.
6. Kaempfert 1983, 271f.
7. Eberhard Jüngel, Metaphorische Wahrheit. Erwägungen zur theologischen Relevanz der Metapher als Beitrag zur Hermeneutik einer narrativen Theologie, in: Paul Ricoeur/Eberhard Jüngel, Metapher. Zur Hermeneutik religiöser Sprache, München 1974, 71–122; Zitate: 71.

8. Vgl. dazu u. a. die Beiträge von Friso Melzer, Romano Guardini, Paul Tillich, Gerhard Ebeling, Erhardt Güttgemanns, Eugen Biser in: Kaempfert 1983, sowie Helmut Fischer, Glaubensaussage und Sprachstruktur, Hamburg 1972; Anton Grabner-Haider, Glaubenssprache. Ihre Struktur und Anwendbarkeit in Verkündigung und Theologie, Wien 1975; Bernhard Casper, Sprache und Theologie. Eine philosophische Hinführung, Freiburg i. Br. 1975; Reiner Strunk, Poetische Theologie. Grundlagen, Bausteine, Perspektiven, Neukirchen-Vluyn 2008; Gerhard Sellin, Allegorie – Metapher – Mythos – Schrift. Beiträge zur religiösen Sprache im Neuen Testament und in seiner Umwelt (hg. von Dieter Sänger), Göttingen 2011.

9. Im Detail stellt sich dies natürlich differenzierter dar. Vgl. Bernhard Brons, Gott und die Seienden. Untersuchungen zum Verhältnis von neuplatonischer Metaphysik und christlicher Tradition bei Dionysius Areopagita, Göttingen 1976 (=FKDG 28) sowie ders., Pronoia und das Verhältnis von Metaphysik und Geschichte bei Dionysius Areopagita, in: FZPhTh 24 (1977), 165–186.

10. DH 806.

11. So Johannes Herzgsell, Das Christentum im Konzert der Weltreligionen. Ein Beitrag zum interreligiösen Vergleich und Dialog, Regensburg 2011, 523 (dem ich in diesem Abschnitt folge).

12. Herzgsell formuliert einschränkend, aber auch verunklarend: »Positive d. h. affirmative Aussagen über Gott haben *meist* eine (*im weiteren Sinn*) übertragene Bedeutung, sie sind im übertragenen Sinn wahr.« A.a.O., 525 (Hervorhebungen: H.-M. B.).

13. Herzgsell a.a.O., 526–528.

14. Herzgsell a.a.O., 555. Er entwickelt seine Theorie in Auseinandersetzung mit Perry Schmidt-Leukel.

15. Jüngel 1974, 71.

16. Paul Tillich, Das Wesen der religiösen Sprache, in: GW V, 213–222. Zitat: 213.

17. A.a.O., 217, 215.

18. Kaempfert 1983, 272.

19. Bayer 2009.

20. A.a.O., 28; 113. Jüngel 1974, spricht von der »Einheit von Aussage und Anrede«, die er im Erzählen gegeben sieht. »Ein anderer Grundvorgang dieser Art ist die kerygmatische Proklamation, ein anderer die Homologie.« A.a.O., 122.

21. Bayer 2009, 78–80.

22. Jüngel 1974, 80.

23. A.a.O., 120.

24. Paul Tillich, GW V, 221.

25. Jüngel 1974, 71.

26. Zudem handelt es sich – gegen Mk 15,39 – um ein unangemessenes »Urteil des Glaubens«, da ein »Sohn Gottes« nicht schlicht »gewesen« sein und der Vergangenheit angehören kann.

27. Paul Tillich, GW V, 219.
28. Jüngel 1974, 110.
29. Jüngel 1974, 120, Th. II.8.
30. A.a.O., 77.
31. Antoine Vergote, Religionspsychologie, Olten und Freiburg i. Br. 1970, 387, 355.
32. Vgl. Hans-Jürgen Fraas, Art. Entwicklung/Erziehung, in: Siegried Rudolf Dunde (Hg.), Wörterbuch der Religionspsychologie, Gütersloh1993, 68–76
33. Peter Antes, Wie lernt man, religiös zu sein? Religiöse Erziehung in den Religionen, in: Zeitschrift für Religionswissenschaft 2002, 93–103.
34. So auch bei Bayer 2009.
35. Vgl. Hans-Joachim Kraus, Theologische Religionskritik, Neukirchen-Vluyn 1982.
36. Dazu unten S. 183f.
37. Martin Walser, Über Rechtfertigung, eine Versuchung, Reinbek bei Hamburg 2012, 35.
38. Nachweise bei Edgar Thaidigsmann,»Religiös unmusikalisch«. Aspekte einer hermeneutischen Problematik, in: ZThK 108 (2011), 490–509 (502f).
39. Paul Tillich, GW V, 219.
40. Jüngel 1974, 120.
41. Thomas J. Altizer/William Hamilton, Radical Theology and the Death of God, Idianapolis etc. 1966, 92.
42. »… Ideo nostra theologia est certa, quia (…) ponit nos extra nos (…).« WA 40/1, 589,8 (Hs.).
43. Paul van Buren, The Secular Meaning of the Gospel. Based on an Analysis of its Language, New York London 1963.
44. Willi Marxsen, Die Auferstehung Jesu als historisches und als theologisches Problem, in: ders. u. a., Die Bedeutung der Auferstehungsbotschaft für den Glauben an Jesus Christus, Gütersloh 1966, 9–39; Zitat: 37.
45. Vgl. Hans-Martin Barth 2008, 352ff, 361ff, 408f.
46. Vgl. Hans-Martin Barth, Abschied von der Dominanz der Inkarnationschristologie, in: ders., Authentisch glauben. Impulse zu einem neuen Selbstverständnis des Christentums, Gütersloh 2010, 88–105.
47. Wolfhart Pannenberg, Wissenschaftstheorie und Theologie, Frankfurt a. M. 1977, 304.
48. Paul Tillich, Systematische Theologie I, 19–22.
49. Herbert Braun, Gesammelte Schriften zum Neuen Testament und seiner Umwelt, Tübingen 1967, 297f.
50. Karl Rahner, Grundkurs des Glaubens, Freiburg i. Br. [8]1976, 54ff. 125f.
51. Matthias Kroeger, Im religiösen Umbruch der Welt: Der fällige Ruck in den Köpfen der Kirche. Über Grundriss und Bausteine des religiösen Wandels im Herzen der Kirche, Stuttgart 2004, 120f. Vgl. Dietrich Stollberg, Das Vaterunser, in: ders., Soll man das glauben? Vom Sinn der christlichen Religion, Leipzig 2009, 368–389.

52. Kuhl 2005, 286 (im Zuge einer Auseinandersetzung mit Feuerbach).
53. Kuhl 2005, 187–192.
54. Ich übernehme diese Formulierung von Johann Reikerstorfer, Eine »Übersetzung«, bei der »Übersetztes« nicht überflüssig wird. Jüdisch-christliches Erbe in vernunfttheoretischer Bedeutung bei J. Habermas und J. B. Metz, in: R. Langthaler/Herta Nagl-Docekal (Hg.), Glauben und Wissen. Ein Symposium mit Jürgen Habermas, Wien 2007, 283–298.
55. Kuhl 2005, 190f.

5 Das Bekenntnis der Kirche in verändertem Kontext

1. Fassung vom 3. März 2007: (ABl. VELKD Bd. VII S. 370)
2. Nichtamtliche Fassung der durch In-Kraft-Treten des Kirchengesetzes zur Änderung der Grundordnung der EKD vom 10. November 2005 zum 1. Januar 2007 geänderten Neufassung der Grundordnung vom 20. November 2003 (ABl. EKD 2004 S. 1ff)
3. Vgl. Theodor Mahlmann, »Ecclesia semper reformanda«. Eine historische Aufklärung, in: Hermann Deuser/Gesche Linde/Sigurd Rink (Hg.), Theologie und Kirchenleitung, Festschrift für Peter Steinacker zum 60. Geburtstag, Marburg 2003, S. 57–77.
4. Man denke an die Dordrechter Synode 1618/19 oder an den von der Waldenser-Synode 1894 beschlossenen »Atto dichiarativo« (Hinweis von Sergio Rostagno).
5. »Kraft göttlichen und katholischen Glaubens ist all das zu glauben, was im geschriebenen oder überlieferten Wort Gottes als dem einen der Kirche anvertrauten Glaubensgut enthalten ist und zugleich als von Gott geoffenbart vorgelegt wird, sei es vom feierlichen Lehramt der Kirche, sei es von ihrem ordentlichen und allgemeinen Lehramt; das wird ja auch durch das gemeinsame Festhalten der Gläubigen unter der Führung des heiligen Lehramtes offenkundig gemacht; daher sind alle gehalten, diesen Glaubenswahrheiten entgegenstehende Lehren jedweder Art zu meiden.« Can. 750 CIC; vgl. auch Can. 752, in dem nicht »Glaubenszustimmung«, wohl aber religiöser Verstandes- und Willensgehorsam« gegenüber nicht als verpflichtend definierten Äußerungen des Lehramts gefordert wird. Beide Canones sind heute Teil der von Weihekandidaten zu sprechenden Professio fidei.
6. Winfried Härle, Art. Bekenntnis IV. Systematisch, in: RGG [4] 1, 1257–1262.
7. Zitiert nach Ulrich Kühn, Kirche, Gütersloh 1980, 210.
8. »Ich (Wir) glaube(n) an die überwältigende Ohnmacht Gottes, der die Liebe ist. Er hat sich in Jesus Christus gezeigt, der bis zum Tod Mensch für Andere war, erlösend und befreiend wirkte; und an den guten Geist der Liebe, der sich als Reich der Freiheit in der Glaubensgemeinschaft erschließt. Sie ist stets Vergebungsbereitschaft und verheißt ein Leben ohne

Unterdrückung. So erweist sich die Liebe stärker als der Tod.« Gotthold Hasenhüttl, Glaube ohne Denkverbote. Für eine humane Religion, Darmstadt 2012, 231.

9. Ebd. Zum Ganzen vgl. auch Dietrich Stollberg, Soll man das glauben? Vom Sinn der christlichen Religion, Leipzig 2009, bes. 75–104.

10. Karl Rahner, Grundkurs des Glaubens. Einführung in den Begriff des Christentums, Freiburg i. Br. usw. [8]1976, 430–440.

11. Zum Folgenden vgl. Hans-Martin Barth 2008, 814–817.

12. Vgl. Karl Jaspers, Die maßgebenden Menschen. Sokrates. Buddha. Konfuzius. Jesus, München/Zürich Neuausgabe 1975.

13. Unser Glaube. Die Bekenntnisschriften der evangelisch-lutherischen Kirche. Ausgabe für die Gemeinde. Bearbeitet von Horst Georg Pöhlmann, Gütersloh 1986, 45.

14. Kongregation für die Glaubenslehre: Erklärung DOMINUS IESUS – Über die Einzigkeit und die Heilsuniversalität Jesu Christi und der Kirche, in: Michael J. Rainer (Red.), »Dominus Iesus«. Anstößige Wahrheit oder anstößige Kirche? Dokumente, Hintergründe, Standpunkte und Folgerungen, Münster 2001, 3–28; Zitate: 9, 19.

15. So nach John Norman Davidson Kelly, Altchristliche Bekenntnisse. Geschichte und Theologie, Göttingen 1972, 36–65; bes. 45f.

16. Vgl. Röm 10,9; Phil 2,11.

17. Zu den Implikationen dieses Bekenntnisses vgl. Ferdinand Hahn, Christologische Hoheitstitel. Ihre Geschichte im frühen Christentum, Göttingen [2]1964 ([5]1985), § 2, sowie Martin Karrer, Jesus Chrisus im Neuen Testament, Göttingen 1998.

18. Im Übrigen fällt mir auf, dass Mk 16,16 schon im zweiten Teil des Satzes der Hinweis auf die Taufe fehlt.

19. WA 7,337,30–35.

20. CA V.

21. Paul Tillich, ST III, 180.

22. Paul Tillich, ST III, 182.

23. Dorothee Sölle, Kirche außerhalb der Kirche, in: dies., Die Wahrheit ist konkret, Olten 1967, 117–129; Zitat: 120.

24. A.a.O., 127.

25. WA 17/2, 501,35f; 510,37f.

6 Sakramente inmitten eines konfessionsfreien und areligiösen Umfelds

1. Andrea Richau, Rituale am Sterbebett, in: Horst Groschopp (Hg.), Barmherzigkeit und Menschenwürde. Selbstbestimmung, Sterbekultur, Spiritualität, Aschaffenburg 2011, 156–168.

2. Verband deutscher Mennonitengemeinden, Leitfaden. Hg. im Auftrag des Verbandes deutscher Mennonitengemeinden, Sinsheim o. J., 50f.

3. Zur Vielfalt der Auslegungen von Joh 13,1–20 vgl. Georg Richter, Die Fußwaschung im Johannesevangelium. Geschichte ihrer Deutung, Regensburg 1967. Merkwürdigerweise wird hier der linke Flügel der Reformation überhaupt nicht berücksichtigt.

4. Wilfried Härle, Dogmatik, Berlin/New York 1995, 532.

5. »… Eucharistia non est sub periculum salutis necessaria, sufficit autem Euangelion et Baptismus, cum sola fides iustificet et sola Charitas bene vivat.« WA 12, 171,21–23.

6. »…. Christus absque dubio in medio eorum esset et eos pro Ecclesia sua agnosceret (…). WA 12, 171,28.

7. Vgl. ferner Rudolf Mau, Der Gedanke der Heilsnotwendigkeit bei Luther, Berlin 1969, sowie Adolf Martin Ritter (Hg.), Das Heilsnotwendige und die Fülle des Heils. Systematisch-theologische Referate des VI. Theologischen Südosteuropaseminars Bukarest 1982, Erlangen 1984.

8. Ulrich Kühn, Sakramente, Gütersloh 1985, 254.

9. Leitlinien kirchlichen Lebens der Vereinigten Evangelisch-Lutherischen Kirche Deutschlands. Handreichung für eine kirchliche Lebensordnung, Gütersloh 2003, 50f.

10. Ernst Käsemann, Gäste des Gekreuzigten, in: Georg Kugler, (Hg.), Forum Abendmahl, Gütersloh 1979, 45–60, »Wo Gäste des Gekreuzigten sich versammeln, geschieht es stets in der Weise einer grundsätzlich offenen Gemeinde. Ist dies nicht der Fall, kann der Leib Christi nicht auf Erden wachsen (…): wo Christen zusammenkommen, muss die Nestwärme durchbrochen werden.« Andernfalls bliebe die Gemeinde eine bloße »religiöse Interessengemeinschaft.« A.a.O., 57. Vgl. Kühn 1985, 301.

11. Kühn 1985, 301. Zum Ganzen vgl. ders., Art. Taufe VII. Dogmatisch und ethisch, in: TRE 32, 720–734.

12. Es ist hier nicht der Ort, eine Theologie der Sakramente zu entwickeln. Vgl. aber Hans-Martin Barth ³2008, 578–661.

13. Vgl. Edmund Schlink, Die Lehre von der Taufe, Kassel 1969.

14. Vgl. Jürgen Roloff, Die Kirche im Neuen Testament, Göttingen 1993, 69–71. In diesem Zusammenhang ist das paulinische »in Christus« zur Geltung zu bringen; vgl. a.a.O., 90-99.

15. Vgl. Carl Heinz Ratschow, Die eine christliche Taufe, Gütersloh ³1983.

16. Vgl. Klaus Koschorke, 2.1 Taufe und Kirchenzugehörigkeit im 4. und frühen 5. Jahrhundert, in: Christine Lienemann-Perrin (Hg.), Taufe und Kirchenmitgliedschaft. Studien zur Bedeutung der Taufe für Verkündigung, Gestalt und Ordnung der Kirche, München 1983, 129–146; sowie Wolfgang Lienemann, 2.2 Taufe – Mitte und Grenze der Kirche. Zur theologischen Vorgeschichte der neuzeitlichen Taufproblematik, a.a.O., 147–191, bes.153–167.

17. Johannes Zimmermann (Hg.), Kirchenmitgliedschaft. Zugehörigkeit(en) zur Kirche im Wandel, Neukirchen-Vluyn 2008. Dazu unten B 6.5!

18. Kühn 1985, 257.

19. Mission im Kontext, 30.

20. Vgl. Taufe und Kirchenaustritt. Theologische Erwägungen der Kammer für Theologie zum Dienst der evangelischen Kirche an den aus ihr Ausgetretenen, EKD Texte 66, Hannover 2000.

21. Detlef Pollack, in: Zimmermann 2008, 78.

22. Vgl. Wilfried Joest, Dogmatik Bd. 2 Der Weg Gottes mit dem Menschen, Göttingen 1986, 572f.

23. Hinweis bei Friedrich Heiler, Rundbriefe der Ostasien- und Indienreise, hg. von Udo Tworuschka, Frankfurt a. M. 2004, 180.

24. F. Roger, Kampf und Kontemplation. Auf der Suche nach Gemeinschaft mit allen, Freiburg i. Br. 1974, 20. F. Roger bezieht sich auf das Ja zur Ehelosigkeit.

25. Vgl. Hans-Martin Barth, Einander Priester sein. Allgemeines Priestertum in ökumenischer Perspektive, Göttingen 1990.

26. Vorlage Nr. 65 an die 25. Landessynode der Evangelisch-Lutherischen Kirche Sachsens, 2006, 3.

27. EKD Text 107 mit dem saloppen Titel »Schön, dass Sie (wieder) da sind! Eintritt und Wiedereintritt in die evangelische Kirche«, 2009, 33.

28. Dieter Kraus, Art. Kirchenmitgliedschaft II. Rechtlich, in: RGG ⁴ 4, 1227–1230; Zitate: 1228f.

29. Friedrich Huber, Art. Kirchenmitgliedschaft I.3. Übrige Ökumene, a.a.O., 1226f.

30. Kirche der Freiheit. Perspektiven für die Evangelische Kirche im 21. Jahrhundert. Ein Impulspapier des Rates der EKD. Kirchenamt der EKD, Hannover o. J. (2006), 56.

31. Charles H. Hippy, Art. Kirchenmitgliedschaft I. Formen, in: RGG⁴ 4, 1225f; Zitat: 1226. Sehr klar wird die Problematik dargestellt von Jörg Ennuschat, Kirchenzugehörigkeit ohne Kirchenmitgliedschaft?, in: ZevKR 55 (2010), 275–289. Er verweist auf verschiedene bereits existierende Modelle, z. B. die Lebensordnung der EKU Art. 41: »(1) Wer noch nicht getauft ist oder einer anderen Kirche angehört, kann als Gast mitarbeiten. (2) Kirchliche Einrichtungen und Kirchengemeinden können – im Rahmen der kirchlichen Ordnung – mitarbeitenden Gästen Rechte der Beratung und Mitwirkung einräumen.« A.a.O., 280, Anm. 22. »Modelle gestufter kirchlicher Zugehörigkeit ohne eindeutige Perspektive späterer Kirchenmitgliedschaft«: Ennuschat a.a.O., 283–288.

32. Hinweis bei Zimmermann 2008, 124. Dort Verweis auf http://www.blankenese.de/kirche/nachrichten/kirchenmitgliedschaft (19.7.2007).

33. Vgl. Rainer Volp, Liturgik. Die Kunst, Gott zu feiern Bd. 1: Einführung und Geschichte, Gütersloh, 1992, 236–243.

34. Vgl. Christoph Markschies, Kirchenmitgliedschaft in der Geschichte der Kirche – drei Erkundungsgänge in einem weiten Feld, in: epd Dokumentation 2007/Nr. 46, 9–18; bes. 12f.

35. Ulrike Wagner-Rau, Auf der Schwelle. Das Pfarramt im Prozess kirchlichen Wandels, Stuttgart 2009; Zitate: 97, 99, 125.

36. Rainer Maria Rilke, Die Weise von Liebe und Tod des Cornets Christoph Rilke, Frankfurt a. M. 1966, 21.

7 Konsequenzen für kirchliches Denken und Handeln

1. Vgl. Bischofssynode. XIII. Ordentliche Generalversammlung, Die neue Evangelisierung für die Weitergabe des christlichen Glaubens. Instrumentum laboris, Vatikanstadt 2012.
2. Vgl. Hans-Martin Barth, Dogmatik zwischen den Stühlen? Dogmatisches Denken zwischen Ökumene und interreligiösem Dialog, in: KuD 58 (2012), 199–212.
3. So einige der Fragen aus der IV. Kirchenmitgliedschaftsuntersuchung der EKD, referiert von Detlef Pollack, Kirchenmitgliedschaft aus soziologischer Sicht, in: Johannes Zimmermann (Hg.), Kirchenmitgliedschaft. Zugehörigkeit(en) zur Kirche im Wandel, Neukirchen-Vluyn 2008, 68–90; ebd. 83.
4. A.a.O., 77.
5. Siehe Teil A der vorliegenden Untersuchung.
6. S. z. B. Corrado Augias, Secreti di Roma, Storie, luoghi e personaggi di una capitale, Milano 2005, 117–125. Noch unter Mussolini hat der Vatikan versucht, das Giordano Bruno-Denkmal auf dem Campo dei Fiori in Rom abreißen zu lassen.
7. Plakat, gesehen in einem Schaufenster in Eichstätt/Bayern (März 2012).
8. Uta Gerhardt, Woran glaubt, wer nicht glaubt? Überlegungen zum Dialog mit Atheisten und Konfessionslosen, in: EZW-Texte 216/2011, 63–94, berichtet über die Leipziger Disputationen 2009 und 2010: a.a.O., 74–94.
9. Siehe oben S. 32, 53.
10. Siehe oben B 4.2.
11. Dietrich Bonhoeffer: »Jesus ruft nicht zu einer neuen Religion auf, sondern zum Leben.« DBW 8, 537.
12. S. oben S. 32, 53.
13. S. oben B 5.4.2.
14. Matthias Clausen, Evangelistisch predigen im Horizont der Postmoderne, 183–200, in: Martin Reppenhagen/Michael Herbst (Hg.), Kirche in der Postmoderne, Neukirchen-Vluyn 2008; Zitat: 199.
15. Michael Herbst, Neue Wege ins Gotteshaus. Kirchenmitgliedschaft und missionarische Gemeindeentwicklung, in: Johannes Zimmermann (Hg.) 2008, 102–113 (112). Vgl. Michael Herbst (Hg.), Mission bringt Gemeinde in Form, Neukirchen-Vluyn ²2007.
16. Evangelisches Missionswerk in Deutschland/Evangelische Kirche von Kurhessen-Waldeck (Hg.), missio Dei heute. Zur Aktualität eines missionstheologischen Schlüsselbegriffs, o. O. o. J. (Kassel 2003). Vgl. auch Andreas Grünschloss, Art. Missio Dei, in: RGG⁴ 5, 1271f.
17. Andreas Feldtkeller/Theo Sundermeier (Hg.), Frankfurt a. M. 1999.

18. Michael Herbst/Jörg Ohlemacher/Johannes Zimmermann (Hg.), Neukirchen-Vluyn 2005.
19. Martin Weth, Neukirchen-Vluyn 2005.
20. Johannes Zimmermann/Anna-Konstanze Schröder (Hg.), Wie finden Erwachsene zum Glauben? Einführung und Ergebnisse der Greifswalder Studie. Mit Geleitworten von Frank O. July und John Finney, Neukirchen Vluyn 2010.
21. Michael Herbst, Gießen/Basel 2008.
22. Frankfurt a. M. 2006; Leipzig 2008
23. Ulrike Wagner-Rau, Auf der Schwelle. Das Pfarramt im Prozess kirchlichen Wandels, Stuttgart 2009, 82.
24. Hartmut Bärend, Kirche mit Zukunft. Impulse für eine missionarische Volkskirche, Gießen 2006. Vgl. Herbst/Ohlemacher 2005.
25. Siehe oben S. 5, 96.

8 Auf dem Weg zu einem religionstranszendenten Christentum

1. Robert N. Bellah, Beyond Belief. Essays on Religion in a Post-Traditional World, New York/Evanston/London 1970.
2. Vgl. z. B. Nikolaus Lobkowicz/Anselm Hertz, Am Ende aller Religion? Ein Streitgespräch, Zürich 1976.
3. Im Internet sind dazu zahlreiche Beiträge abzurufen.
4. Gianni Vattimo, Jenseits des Christentums. Gibt es eine Welt ohne Gott?, München/Wien 2004. Der Titel der Originalausgabe lautet allerdings: »After Christianity«.
5. KD I/2, 356–397.
6. Reinhard Brandt verwendet diesen Begriff bei einer Besprechung von Vittorio Hösle, Der philosophische Dialog. Eine Poetik und Hermeneutik, München 2006, in: Information Philosophie (http://www.information-philosophie. de/?a=1&t=870&n=2&y=1&c=50): »… Entweder gibt man das Projekt auf, den anderen mit sachlichen Argumenten zu überzeugen, oder man appelliert nicht an Prämissen, die der eigenen Religion eigentümlich sind, sondern an solche, die mit der Vernunftnatur des Menschen in Verbindung stehen und von denen man hofft, dass sie eine religionstranszendente rationale Bewertung der eigenen Religion ermöglichen. (…) Aber die Annahme einer Vernunft, die den faktischen Glauben transzendiert, ist eine notwendige Voraussetzung für ein Religionsgespräch, das mehr als der Austausch der gegenseitigen Versicherung sein will, man sei selber rechtgläubig und der andere irre.«
7. Vgl. ergänzend oben B 2.2!
8. Vattimo 2004, 13f.
9. A.a.O., 165.
10. A.a.O., 180. Im Sinn Vattimos müsste es heißen: »… Hören auf das *ereignishafte* Sein«.

11. Und Daniel C. Dennetts, der ihn zitiert a.a.O., 390.

12. Der Schriftsteller und Liederdichter Jochen Klepper ging 1942 angesichts der unmittelbar drohenden Deportation seiner Frau und seiner Tochter zusammen mit beiden in den Tod. Zu Klepper vgl. z. B. Heinrich Assel, Art. Klepper, Jochen, in: RGG ⁴4, Sp. 1434.

13. Lateinischer Text WA 40/1, 589 (s. oben B 2, Anm. 53). Hermann Kleinknecht (Hg.), Luthers Epistel-Auslegung, 4. Der Galaterbrief, Göttingen 1980, 228.

14. Vgl. Paul Tillich, GW XI, 137–139.

15. Hans-Martin Barth 2008, 114–117.

16. »La *fides* non è nient' altro che se stessa; nessuna spiegazione, conoscenza o pretesa può aggiungersi; (…). Nella fides è assicurata la totale partecipazione dell'uomo all'essere, senza altre specifiche condizioni.« Sergio Rostagno, Significato della dottrina sulla giustificazione, in: Protestantesimo 66 (2011), 45–59; Zitat: 52.

17. Vattimo 2004, 97. Der Begriff wird von Vattimo nicht klar erläutert.

18. Karl-Fritz Daiber erinnert in diesem Zusammenhang an Potenziale des Konfuzianismus. Vgl. ders., Multikulturalität und die Möglichkeiten ihrer Verwirklichung: www.karl-fritz-daiber.de

Namenregister

Die verwendete Literatur ist über das Namenregister zu erschließen. Die biblio-
graphischen Angaben werden in der Regel bei der ersten Nennung eines Autoren-
Namens in den Anmerkungen aufgeführt.